浙江省文化研究工程指导委员会

浙江文化名人传记精选修订丛书

原 主 编：万 斌

执行主编：卢敦基

文臣之首

宋濂传

徐永明 著

浙江人民出版社

图书在版编目（CIP）数据

文臣之首 ：宋濂传 / 徐永明著. -- 杭州 ：浙江人民出版社，2025. 1. -- ISBN 978-7-213-11765-7

Ⅰ. K825. 6

中国国家版本馆CIP数据核字第20242AF835号

文臣之首：宋濂传

WENCHEN ZHISHOU SONG LIAN ZHUAN

徐永明　著

出版发行：浙江人民出版社(杭州市环城北路177号　邮编　310006)
　　　　　市场部电话：(0571)85061682　85176516
责任编辑：张苗群　　　　　　　　　责任校对：汪景芬
责任印务：程　琳　　　　　　　　　封面设计：王　芸
电脑制版：杭州天一图文制作有限公司
印　　刷：浙江新华数码印务有限公司
开　　本：710毫米×1000毫米　1/16　　印　　张：21.5
字　　数：328千字　　　　　　　　　插　　页：2
版　　次：2025年1月第1版　　　　　印　　次：2025年1月第1次印刷
书　　号：ISBN 978-7-213-11765-7
定　　价：79.00元

"浙江文化研究工程成果文库" 总序

　　有人将文化比作一条来自老祖宗而又流向未来的河，这是说文化的传统，通过纵向传承和横向传递，生生不息地影响和引领着人们的生存与发展；有人说文化是人类的思想、智慧、信仰、情感和生活的载体、方式和方法，这是将文化作为人们代代相传的生活方式的整体。我们说，文化为群体生活提供规范、方式与环境，文化通过传承为社会进步发挥基础作用，文化会促进或制约经济乃至整个社会的发展。文化的力量，已经深深熔铸在民族的生命力、创造力和凝聚力之中。

　　在人类文化演化的进程中，各种文化都在其内部生成众多的元素、层次与类型，由此决定了文化的多样性与复杂性。

　　中国文化的博大精深，来源于其内部生成的多姿多彩；中国文化的历久弥新，取决于其变迁过程中各种元素、层次、类型在内容和结构上通过碰撞、解构、融合而产生的革故鼎新的强大动力。

　　中国土地广袤、疆域辽阔，不同区域间因自然环境、经济环境、社会环境等诸多方面的差异，建构了不同的区域文化。区域文化如同百川归海，共同汇聚成中国文化的大传统，这种大传统如同春风化雨，渗透于各种区域文化之中。在这个过程中，区域文化如同清溪山泉潺潺不息，在中国文化的共同价值取向下，以自己的独特个性支撑着、引领着本地经济社会的发展。

　　从区域文化入手，对一地文化的历史与现状展开全面、系统、扎实、有序的研究，一方面可以借此梳理和弘扬当地的历史传统和文化资源，繁荣和丰富当代的先进文化建设活动，规划和指导未来的文化发展蓝图，增强文化软实力，为全面建设小康社会、加快推进社会主义现代化提供思想保证、精神动力、智力支持和舆论力量；另一方面，这也是深入了解中国文化、研究中国文化、发展中国文化、创新中国文化的重要途径之一。如今，区域文化研究日益受到各地重视，成为我国文化研究走向深入的一个重要标志。我们今天实施浙江文化研究工程，其目的和意义也在于此。

千百年来，浙江人民积淀和传承了一个底蕴深厚的文化传统。这种文化传统的独特性，正在于它令人惊叹的富于创造力的智慧和力量。

浙江文化中富于创造力的基因，早早地出现在其历史的源头。在浙江新石器时代最为著名的跨湖桥、河姆渡、马家浜和良渚的考古文化中，浙江先民们都以不同凡响的作为，在中华民族的文明之源留下了创造和进步的印记。

浙江人民在与时俱进的历史轨迹上一路走来，秉承富于创造力的文化传统，这深深地融汇在一代代浙江人民的血液中，体现在浙江人民的行为上，也在浙江历史上众多杰出人物身上得到充分展示。从大禹的因势利导、敬业治水，到勾践的卧薪尝胆、励精图治；从钱氏的保境安民、纳土归宋，到胡则的为官一任、造福一方；从岳飞、于谦的精忠报国、清白一生，到方孝孺、张苍水的刚正不阿、以身殉国；从沈括的博学多识、精研深究，到竺可桢的科学救国、求是一生；无论是陈亮、叶适的经世致用，还是黄宗羲的工商皆本；无论是王充、王阳明的批判、自觉，还是龚自珍、蔡元培的开明、开放，等等，都展示了浙江深厚的文化底蕴，凝聚了浙江人民求真务实的创造精神。

代代相传的文化创造的作为和精神，从观念、态度、行为方式和价值取向上，孕育、形成和发展了渊源有自的浙江地域文化传统和与时俱进的浙江文化精神，她滋育着浙江的生命力、催生着浙江的凝聚力、激发着浙江的创造力、培植着浙江的竞争力，激励着浙江人民永不自满、永不停息，在各个不同的历史时期不断地超越自我、创业奋进。

　　悠久深厚、意韵丰富的浙江文化传统，是历史赐予我们的宝贵财富，也是我们开拓未来的丰富资源和不竭动力。党的十六大以来推进浙江新发展的实践，使我们越来越深刻地认识到，与国家实施改革开放大政方针相伴随的浙江经济社会持续快速健康发展的深层原因，就在于浙江深厚的文化底蕴和文化传统与当今时代精神的有机结合，就在于发展先进生产力与发展先进文化的有机结合。今后一个时期浙江能否在全面建设小康社会、加快社会主义现代化建设进程中继续走在前列，很大程度上取决于我们对文化力量的深刻认识、对发展先进文化的高度自觉和对加快建设文化大省的工作力度。我们应该看到，文化的力量最终可以转化为物质的力量，文化的软实力最终可以转化为经济的硬实力。文化要素是综合竞争力的核心要素，文化资源是经济社会发展的重要资源，文化素质是领导者和劳动者的首要素质。因此，研究浙江文化的历史与现状，增强文化软实力，为浙江的现代化建设服务，是浙江人民的共同事业，也是浙江各级党委、政府的重要使命和责任。

　　2005年7月召开的中共浙江省委十一届八次全会，作出《关于加快建设文化大省的决定》，提出要从增强先进文化凝聚力、解放和发展生产力、增强社会公共服务能力入手，大力实施文明素质工程、文化精品工程、文化研究工程、文化保护工程、文化产业促进工程、文化阵地工程、文化传播工程、文化人才工程等"八项工程"，实施科教兴国和人才强国战略，加快建设教育、科技、卫生、体育等"四个强省"。作为文化建设"八项工程"之一的文化研究工程，其任务就是系统研究浙江文化的历史成就和当代发展，深入挖掘浙江文化底蕴、研究浙江现象、总结浙江经验、指导浙江未来的发展。

　　浙江文化研究工程将重点研究"今、古、人、文"四个方面，即围绕浙江当代发展问题研究、浙江历史文化专题研究、浙江名人研究、浙江历史文献整理四大板块，开展系统研究，出版系列丛书。在研究内容上，深入挖掘浙江文化底蕴，系统梳理和分析浙江历史文化的内部结构、变化规律和地域特色，坚持和发展浙江精神；研究浙江文化与其他地域文化的异同，厘清浙江文化在中国文化中的地位和相互影响的关系；围绕浙江生动的当代实践，深入解读浙江现象，总结浙江经验，指导浙江发展。在研究力量上，通过课题组织、出版资助、重点研究基地建设、加强省内外大院名校合作、整合各地各部门力量等途径，形成上下联动、学界互动的整体合力。在成果运用上，注重研究成果的学术价值和应用价值，充分发挥其认识世界、传承文明、创新理论、咨政育人、服务社会的重要作用。

我们希望通过实施浙江文化研究工程，努力用浙江历史教育浙江人民、用浙江文化熏陶浙江人民、用浙江精神鼓舞浙江人民、用浙江经验引领浙江人民，进一步激发浙江人民的无穷智慧和伟大创造能力，推动浙江实现又快又好发展。

今天，我们踏着来自历史的河流，受着一方百姓的期许，理应负起使命，至诚奉献，让我们的文化绵延不绝，让我们的创造生生不息。

2006年5月30日于杭州

目
录

引　言

　　距金华市区约30公里，有一个地方名叫傅村镇，它是如今金华市金东区下辖的一个经济颇为发达的小镇。村镇与义乌接壤，距"东南亚最大"的小商品市场——义乌小商品市场仅20公里。傅村在历史上出了两位大文人，一位是中国现代文学史上著名的诗人艾青，出生于傅村的畈田蒋村；另一位则是大思想家和文学家宋濂，现在的上柳家村即为宋濂金华故里的所在。现代史学家吴晗虽非傅村人，但他的家乡义乌苦竹塘离傅村也不过几里路，他的外祖母家在傅村，他童年时代即在傅村读书。出了这几位大文人，无怪乎傅村人称这儿"钟灵毓秀，物产丰腴，人文荟萃，民风淳朴"。

　　然而，在宋濂的时代，似乎没有"傅村"和"上柳家村"的地名，因为卷帙浩繁的宋濂著述中未曾提及这两个地名，也未见同时代其他史籍有称宋濂为"傅村"人或"上柳家村"人的，明万历年间修的《金华府志》也未曾述及，故"傅村"和"上柳家村"可能是较晚起的地名。宋濂在《萝山迁居志》一文中称："余世居金华孝善里之潜溪，其地在县东七十里禅定院侧。"可以说，这是宋濂金华故居最准确的定位。禅定院，即现在上柳家村的禅定古寺。据当地一位柳姓老人讲，上柳家村的人都姓柳，他们是宋濂老师——浦江人柳贯的后裔，至于祖辈什么时候迁到这里，他也说不清楚。禅定古寺不甚大，然廊庑轩昂，佛像庄严，彩绘千态，髹漆焕烂，可以看出当地村民对寺庙的尊崇。寺的一侧，有一块平整的荒地，上面写着"金华县重点文物保护单位　宋濂故居遗址"。在宋濂故居遗址的不远处，有一条小溪，当地人称其为"zhǎn（音同'斩'）

宋濂故居遗址

溪"，即宋文濂集中所说的"潜溪"。据明万历《金华府志》记载，潜溪旧名根溪，发源于金华山，南流十里入航慈溪。

潜溪在今天看来是一条十分不起眼的小溪，潜溪的上游建了水库，溪水已近干涸。然而，在明清时代乃至更长的时间里，潜溪之名响当当，读书人没有不知道潜溪的，因为一提到潜溪，人们便会想到《潜溪集》的作者——明代开国文臣之首宋濂。

第一章　金华潜溪

家世溯源

古人寻根问祖的观念远较今人强烈，他们对自己姓氏和谱系的源流，往往追溯得很远。宋濂是位读书人，有志做史官，对此自然更为看重。宋濂请忘年友、东阳人胡助为他作《宋氏世谱记》，文中称："宋本子姓，至微子始受封，子孙遂皆以国为氏。"这位"微子"，便是殷商末年的微子启，他是帝乙的长子、帝纣的同母兄①。微子启与箕子、王子比干被孔子称作"殷之三仁"。

司马迁《史记》卷三十八《宋微子世家第八》讲的便是微子启等人的事迹。不过，因避汉景帝之讳，"启"改作了"开"。商纣王荒淫无道，庶兄微子启、亲戚箕子和王子比干屡谏，其仍不听。于是，微子启逃走，箕子佯狂为奴，王子比干则被剖腹而死。周武王灭商后，微子启手拿祭器来到周武王所在的军门，"肉袒面缚，左牵羊，右把茅，膝行而前以告"。于是，周武王就释放了微子启，恢复了他原来的爵位。周武王死后，成王尚年幼，周公旦摄政，代理国家事务。管叔、蔡叔怀疑周公旦，就与武庚作乱，想攻打成王、周公。周公借用成王的命令诛杀武庚、管叔，放逐了蔡叔，同时命微子启管理殷地，并作《微子之命》

---

① 微子启与帝纣两人虽是同母兄，但微子启出生时，其母尚未立为正妻，至纣生前，才立为正妻，故纣以嫡子资格继王位，其长兄不能继王位。

告诫他，国名为宋。微子启本来就仁义贤能，代替武庚后，殷地百姓十分爱戴他。

对于宋氏如此光彩的开篇，宋氏后代的子孙自然都引以为荣，津津乐道，并将它著于谱系的开端，宋濂也不例外。然而，宋濂世系中脉络可稽的远祖却是唐代的宋宪。宋宪官至大理丞，精通《易经》，授徒讲学，弟子多达数千人。唐高祖武德年间，宋宪由京兆（今陕西西安）迁居浙江吴兴。历十四世，传至宋荣。宋荣，字体仁，有经济之才，通《尚书》《春秋》，学者私谥"文通先生"。五代周太祖广顺年间，宋荣由吴兴迁于义乌根溪，隐居覆釜山，卒后葬法华山。宋荣娶陈氏，生宋甫。宋甫，字师杜，擅长写诗，宋太宗雍熙末年又迁智者乡根溪口宋村。甫后又递传训、帐、祥、阜、偏，从荣至偏七世，皆为巨儒。宋偏生永敷、柏，宋宁宗嘉定初年，兄弟一同迁至金华之潜溪。宋柏，字秉操，娶杭州人陆烈，无子，以哥哥永敷子溥德为嗣。宋柏是宋濂世系中迁于潜溪的始迁祖。宋溥德为宋濂的曾祖父，长长的胡须一直垂到腹部，孝悌如古人，待人处事，一以柔胜。妻子周氏，亦为杭州人。

祖父宋守富（1260—1338），字德政，生于南宋景定元年（1260）。南宋末年，内乱外患，国家已处于风雨飘摇之中。此时朝纲败坏，法制失范，社会上的一些恶人趁机杀人越货、打架斗殴。百姓稍有违抗，就会丢掉脑袋。祖父有不少仇家，但能机智周旋，从容驾驭，故最终脱离祸害，保全性命。宋亡后，蒙古族入主中原。由于地方官吏的欺压刁难，祖父一家被弄得一贫如洗。祖父与祖母金氏只能栖身于一间斗室里，屋子小得仅能容下一张床和茶几。实在没办法，只得在屋外砌下灶头，白天携炊具出外做饭，晚上再将炊具拿进户内。祖母夜里从事纺织，一直操劳到凌晨。稍稍合眼休息后，又得于拂晓前起床，继续第二天的纺织。如此日复一日、年复一年，家中日用才逐渐宽裕起来。

元大德末年，谷物歉收，到处闹饥荒，社会上出现了人吃人的现象。祖父不得不撇下妻儿，独自到杭州去买米。此时里中一些无赖男子纠结聚众，于深更半夜之时，四处打家劫舍，杀戮掳掠，弄得人心惶惶，哭声震天。宋濂父亲与祖母一道定计，先用财物稳住群盗，然后偷偷去告官缉捕，最后这些强盗全被抓捕归案。祖父在杭州听说此事，急忙驰归。他回到家中，见夫人、小孩都在，说："吾意尔母子作鱼肉矣，尚在邪！"①乡邻们也都纷纷来感谢，说："微君家，吾属入鬼录久矣。"②

祖父性格坦诚忠信，说话从不拐弯抹角，直言快语，直抒胸臆，为人友善，重然诺。曾与兄一道在里中做义工，遇到上级分配下来的苦差事，自己一个人挺身承担，说："毋以烦诸兄也。"③50岁时，他把家交付给儿子们，自己则独坐屋檐下晒太阳，或者拄着拐杖去看山，仿佛世间的荣辱已与他了不相关。

宋濂的出生日，跟他祖父恰好相同。宋濂四五岁时，常坐在祖父的膝上，祖父就会一边抚摸他的头发，一边给他讲祖上的故事。祖父希望宋濂长大后也能像先祖一样，做一个诚实无欺、宽厚善良的人。宋濂在所作的《先大父

宋濂像

府君神道表》中说："（濂）所幸祗奉诲言，立身行己，颇无愧怍于人，庶几弗悖于府君之教者。"可见祖父的言行对宋濂产生了很大的影响。

祖母金妙圆，"粹然如玉，而廉隅不可犯，妇道母仪可为女中师傅"④。由于祖母治家甚严，动辄威容，小辈们都怕她。在堂下经过，大家屏气受训，不敢高声谈笑。即便是在小辈们奉酒祝寿时，祖母也常以天道报应的话告诫说：某人善良，故他家子孙多；某人不善，则家道中落。祖母的侄儿早孤，但家中遗产颇丰，宗族有人欲图谋害他。祖母便和祖父商量，将他接来抚养。侄儿长大后，他们又为侄儿娶上媳妇，并把原先替他保管的财产全还给了他，"半发不私"。对于孙辈们的读书，祖母也管教甚严。每当夜里点灯，祖母便把宋濂兄弟们一个个叫到跟前，让他们背诵所读的书给她听，以此来考验孙辈们读书是用

①②③④〔明〕宋濂：《先大父府君神道表》，载《宋濂全集》，浙江古籍出版社1999年版，第1993页。

功还是偷懒。宋濂之所以长大后能出人头地，与小时候受祖母的严格管教是分不开的。

如果说祖父母给宋濂的影响在于忠实诚信、与人为善的一面，那么父亲宋文昭对宋濂的影响，则在于"雅志诗书"，希望他"为良师儒"的一面。

宋文昭（1285—1365），字文霆，出生的时候，正逢宋元朝代更替不久，农业生产遭受战争的破坏，元气还未得到恢复。新建的官府还未真正开始履行职责，加上地方"黠吏"逞奸刁难，宋文昭一家被折腾得破败不堪，以致无隔宿之粮，无下锅之盐。"穷人的孩子早当家"，宋文昭很小的时候就帮着父母亲干活。20多岁的时候，在官府里谋得小吏的职位。23岁时，与母亲设计捕盗，保全了乡邻的生命财产，从而赢得了乡人的感激和尊敬。

宋文昭喜欢读书写诗，看到宋濂也喜欢读书，就对宋濂说："我们宋氏自先祖文通先生以来，世多巨儒。我生怕读书知礼的遗风不能继承下来，被天下的君子所嘲笑，每想到这一点，心里就惴惴不安，有时夜里做梦也不能忘却。你应该从名人游学，不使我们宗族蒙羞。世人常购良田、建华屋留给子孙。但不需多日，良田华屋就易主了，我不会为你这样做。世上还有些人，趋炎附势，交结权贵，企图通过他们的权势威灵来邀荣取宠，即使也能跻身仕途，但贪污纳贿，以致身败名裂，我也不会为你这样做。我所期望的是，你能做一个孝子，懂得孝悌的道理，将来能成为良师大儒。这样，即使贫困到极点，也可以说没有遗憾。只要州县乡里的人都说'宋家有后了'，我的愿望就满足了。门庭不高不要紧，但必须崇尚道德；生活不富裕不要紧，但必须讲求学业。希望你好好记住我的话。"

宋文昭心无机巧，心胸坦荡，即使是对3岁的小孩，他也以诚相待。如果遇到有地方长官来造访，他一定穿戴整齐去会见。有亲朋好友过从，他不以富贵贫贱区别对待。人们与他相处，总是恋恋不肯离去。看到宋文昭办事，大家都会说："是宋处士耶？斯人无伪言伪行，当信之弗疑。"[1]一些达官贵人羡慕宋文昭的"隐德"，或馈赠礼物，或升堂而拜，宋文昭都还之以礼，以义相辞。宋

---

① 〔明〕宋濂：《先府君蓉峰处士阡表》，载《宋濂全集》，第2129页。

濂的老师、翰林侍讲学士黄溍有一次到浦江仙华山游玩，约宋濂父子同行。路上，黄溍同宋濂说："尔翁其有德之人欤！容貌辞气，何其与流俗相去万万也。"①宋濂老师吴莱的父亲、元集贤大学士吴直方曾为宋濂父亲的像题词说："形虽臞臞，心则舒舒。盖执谦以泛应，而乐静以自娱。所以小人之干自不能近，君子之誉东西翕如。若人者，岂非孟氏所谓一乡之善士者与？"②

宋文昭甘处山野，不想出外做官。元至正初年，有人将宋文昭的"隐德"上奏朝廷，结果朝廷赐给他一个"蓉峰处士"的雅号。宋文昭说："是符吾志也。"宋文昭生活中没有特别的嗜好，衣服只要遮身保暖就行，食物只要可以充饥填肚即可，从不见有忧容怒色。晚年，他不问世事，悠然自得，尽享世外之趣。他卒年81岁，卒时，行省、宪台二府派人追悼，婺州七县及其他州县的人士都来哭丧。所撰挽词，计达数卷之多。

宋濂母亲陈贤时（1284—1346），金华潜溪人，贤惠善良，深明大理，与宋濂父亲相敬如宾、琴瑟和谐。宋濂父亲有一次对她说："吾不解市美田宅遗儿，教之通一经足矣。"③宋濂母亲也深以为然。为了能使儿子游学远方，她不惜变卖发簪和耳饰。宋濂母亲生二子一女，二子即宋濂、宋渊，一女为宋婺。宋渊学医，荐授义乌教谕。宋婺嫁儒士贾明善。母亲卒时63岁。

生时临奎

宋濂在一首诗中写道："我生空负月临奎，文学何曾遂昔期。"④"奎"即"奎宿"，是天上二十八宿之一，古人认为它的形状似"文"字，因而认为它主文运和文章。所以，在两句诗的中间，有宋濂自注云："余生辰月直奎宿，占者为文学之神。"可以说，这种比附完全属于迷信，但我们不得不承认，宋濂与欧洲差不多同时代的但丁，就像两颗光芒耀眼的星星，镶嵌在东西方的夜空中，交相辉映。

---

① ② 〔明〕宋濂：《先府君蓉峰处士阡表》，载《宋濂全集》，第2129页。

③ 〔明〕宋濂：《先母夫人陈氏墓表》，载《宋濂全集》，第2139页。

④ 〔明〕宋濂：《和郑奉常先生宴集诗韵》，载《宋濂全集》，第1587页。

宋濂出生于元武宗至大三年十月十三日，公元纪年为1310年11月4日。如果从蒙古灭金之年算起，元朝的建立已有77年的历史；如果从忽必烈改国号为"大元"之年算起，元朝的建立已有40年的历史；如果从元军占领临安，灭掉宋朝之年算起，元朝的历史已有35年。这时元朝已基本建立稳固的中央集权，不久将恢复停顿数十年之久的科举考试。在欧洲，中世纪的漫漫长夜很快就要结束，以文艺复兴为代表的新世纪的曙光就要来临。被恩格斯称作"中世纪的最后一位诗人，同时又是新时代的最初一位诗人"的意大利诗人但丁（1265—1321），比宋濂早生45年。但丁的代表作《神曲》，大约在宋濂出生前三年开始创作。

俗话说："十月怀胎，一朝分娩。"而宋濂母亲怀孕七个月就生下了他。因此，与足月生下的小孩相比，早产儿宋濂显得格外弱小，似乎随时都有夭折的可能。说来也巧，宋濂出生的那一天，正好是祖父的生日，真可谓双喜临门。大家都说这小孙子的诞生，是老天特意安排给老爷子祝寿的礼物。为了使这小生命能够平平安安地活下来，像祖父一样长寿，家里人给他取名宋寿。至于后来"寿"改"濂"，那是江西上饶郑原善为他改的。郑原善是宋濂老师黄溍的同年进士，曾任德兴丞及处州录事，因被诬去官。他去世的时候，宋濂还曾写《悲海东辞》为他鸣不平。

古人对取名都很讲究，"寿"字取名已如上述。那么，这个"濂"字又有什么深意呢？宋濂有个同名的朋友郑濂。有一次，郑濂向宋濂请教"濂"字的深意。宋濂引经据典，对"濂"的本义详加考证。宋濂认为"濂"字最早出于《周礼》一书，书中说："虽有深泥，亦弗之濂也。"汉代著名的经学大师郑玄解释此字假借为"黏"，意思是泥不会粘到车轮中心毂上的直木。许慎《说文解字》唐抄本中说："薄冰也。一云中绳小水。又云淹也。"宋代徐铉所定新本中说："薄水也。一云中绝小水。"宋濂认为"冰"一定是"水"字之讹误，"绳"一定是"绝"字之讹误。所谓"濂"字，是指"水之浅薄者"，因为溪水又小又浅，所以中途便断绝了。宋濂又说，这个"濂"字原本没有什么深奥的意思，只是宋代出了一个大理学家周敦颐，号濂溪，因此字也随名而显。宋濂劝诫郑濂不必深究"濂"的本义，只要能师法周濂溪这个大儒就可以了。①宋濂以师法周濂溪自勉，一生都致力于理学的学习和传播，可见周敦颐在他心目中有崇高的地位。

在母体里待了七个月就降临于世，先天的不足，使宋濂在幼年时代饱尝了疾病的折磨，而这种折磨对宋濂的身体和今后的人生道路都产生了重大的影响。

宋濂的朋友郑涛在《宋潜溪先生小传》中说："其在母妊，仅满七月即生，故为婴儿时，极多病。每患风眩，辄昏迷数日。祖母金与其母陈更相保抱，方获无虞。"这就是说，宋濂小时候病症发作时，动辄要昏迷数天。他祖母和母亲轮流搂抱，才使他脱离险境。宋濂在一篇题为《太乙玄征记》的文章里对此也有过描述："母妊七月，臣体即降。生未五龄，百疢交攻，热火郁木，邪沴制阳，肝气动摇，手牵目瞠。谒医视之，谓为瘛疭，毒艾燃肤，其苦莫膺。"②宋濂说他5岁以前，百病缠身，热火郁结，邪气侵入，肝气动摇，手足痉挛，眼睛呆滞。大夫看了以后，说他得了一种叫瘛疭的病。瘛疭即通常所说的惊风、抽风或痫病。对于这种病，除了吃药，还需用有毒的艾草烧炙到嫩嫩的皮肤上。对于一个不满5岁的小孩来说，病魔的发作已是够他受的了，然而治疗时钻心的疼痛更是让他撕心裂肺。

5岁以后，宋濂虽然摆脱了病魔的摧残，但跟同龄人相比，他看上去营养不良，发育得很不健全。"虽脱于虎口，筋骸弗强。有牛负轭，有镈在场。力既弗任，田卒秽荒。"这副身体要从事农业生产劳动，自然是难以胜任的。好在宋濂小时候机敏聪慧，父母又鼓励他读书，所以他就一门心思把精力放在读书上了。《太乙玄征记》一开头便说："金华宋濂，赋质甚弱，十日九疾。生产作业之事，皆力有所不任，唯日学操觚，造为文章。精思弗得，罢极就寝。"

---

① 参见〔明〕宋濂：《郑氏名濂解》，载《宋濂全集》，第1916页。
② 《宋濂全集》，第28页。

6岁入学

关于宋濂的入学时间，有两种记载，一为6岁入学，见宋濂朋友郑涛所作《宋潜溪先生小传》；一为12岁入学，见宋濂为他老师包廷藻作的《南涧子包公碣》。宋濂9岁能诗，若12岁始入学识字，则有违常理。《南涧子包公碣》为宋濂68岁时所作，年代久远，记忆可能有误，故还当以郑涛所记为准。

包廷藻（1265—1336），字文叔，自号南涧，为民间有"包青天""包公"之称的宋代包拯的后裔。家住义乌县西40里的智者乡修政里。包廷藻少时好学，记忆力过人。长大后，更是勤奋读书，能背诵《春秋左氏传》全文，"一字不遗"，以致"名动遐迩，闾右之族争聘致为弟子师"。[①]宋濂的祖父与包廷藻相友善，于是延请包廷藻来潜溪作为家塾的老师，教宋氏子孙读书识字。包廷藻讲课，注重阐明文章的要旨，说是祖传的教学方法。宋濂入学时，老师教他读唐代李瀚的《蒙求》一书。《蒙求》，顾名思义，就是一本启蒙读物，全书2300余字，四言一句，上下对仗，句末押韵，故读起来朗朗上口。但此书涉及唐以前历史人物的言行故事，可谓句句用典，初学者不易掌握，故宋代徐子光为此书作了注，这样全书就增至近10万字。现辑录《蒙求》中开头的一段，以窥一斑：

> 王戎简要，裴楷清通。
>
> 孔明卧龙，吕望飞熊。
>
> 杨震关西，丁宽易东。
>
> 谢安高洁，王导公忠。
>
> 匡衡凿壁，孙敬闭户。
>
> 郅都苍鹰，宁成乳虎。
>
> 周嵩狼抗，梁冀跋扈。

---

① 〔明〕宋濂：《南涧子包公碣》，载《宋濂全集》，第1193页。

郗超髯参，王珣短簿。

伏波标柱，博望寻河。

老师包廷藻一天就将《蒙求》原文讲完，宋濂心领神会，默记在心。此后，他"日记二千余言"，直至将注解的文字也读得滚瓜烂熟。

除了一些启蒙读物，包廷藻还教宋濂学写诗。写诗对于宋濂来说不是一件难事，"操觚赋诗，动辄十余首"①。对于宋濂的聪明好学，老师看在眼里，喜在心里。有一阵子，宋濂因家里困难而放松了学业，包廷藻就致信宋濂的父亲，说宋濂"终成伟器"，希望不要让"世利"耽误了宋濂的学业，因为"世利"等外物如同花开花落，都是身外之物，而唯有学问"乃身中之至宝"。宋濂的父亲接信后，幡然醒悟，不再让宋濂从事家务，而是让他外出求师，继续学业。

包廷藻为宋濂老师时，已50多岁，后于元至元二年（1336）去世，享年72岁。宋濂晚年曾到老师坟前祭扫，只见寒草凄迷，不胜今昔之感。在老师儿子的请求下，宋濂写下了《南涧子包子碣》一文，追忆了当年老师发蒙授教的情景，内心充满感激之情。他最后作铭云："师道之立，善人斯多。奕叶传经无敢讹，才良俗善资渐摩，何以表之铭涧阿。"

宋濂自言跟包廷藻老师学写诗，而且一写就是"动辄十余首"。但是，他少时的习作保存下来的只有一首标明9岁时作的《兰花篇》。此外，还有两句赠道士的逸诗。

《兰花篇》是一首五言古诗，诗题后自注云："延祐戊午年赋，时予始九岁。屡焚旧诗，而此特以幼作存，今复录之。"②全诗26句、130字。诗云：

阳和煦九畹，晴芬溢青兰。

潜姿发玄麝，幽花凝紫檀。

---

① 〔明〕宋濂：《南涧子包公碣》，载《宋濂全集》，第1193页。
② 〔明〕宋濂：《兰花篇》，载《宋濂全集》，第2202页。

绿萝托芳邻，白谷把高寒。

玄圣未成调，湘累久长叹。

菉葹虽外蔽，贞洁终能完。

岂知生平心，卒获君子观。

杂以青瑶芝，承以白玉盘。

灵风晓方荐，清露夜初溥。

此时不见知，骈罗混荒菅。

春风桃杏华，烂若霞绮攒。

徒媚夸毗子，千金买歌欢。

弃之不彼即，要使中心安。

愿结媵人佩，把玩日忘餐。

兰花配君子，桃杏媚纨绔，诗人通过兰花与桃杏形象和品格的对比，颂扬了兰花孤洁坚贞的品性，鞭挞了桃杏买笑逐欢的媚态。这首托物言志的诗显示了小诗人宋濂娴熟的作诗技巧和不凡的志趣追求！

宋濂诗名在外，故凡有宴会饯别的场面，少不了请他赋诗作兴。有一次，道士楼节翁来到潜溪，有人就请宋濂写诗为赠，宋濂操笔即成四韵，其中有"步罡随踢脚头斗[①]，噀水能轰掌上雷"[②]之句，众人拍手称好。从此，宋濂有了"神童"的美名。义乌贾伯达，性格豪爽，听说宋濂少年有志，又有才学，就主动到宋濂家提亲，愿意将女儿贾专许配给宋濂。于是，在双方家长的做主下，宋濂和贾专订下了婚约。

---

① 步罡随踢脚头斗：道士礼拜星宿、召遣神灵的一种动作。其步行转折，据说宛如踏在罡星斗宿之上，故称。

② 《江南野史》卷六载："道士刘守真能驱鬼神，每吴兵掠寨，刘则噀水调角，风雨雷电，倏忽而起，吴不能攻，迨数年。一夕刘死，遂战不利。"

读书郡城

随着年龄的增长，宋濂在乡里的名声越来越大。宋濂十五六岁时，当地一位颇有名望的长辈张继之从外面做官回来，听说他擅长记诵，就邀请他到家里做客，趁机也想考考他。张继之问宋濂："四书经传若干日可通倍（背）?"[①]宋濂"以一月为答"。

"四书"是《大学》《中庸》《论语》《孟子》的合称，其中《大学》《中庸》是《礼记》中的两篇。《礼记》原为"五经"之一，《论语》《孟子》分别在唐代、宋代升格为经书。如果经文和后人的注释文字（即传文）加在一起，字数有一二十万字。故当宋濂回答"四书经传"能在一月内背诵出时，张继之不相信。于是，张继之随意从书架上抽取了一本杂书，让宋濂当场背诵500字。宋濂用手指书，逐行过目，等到手指指向最后一个字，全篇已能背诵出，而且一字不漏。张继之心里暗暗称奇，跟宋濂的父亲说："是子天分非凡，当令从名师，即有成尔。"[②]

张继之二儿子道生，年龄与宋濂相仿。宋濂19岁时，张继之就带着道生和宋濂一同到金华城中，让他们拜闻人梦吉为师。

闻人梦吉（1293—1362），字应之。曾祖父闻人韶曾当过金华县令，祖父闻人逸孙当过温州儒学教授。父亲桂山翁也是读书人，曾从乡贤王定庵、王柏学习程朱理学。王柏与何基、金履祥、许谦被称作"金华四先生"，是朱熹学说在金华的嫡系传人。闻人梦吉从父亲学习理学，父子"自为师友"，昼夜苦读，"不出郊坰者十年"。闻人梦吉长大后，远近闻名，"四方学徒，或执诸经问辨"。泰定三年（1326），闻人梦吉以《尚书》中乡试。后曾任处州学录、衢州西安县学教谕、昌国州学正。

宋濂对老师闻人梦吉的操行学问是这样描述的：

---

①② 〔明〕郑楷：《宋濂行状》，载《宋濂全集》，第2350页。

公之学，一以诚为本，涵养既驯，内外一致。故其气貌类玄文之玉，温润而泽，绝无纤瑕，而孚尹①焕发于外者，煜如白虹，能令人爱恋弗厌。下帷讲授，前后授学者数逾二十，各随其资而裁辅之，多有跻朊仕者。性行恬冲，公卿之家意欲邀致，每避谢弗往。门庭之间，草积不剪，虽当铄金之暑、折胶之寒，正襟危坐，渊然若有思，终日未尝倾侧。其诲学者，必先道德，而后文艺，故于辞章若不经意。时而出之，文义深郁，亦粲然可观。江左名士邓某，以儒者之学自任，尤知爱公，谓公门弟子曰："今时学子，德未能立，而溺志修辞，组织华彩，沽钓声誉，实德且病矣。如吾梦吉，诚高世之轨范哉！"人以为知言。②

如果说老师包廷藻对宋濂的教育在于发蒙启智，那么闻人梦吉对宋濂的影响则在于理学的传承。宋濂曾谈到他受教闻人梦吉的情景："某实无似，曩因张教授继之拜公于函丈，公一见遇之如子侄。所以整摄其威仪，砻磨其问学者，无不至也。"③

闻人梦吉的学生很多，其中20多人日后都颇有功名。在宋濂的文集中，可考的同门学友有张丁（孟兼）、吴履（德基）、楼士宝（彦珍）、王柽（德润）、贾思诚等人。他们来自婺州的各县，白天听老师传道授业，放学后，或同游郡城，或谈天说地，或联吟和诗，或嬉戏闹玩，彼此结下了深厚的友谊。

张丁（1338—1377），浦江人。闻人梦吉为张丁取字曰"孟兼"，后以字行。宋濂曾为张丁作《张孟兼字辞（并序）》，序中说："张君浦阳人，有学行，与濂为同门朋。"闻人梦吉去世后，张丁奉宋濂作的《故凝熙先生闻人公行状》，请王祎作墓表。入明后，应宋濂之荐，征为国子学录，与修《元史》。后以太常丞出为山西按察司佥事，迁山东按察司副使。刘基论开国文人，以为宋濂居第一，他本人居第二，张孟兼居第三。张孟兼与僧吴印有矛盾，朱元璋偏袒吴印，结果张孟兼落得被弃市的下场。他著有文集六卷，《四库全书》收有《白石山房

---

① 孚尹：玉的色彩。
②③ 〔明〕宋濂：《故凝熙先生闻人公行状》，载《宋濂全集》，第312页。

逸稿》二卷，提要中称"以观其诗文，温雅清丽，具有体裁，而龙骧虎步之气，亦隐然不可遏抑，接迹二人，良足骖驾。基虽一时之论，即以为定评可矣。"

吴履（1320—1390），字德基，兰溪人。父亲吴景奎是颇有名气的诗人，《四库全书》收有他著的《药房樵唱》三卷、附录一卷。提要中称他"书无所不读，诗歌尤清丽警拔，颇近唐音"。宋濂为吴履作《吴德基传》，称"德基少受学闻人先生梦吉，学《春秋》，俊迈有奇材。长通诸史，为文辞，愿学司马迁、班固。最好书，尤工行草，得之者藏置为荣。元季教授乡里，名动一时"。朱元璋攻取婺州时，他被荐为郡庠儒学学正。后授南康丞，转安化知县，迁山东潍州知事。宋濂与吴履同门时，两人戏谑打趣，颇为亲近。所以，当吴履到京师辞官并看望宋濂时，宋濂鉴于当时恶劣的言论环境和众多因言得祸的事例，将明哲保身之道作为临别赠言传送给了这位好友。宋濂在《吴德基传》中说道：

德基至京师，遂谢事归。将行，辞其友翰林学士宋濂。濂为德基交甚狎，时亦致仕将归，呼德基谓曰："若愿受长者教乎？"德基曰："唯，何以命之？"濂曰："天子官汝五品秩，乞骸骨归，恩甚大，汝知保之之道乎？"德基谢曰："愿卒教之。"濂曰："慎毋出户，绝世吏勿与交。吾之教子，无以加于此矣。"德基至家，如濂戒，君子多其能受善言云。

楼士宝（1314—1369），字彦珍，义乌人。虽然楼士宝小宋濂4岁，但宋濂19岁入闻人梦吉之门时，楼士宝学业将满。两人见面时，才知道彼此的家离得很近，相去不过10里多路。楼士宝家境很好，穿着鲜丽整洁，皮肤洁白若雪，举止文雅可爱，一副贵介公子的模样。三年后，宋濂转到诸暨白门从吴莱学习，楼士宝听说后，也跟着宋濂一道从吴莱读书。然而，不到五个月，楼士宝便辞学回家，从此居家赋闲。宋濂曾有一段时间到浦江仙华山读书，往来都要经过楼士宝家。楼士宝听说宋濂来，哪怕是深更半夜，也一定起来迎接，为宋濂点上蜡烛，烫一壶酒，说上一通慰劳的话，然后自己和衣睡在宋濂一侧。第二天临别，楼士宝一定要亲自送宋濂到5里路之外，一路上戏谑谈笑，"无所不至"。待要分别时，楼士宝又依依不舍，不知不觉又送上一程。

楼士宝年少气盛，谈论天下大事，好像唾手可得。然而，他的高谈阔论不免给人留下空疏粗略的印象，因而所谈也只能到此为止，不能付诸实施。此后，楼士宝到元大都谋得一个澧州管领拔都民户总管府玉龙千户所管民司长官的职位。由于职所离家乡太远，而且气候风俗又差别太大，楼士宝在官闷闷不乐，不久即辞归。元末大乱后，楼士宝染上酗酒的恶习，家道也日益衰落。

至正二十五年（1365）三月，宋濂从南京回家乡养病，特从楼士宝家门经过。楼士宝听说宋濂来到，来不及整好衣冠，就出外迎接。他拉着宋濂的手，说："君来归耶？且留连四三日，勿遽舍我去。"然后，他指着自己所乘的青驴，说："将宰以啖君。池中有大鲤鱼，长可三尺，取以为侑。君虽不饮，视吾引满，亦必为之畅然。"但宋濂急着回家，没有答应留下来。过了一月，楼士宝来潜溪看宋濂，敲门甚急。宋濂让仆人去问来者姓名，只听楼士宝大声对仆人说道："汝第言旧日同舍尔，何必问其为谁耶！"宋濂得知来者是楼士宝，赶紧出来相迎，而楼士宝早已坐在床上，一副神情严肃的样子。楼士宝说："予渴甚，汝何处可得美酝？"而此时朝廷正颁布禁酒令，宋濂不敢答应。楼士宝很不高兴，扯着宋濂的胡须，说："子诚俗士耶！"因天黑下来，楼士宝不得已在宋濂家住下来。但第二天，鸡才叫第一声，楼士宝就骑着青驴离开了宋濂家。从此以后，楼士宝更是沉溺于酒，身体、容貌也被酒销蚀得不堪目睹，不久竟死去。

对于楼士宝去世，宋濂充满了无限的惋惜之情。他认为楼士宝本来应大有作为，不想竟这样死去，所以在所作的《玉龙千户所管民司长官楼君墓志铭》中，宋濂禁不住连发三次"呜呼，吾彦珍其止于斯矣乎"的感叹。文末的碑铭云：

> 呜呼彦珍，死于酒耶？不酒而死，世何多耶？呜呼彦珍，醉而醒耶？高视陋俗，醒其醉耶？被溺于声利，心剗形瘵，而无一隙之适者，方吾彦珍，又何如耶？呜呼彦珍，孰谓非旷达之士？

宋濂虽对楼士宝过世倍感惋惜，但认为楼士宝生前醉眼看世界，大有"举世皆浊我独清，众人皆醉我独醒"的味道，他过的是一种快意的人生！楼士宝比起那些追求声色利禄、苟且偷生、迷失自我的人不知要高出多少倍！所以，宋濂称赞楼士宝不愧为"旷达之士"。

王桡，字德润，济宁金乡人，从小寄住在金华城里。祖父王仁为义乌县丞，父王瑞为溧水州税务大使。王桡机警敏捷，身材魁梧，曾经捋着胡须说道："王桡不寻功名，功名自当会来找王桡的，哪有尖锐的锥子在布囊里不会凸显出来呢？"宋濂到金华拜闻人梦吉为师的时候，王桡也恰于同一天到来，一问，两人又是同年出生，所以都显得格外高兴。宋濂回忆两人同窗共学的情景时说：

> 昼摩切经艺，晚则捉手同游衍。或纵谈大噱，愦堕地弗顾；或联诗才脱口，即促继之，迟则罚。昏鼓动冬冬，始归，日以为常。[1]

从闻人梦吉处卒业后，王桡曾参加进士考试，不中，就弃之不顾，转攻法家书。曾任衢州、处州二府吏以及书吏、察院书吏等职，后被荐入中台察院，出调浙西道肃政廉访司照磨兼承发架阁。有一次，王桡托人捎信给宋濂，说："吾荐子于方岳大臣，行授子校官矣，子能为我一出乎？"宋濂去信婉谢，后来又写了一首诗，准备寄给王桡，诗云：

> 芳情在千里，欲语意还迟。
> 流月入中怀，依稀逢素姬。
> 素姬来何暮，春花满春树。
> 自是妾无心，勿伤江水深。
> 富贵履危机，谁人不闻此。
> 如何弗之戒，有若鱼贪饵。
> 昨宵歌舞人，今朝去为鬼。
> 为鬼世莫愁，摄衣升鬼庭。[2]

---

[1] 〔明〕宋濂：《哭王架阁辞有序》，载《宋濂全集》，第1914页。
[2] 〔明〕宋濂：《寄王德润》，载《萝山集》卷五，日本内阁（公文）抄本。

然而，诗还没寄出，宋濂就听到了王桂的死讯。原来，王桂一次与同僚聚饮，因言语冒犯了御史，御史公报私仇，构诬王桂，下文要逮他入狱。王桂叹道："男子头可斫，膝不可屈，死则死，肯与狱吏对乎？"于是，他引刀自刭。看过宋濂诗的人，说从宋濂的诗已见出王桂要死的先兆。

王桂死后，留下妻儿无所依靠。一次，宋濂去坟上哭祭，王桂儿子僧僧哭着在路上迎候，宋濂"心益百折不自胜"，于是写下一通哀词，对王桂的死表达了自己的看法：

> 君死虽亟，君膝不屈。
> 君气凛然，千古莫夺。
> 人孰不死，君死则宁。
> 尚可谓君，鸿毛之轻。
> 君何用哀，我哀有以。
> 天方寿君，君则自死。
> 我苟无罪，谁敢死余。
> 一朝之忿，惜不尔思。
> 妻子茕茕，东西颠沛。
> 君在九泉，亦将自悔。

宋濂跟从闻人梦吉读书时，还在金华城里的玄畅楼上结识了许谦的学生唐怀德。

许谦（1270—1337），字益之，号白云山人，金华人。由朱熹大弟子黄榦传下的何基、王柏、金履祥、许谦四人均为婺州人，历史上称"金华四先生"。在婺州的诸大儒中，许谦的门墙最盛，及门的弟子据载有上千人之多。宋濂在《赠会稽韩伯时序》中说："余生于婺，与许公同乡里，虽获一拜床下，而未及与闻道德性命之言，而许公弃捐馆舍，遂从其徒而私淑之。"对于许谦的学生，宋濂认识的不少，但唐怀德是其中认识最早的一个。

唐怀德（1307—1357），字思诚，宋金华巨儒唐仲友的后裔。唐怀德大宋濂

3岁，宋濂在玄畅楼上见到他时，只见他"敛容端坐"，铺纸弄笔在写一篇辨析严子陵、陶渊明优劣的文章。文章引经据典，洋洋洒洒写了5000多字。宋濂虽然羡慕，但心想人家对此有专门研究，知道的当然比别人详细，若是其他，那就不一定这么熟悉了。从此以后，宋濂与唐怀德来往更加密切。每当风和日丽，宾客满座之时，唐怀德一开口发言，就滔滔不绝，语惊四座。如果有人向他求诗或文章，他更是一挥而就，不加涂改，就像春雨润物，百花吐艳，不择地而发。唐怀德也丝毫没有骄傲自满之意，只是说："文以达吾言，何以工为？"宋濂对唐怀德更加羡慕，但认为虽然唐怀德称得上是一个奇士，但比他聪明敏捷的人不是没有，况且唐怀德究竟是否有真才实学还未可知。

五年后，唐怀德被聘至淮阴讲学，听讲的人争先恐后，"户外之屦常满"。一时硕士巨儒也都愿与他交往。后来，唐怀德从淮阴回浙，知宋濂在杭州，特地寻访。宋濂见唐怀德来到，非常高兴，张宴对饮，并留唐怀德夜宿。夜里，两人辩论诸子百家是非，涉及的书有90种之多，加上一些术数、谶纬一类的书又有数十种。这时宋濂年纪轻，记忆力好，唐怀德提了许多问题，宋濂均能一一回答。唐怀德禁不住拍桌叫好，说："想不到你精博到这般地步，我以前见你木讷不言，没想到你藏而不露。我的记忆力不比你差，只是恨无书可读。陈振孙《直斋书录解题》中的书，我只看了三分之二。"宋濂听唐怀德这么说，便向他提了一些心中疑惑的问题，唐怀德也能随问随答，没有滞碍，并说道："吾学不徒博。徒博，陆澄之书厨尔。吾则藉之以穷理而施诸事也。"宋濂羡慕极了，至此才知道唐怀德读书是为了明体达用，并非用来夸奇炫博。

唐怀德后被荐授金华县教谕，因父死不赴。后迁衢州路学录，未及上报，即因病而卒。对于唐怀德的死，宋濂深感悲痛。他认为唐怀德先祖唐仲友之所以垂名后世，不在于职位，而在于学问，"位势之隆，可行志于一时，学术之殷，则遗芳于千载"。唐怀德位不称学，但他的著述能传之后世，传名千古。[①]

---

① 参见〔明〕宋濂：《唐思诚墓铭》，载《宋濂全集》，第2117页。

转益多师

吴莱像

宋濂在《郑仲涵墓志铭》一文中说："予执经山长吴公、待制柳公、侍讲黄公之门，仲涵每侍予往拜。三公见其文，亦以远大期之。"文中的吴公即为吴莱，柳公、黄公即为宋濂的另外两位老师柳贯和黄潜。柳贯和黄潜都是方凤的学生，而吴莱又为方凤的孙女婿，吴、柳、黄三人同出一门，彼此相熟，故宋濂虽然拜他们为师的时间有先后，但可同时往来于三先生之门。

吴莱（1297—1340），字立夫，号渊颖，浦江人。在浦阳江源头的深衰山读书，故人称"深衰先生"。父亲吴直方（1275—1356），字行可，早年游学京师，曾留在马札儿台家，做他儿子脱脱和也先帖木儿的家庭教师。元统年间，脱脱为御史中丞，吴直方得以授官广东，做了一个肃政廉访司管勾，承发架阁库兼照磨的官。后迁中政院管勾，承发架阁库，复升长史。后至元中后期，色目人阿合马擅权，皇太子真金及朝中大臣合谋罢免阿合马的大权，吴直方出了不少力。出于这个缘故，吴直方超授翰林集贤直学士，转侍讲学士，升学士。整个元代，南方人在朝廷中做上大官的不多，而吴直方是少数南人大官中的一个。

宋濂因老师黄潜和吴莱的缘故，与吴直方也有来往。元顺帝曾将司马光所编的《资治通鉴》分赐近臣，吴直方作为经筵讲臣，也赐得一部。吴直方退休归田时，曾嘱宋濂题跋。宋濂即作《御赐资治通鉴后题》。文中云："公既引年归江南，慨念上之恩不可忘，命郡诸生宋濂备识之，以示子孙。"吴直方卒时，吴莱已去世多年，故吴直方的行状由宋濂撰写，即《元故集贤大学士荣禄大夫致仕吴公行状》。宋濂后又代吴直方二儿子吴志道写了《故集贤大学士荣禄大夫致仕吴公坟记》(《潜溪前集》卷十收录)。2023年1月，吴直方在浦江通济湖的墓被发现，随后在墓中发现了《有元集贤大学士荣禄大夫致仕吴公坟记》石刻一块。其中有落款云："宋濂书丹、黄溍篆盖、志道谨记。"宋濂代写的坟记尚未刻石，故与上石后有落款的刻石文字稍有差异。

2023年5月在浦江发现的《有元集贤大学士荣禄大夫致仕吴公坟记》

吴直方常年在外做官，经济上可以使吴莱免除后顾之忧，得以安心读书做学问，但他对吴莱的教育，反而没有亲家方凤的影响那么大。方凤是宋遗民诗人，宋朝灭亡后，他与永康吴思齐、浦城谢翱等遗民在浦江月泉创办月泉吟社，并举办诗歌大赛，一时周边地区参赛的有上千人之多。方凤等遗民的活动对浦江乃至周边地区都产生了重要的影响。吴莱作为方凤的孙女婿，朝夕过从，亲炙其教，定然收获良多。

吴莱18岁作《论倭》一文，铺张扬厉，雄辩滔滔，人称有"终军、王褒之风"。他24岁中举人，一时成为远近闻名的人物。黄溍对吴莱的文章有很高的评价，以为吴莱的文章像是秦汉间人写的，纵使自己操觚一辈子也写不出这样的文章。《四库全书总目》对吴莱的文章评价很高，认为他"在元人中屹然负词宗之目"。

宋濂在师事闻人梦吉期间，就曾到浦江拜谒过吴莱，向他请教作文之法。宋濂在所作的《拟秦王平夏郑颂》和《宋铙歌鼓吹曲》后题跋云：

> 濂年二十时，颇有志文辞之事，往拜渊颖先生吴公于浦阳江上，公曰："尔欲学文耶？试为《拟秦王平夏郑颂》及《宋铙歌鼓吹曲》观之。"濂即撰述以上。公读已，微笑曰："孺子诚可教，使稍收敛入于简严，则所向无前矣。"

《拟秦王平夏郑颂》全名为《拟薛收上秦王平夏郑颂》。秦王李世民听取薛收的建议，剿灭夏王窦建德、郑王王世充的割据势力，最后统一了中国，建立了唐王朝，这是重要的历史事件。关于薛收的献策，《旧唐书》薛收本传仅有以下的一段记载：

> 收独建策曰："世充据有东都，府库填积，其兵皆是江淮精锐，所患者在于乏食，是以为我所持，求战不可。建德亲总军旅，来拒我师，亦当尽彼骁雄，期于奋决。若纵其至此，两寇相连，转河北之粮以相资给，则伊、洛之间战斗不已。今宜分兵守营，深其沟防，即世充欲战，慎勿出兵。大

王亲率猛锐，先据成皋之险，训兵坐甲，以待其至。彼以疲弊之师，当我堂堂之势，一战必克。建德即破，世充自下矣。不过两旬，二国之君，可面缚麾下。若退兵自守，计之下也。"太宗纳之，卒擒建德。

吴莱让宋濂"试为《拟秦王平夏郑颂》及《宋铙歌鼓吹曲》观之"，吴莱出这样的题目，一方面要考察宋濂对这段历史的熟悉程度，另一方面要考察宋濂的想象力及他对"颂"这一文体的熟悉程度。宋濂虽然当时年龄只有20岁，但对历史可谓了如指掌。《拟秦王平夏郑颂》开篇以300多字交代了秦王听从薛收的计策并平定了窦建德、王世充割据势力的前后经过，显示了"皇帝之睿谋雄算，王之戎功骏烈"。文章的主体部分在"颂"，四字一句，共284句，酣畅淋漓地描写了秦王平定"二竖"的整个过程，表现了"王业之艰难"，歌颂了"有唐之声烈"。以下一段描写了虎牢关之役两军交战的情景及敌军战败溃散的场面，写得有声有色：

王曰靖哉，尔众勿摇。虏卒既惰，虏将且骄。

虏命当倾，决于今朝。莫匪上天，欲逸我劳。

使发一矢，中此两雕。咽喉之门，实在虎牢。

吾往敚之，短兵尔操。且行且饵，伏锐于坳。

伺虏深入，乃与死麛。虏因大訾，布尸满皋。

进退维谷，更动叠骚。侦吾牧马，将袭而逃。

王乃济河，南临广武。骎骎如云，留彼弗取。

虏果来迎，列栅牛口。我闭弗出，自辰达午。

虏气既竭，逡巡欲走。王谓士及，尔整部伍。

尔将枭骑，突此群丑。予进而翼，截其两肘。

会虏方朝，颠倒失序。震霆方惊，不及掩耳。

击刺从衡，龙飞熊吼。天日为黄，尘起如雾。

正战方酣，王出以奇。尔知节等，卷旆而驰。

旁绕虏阵，张我虎旗。虏众惶骇，奔如流澌。

相彼酋首，欲绝而西。神槊一指，颠若坠尸。

王叱武威，执而缚之。囚示郑人，郑人曰噫。

我援已绝，我力莫支。我肉我袒，牵羊以随。

有余者孽，亦复来归。奉玺再拜，冀免歼夷。

乃覆乃俘，振旅而复。王被金甲，悬厥鱼服。

"铙歌鼓吹曲"为乐府诗的一种，用短箫吹奏，相传黄帝时代已有，"所以建威扬德，风劝敌士者也"。周代相沿，在国王军队祭献祖庙，或者师出有功，告祭社坛的时候，"铙歌鼓吹曲"作为军乐来演奏。但是，汉以前的"铙歌鼓吹曲"已经亡佚。汉代留下来的有《朱鹭》等"铙歌鼓吹曲"12曲。此后，历代都有人创作，而以唐柳宗元创作的最为有名。吴莱之所以让宋濂做这一题目，一是因为吴莱本人喜好这一文体，他曾编有《乐府类编》100卷，并有关于"乐府"这一文体的理论文章；二是他想考察宋濂对这一文体的流变和特点是否熟悉。宋濂从小以文字为戏，这样的文体也难不倒他。他模仿柳宗元颂扬唐高祖、唐太宗"征伐勤劳"事迹而创作的《鼓吹铙歌》，创作了颂扬宋太祖、宋太宗平定天下的12首《宋铙歌鼓吹曲》。比如，其中的《彗出柳》写道：

维彗出柳，六合布新。

矧此弹丸，何敢不臣？

雕弓宛转，铁骑参潭。

天堑未度，已无江壖。

帝诏将臣，俟其来宾。

慎毋疾击，以病吾民。

长蛇成围，不异祥麟。

孱王既降，市无惊尘。

大宣皇化，覃于至仁。

这支曲记述了"王师伐江南"，南唐后主李煜不战而降的事迹，突出了"王师"的仁德威望。宋濂的出色表现给吴莱留下了深刻的印象，吴莱对之劝勉有加。

宋濂正式拜吴莱为师，是他在闻人梦吉处卒业后。他在《玉龙千户所管民司长官楼君墓志铭》一文中说："初，余年十九，负笈入婺城之南，受经说于闻人先生，会彦珍亦从乌伤来卒业……居三年，闻浦阳渊颖吴公阐教诸暨之白门，余复裹粮相从。"诸暨属于绍兴辖内，与浦江相邻。当时吴莱门下多纨绔子弟，宋濂穿着简陋，衣不蔽体，心中虽感不平，但他埋头苦学，与他人也相安无事。

宋濂第一次在浦江拜访吴莱，即得到吴莱的指点，但毕竟是临时拜访，不能细细求教。现在他成为入门弟子，则可以时时向老师请教作文之法了。宋濂日后回忆起向吴莱请教作文之法的情景时说：

> 濂尝受学于立夫，问其作文之法，则谓有篇联，欲其脉络贯通；有段联，欲其奇偶迭生；有句联，欲其长短合节；有字联，欲其宾主对待。又问其作赋之法，则谓有音法，欲其倡和阖辟；有韵法，欲其清浊谐协；有辞法，欲其呼吸相应；有章法，欲其布置谨严。总而言之，皆不越生、承、还三者而已。然而字有不齐，体亦不一，必须随其类而附之，不使玉瓒与瓦缶并陈，斯为得之。此又在乎三者之外，而非精择不能到也。顾言犹在耳，而恨学之未能。因志诸传末，以谨其传焉。①

吴莱除传经授道外，偶尔也带弟子们外出旅游。诸暨的五泄七十二峰，自古以来以山高险峻、瀑声如雷闻名。比如，《水经注》云：浦阳江"江水导源乌伤县，东经诸暨县，与泄溪合，溪广数丈，中道有两高山夹溪，造云壁立，凡有五泄，水势高急，声震水外，下泄悬三十余丈，广十丈，中三泄不可得至，登山远望乃得见之。上泄高二百余丈，望若云垂。此是瀑布，土人号为泄尔"。据说南朝的谢玄卿在山上采过药，宋代的刁景纯、吴处厚也都到过这里，刁景

---

① 〔明〕宋濂：《评浦阳人物·文学·元处士吴莱》，载《宋濂全集》，第2180页。

纯还有诗云："西源穷尽到东源，直注层崖五磴泉。"①

宋濂从学吴莱的当年，就曾在老师的带领下前往一游。他们从白门出发，傍晚时分到达了一个离五泄景区尚有20里的地方，在一农户家里住下来。农户主人叫戴珵，设宴招待了他们。老农的儿子戴性中后来成了宋濂的朋友，而孙子戴灏成了宋濂的学生。

第二天，他们来到五泄景区，游览了西潭、东潭等五潭，以及香炉峰、钵盂峰、白云峰、玉女峰等七十二峰。峭立的山崖、嶙峋的怪石、翠绿的树木、如雷的瀑布、幽深的潭水给宋濂留下了美好的印象。回来后，宋濂就写了一篇《五泄山水志》的游记，文章穷形尽相，移步换景，惟妙惟肖，使人读了以后如临其境，如闻其声，如见其景。兹引一段如下：

> 自西坑岭入，过遇龙桥，北行二十步，始入西潭。潭前横一溪，水甚寒，履之如冰。由溪而前，径小潭，傍有焦石突起，类大瓮斜覆。乃扪石而登，一失足辄坠。又行二里所，地稍夷旷，怪石四瞰，峰峦环列献状，其纹萦萦然，类神工鬼斧所雕刓者。山多猴，游人或恐之，撒石乱下如雨。又前行半里所，泉自石窦中出，浏浏作声，若琴，若笙竽。泉西流汇为小洼，莹澈泓澄，毫发不隐。鲦鱼数尾，洋洋往来，如行琉璃瓶中，见人至，潜去。洼左大树离立，极怪伟，倒影入水中如画。又前行五十步，大石阏道。相传有岩角肖鹰喙，忽夜大雷雨，喙崩下，声闻数十里。又行三十步，榛篠成林，翠光浮映，衣袂成碧色。山虫崖虺，奔绕后先，瞬目失所在。至此则气象阴幽，绝不类人世。如升蓬峤，坐水晶宫，生平烟火气消尽。

宋濂在白门读书约一年时间，因要准备科举考试，就中断了学习，辞别老师，回潜溪老家。一年左右的朝夕相处、谈学论道，使师生间结下了深厚的情谊。宋濂勤学苦读，好学深思，又喜商量学问，这让吴莱对他更是爱惜不已。因此，当宋濂和另一位弟子楼士宝辞别归故里时，吴莱甚感惋惜，于是设别宴，

---

① 《会稽志》卷十，影印文渊阁《四库全书》本。

赋《送宋景濂、楼彦珍二生归里》①诗为他们送别。

> 我生本孤陋，偶到越江头。
>
> 如何彼二子，直溯越江流。
>
> 子来我欲去，子去我仍留。
>
> 留子子不住，送子使人愁。
>
> 我且与子酒，西风吹子裘。
>
> 问子何所学，将通鲁《春秋》。
>
> 圣心久不白，圣髓空旁搜。
>
> 圣经但至正，贤传相戈矛。
>
> 晋臣忠如预，汉士谶有休。
>
> 发挥一王法，褒绌五等侯。
>
> 经笙未可弃，墨守或为雠。
>
> 我今岂谓能，子幸与经谋。
>
> 嗟哉我何学，半世成倦游。
>
> 焚膏正自苦，奏牍不见收。
>
> 我迂世所诮，我病我难瘳。
>
> 子何不即远，说我东家某。
>
> 我宁不及子，请子更归求。
>
> 毋徒挺峣峣，亦莫变浮沤。
>
> 山鸡伏鹄壳，我尚与此侔。
>
> 勖哉敢不力，前路无停驺。

在这首诗里，吴莱回忆了宋濂等来白门求学的情景，谈了自己对传授圣贤之学的看法，流露出自己有才不见用的怨怼。然而，他寄语宋濂等在今后的人生道路上不要像浮沤一样随波逐流，而应继续努力，永不停息。

---

① 参见《宋濂全集》，第2593页。

宋濂回到家里，一边准备乡试，一边与吴莱互通书信，切磋学艺。从今天保存的一封吴莱致宋濂的尺牍中，我们还可以窥见当时师生间讨论学问、切磋诗艺的情景，信中说：

> 莱顿首，奉启景濂贤契友足下：承喻穀梁说《春秋》，其义最精，鄙意亦同此，盖不易之论也。近来收拾《春秋》文字如何？此间亦有数家，欲采拾成一书，奈年来病势愈迫，下笔复止。景濂明敏过人，且善记，何不为之？却来此商略可否耶？蔡庆宗《质疑》一书若未见，可来取之。《游仙》等赋妙甚，自时文行而此学几绝，盖皆坐读书不广，故空疏无精采，恹恹如久病人。今吾景濂为之，便自不凡耳。铭辞亦奇绝，读至抑扬变态处，使人忘倦。大抵景濂之文，韵语为最胜。近作《古隐者赞》十章及《古琴操》九引曲歌辞奉上，幸为删定。《楚汉正声》已著其目，望使人誊之，见在此改定序文。此书若成，可一洗俗学之陋，第恐召闹取骂尔。徐毅斋欲升《论》《孟》为鲁、邹二经，此略闻之岩南公（方凤）。景濂考究博，必知其详，幸见示。他文字中欲及之意间要速。景贤不知今在何处？烦访问为佳，不宣。[①]

宋濂在吴莱门下的学友中，有义乌的楼士宝，浦江的宣昺、郑深、郑涛、陈璋，金华的胡翰等。其中，楼士宝曾与宋濂一同师事闻人梦吉，已见前述。郑深、郑涛、陈璋是宋濂在诸暨白门结识的新同学，而胡翰可能是宋濂在金华求学时即已认识。

宣昺，字彦昭，浦江人，家境条件优越。但宣昺没有纨绔子弟的习气，喜欢买书，如遇好书而所带的钱又不够，就宁肯脱下衣服以抵不足的部分。宣昺眼睛深陷，鼻子隆起，眉毛浓黑，胡须如剑，身材魁梧，看上去像个西域人。在诸暨读书时，每当夜幕降临，同学们等老师吴莱熟睡后，就相约一同到月光下玩耍。当时大家都20岁出头，个个看上去像美少年。大家稚气未脱，你追

---

① 《宋濂全集》，第2561页。

我赶，互相打闹，或者逗笑挖苦，相互揭短，或者比手劲，比撞牛，看谁的力气大，直到一方认输才罢。在同学中间，因为宣岊力气最大，大家都怕他。而宋濂说他自己"朴戆易侮，不敢时相逐为欢"。

宣岊后来被选入行省宣政院做一个管印的小官，迁授温州路平阳州判官，转本路总管府判官。宣岊为官清廉，一毫不苟取。例如，当地有个儒生，有百亩田园被豪势侵占，儒生为此告官多次，终因对方贿赂官员，案子久拖不决。宣岊到任后，立马就结案，将田园判还给他。儒生为了表示感谢，特奉金相谢。宣岊大声呵斥，说："顾法当尔，吾岂私汝者耶？"宣岊怕家中的奴仆收受金子，特将奴仆捆绑起来，然后大声呵斥道："儒生所送金何在？"直到奴仆流泪再三申辩，表示没有收受金子，宣岊才放了他，然后向他道歉。那个儒生过意不去，就画了几幅蔬菜画，装裱成册，然后送给宣岊，说："判官清苦，敢以一菜为献。"但宣岊还是没有收，说："虽是微物，终有私意存。"

元末大乱，宣岊知世事已不可为，就隐逸到孙井山中。入明后，宣岊曾被选为江南文学之士，朝廷将要给他授官，但宣岊坚决辞去。后因亲家占他人田地，宣岊遭人诬告，被逮入监狱，忧愤而死。对于宣岊的死，宋濂深感悲伤，他在为宣岊作的墓志铭中说："墓草荒凉，青而复黄，宁不使余感旧伤神，涕泪而沾巾耶？"[1]

郑深（1314—1361），字仲几，一字浚常，浦江郑义门锐之子。郑深幼年时就知读书，但读书唯求明了文章的中心思想，而不屑字句意思的仔细推敲。郑深自视甚高，放达不羁。他小时候到外婆家，有人拿他当小孩看待，他愤愤不平，就设计让对方受骗，以示惩罚对方对自己的轻视。一次，算命先生给他算命，说他会给家里带来灾难。郑深怕他祖父知道后自己会失宠，心里十分厌恶这个算命先生。后来，算命先生又来到村上，郑深就说："我某年月日生也。子幸誉我，吾当厚报子，否则戒悍奴辱子矣。"此话一出，让在场的人都大吃一惊。

宋濂大郑深4岁，他们同门的时候，"昼同食，夜则共衾"，可谓情同手

---

[1] 〔明〕宋濂：《故温州路总管府判官宣君墓志铭》，载《宋濂全集》，第1490页。

足。郑深常指当时的名人对宋濂说："某也操寸管，入位馆阁；某也垂绅正笏，立庙朝而弼成化功；郑生长虽不满六尺，行见铮铮然鸣矣。"宋濂见他夸口，有意拿话激他，郑深反而辩得更来劲，争论没有结果，郑深就会说："子未可少吾。"

郑深后来游学大都，曾随丞相别儿怯不花出使南方。当时杭州城遇灾，连及数万家。丞相让下面的人拟好文书上奏。郑深从旁力劝："杭民无恒产，若候报下振之，则已大半为鬼矣。汲黯发廪，此非其时乎？"丞相听从郑深的建议，下令开仓赈济。郑深于是又建议："户有小大，必计口乃宜耳。"丞相又予照办。丞相想授郑深宣政院宣使的官职，由于理问官咬住的离间而没有实行。

郑深谒见太师脱脱，脱脱延请郑深当他儿子哈剌章的老师。郑深用儒家经典教哈剌章，哈剌章学得很好，颇得尊师敬长之道。脱脱为此赞不绝口，以致传到皇上的耳朵里。当时，皇太子就住在脱脱家，与哈剌章同吃同住。皇上知道了郑深教导有方，就传旨下来，让皇太子与哈剌章一同受学。至正八年（1348），脱脱奏举郑深为太傅府长史。至正十年，郑深迁宣文阁授经郎。后又兼经筵译文官。至正十四年夏四月，转宣文阁鉴书博士。宣文阁与皇太子学习的地方端本堂紧挨着，郑深每天教皇太子练字学习。皇太子曾问起郑深义门几代聚族同居的事，赞叹其是人间的祥瑞，就亲书"麟凤"二字以示褒美。不久，郑深改中书吏部员外郎。至正十六年秋八月，授江南浙西道肃政廉访司事。不久，又改授江东建康道肃政廉访司事，未上，卒，年仅48岁。

郑深在朝廷时，与当时的大臣如揭傒斯、欧阳玄、李好文、危素等都有过从。对于郑深的功业，宋濂在墓志铭中有很高的评价："眉目疏豁，躯干魁梧。虽沉敏多智数，秉心慈恕，而壹以正裁之。人未出言，已能窥测其肺肠，故周旋南北间，鲜自债事。然颇以师道自任，授经宣文阁中，皆勋戚大臣之子，君戴星而出，戴星而入，孜孜以开物成务，日迪导之，学成而仕，蔚为名臣。与人交，不以势之崇庳而贰其心。"在文末所作的铭中，宋濂也表达了对亡友的悲伤之情：

乌台凤池，迟君游衍。

泉台莫晨，有泪双泫。

谁谓君亡，视之若存。

清风凛然，施及后昆。①

贾专像

宋濂在23岁这一年，与9岁时订婚的贾专成了亲。

贾专（1311—1380），字主敬，义乌人，小宋濂1岁，贤淑温柔，聪明能干。宋濂一心读书，"生产作业之事"皆置之不顾，因此，家中里里外外的事，全落在了贾专的身上。自从生下儿子宋瓒、宋璲后，家中的负担更重。但贾专操持家务，侍奉丈夫，抚育小孩，把家里安排得井井有条。宋濂日后之所以有辉煌的成就，与贾专这位贤内助是分不开的。

宋濂约在25岁时拜柳贯为师，柳贯大黄溍7岁，但比黄溍早卒15年，故宋濂师事柳贯约八年时间。

柳贯（1270—1342），字道传，浦江人。祖父柳补之，曾为嘉兴府崇德县主簿。父亲柳金，宋咸淳三年（1267）右榜进士，官至高邮县令。柳贯年轻时曾师事理学家金履祥及宋遗民方凤、吴思齐、谢翱。后外出游历，谒见过方回、龚开、仇远、牟应龙、胡之纯、胡长孺、戴表元等前朝遗老。元大德四年（1300），被察举为江山县学教谕。至大元年（1308），迁昌国州（今浙江舟山）学正。40多岁的时候，北游大都，颇为大臣吴澄、程钜夫、赵孟頫等所器重，并与虞集、马祖常、袁桷、王继学、范椁等儒臣有文字之交。延祐四年（1317），以荐授湖广等处儒学副提举，未上，改国子助教。至治元年（1321），升国子博士。泰定元年（1324），擢太常博士。泰定三年，出为江西等处儒学提

---

① 〔明〕宋濂：《故江东金宪郑君墓志铭》，载《宋濂全集》，第2108页。

举。天历二年（1329），谢官回家。至正元年（1341），复起为翰林待制，兼国史院编修官。次年十一月，卒于大都，在官仅七个月，时年73岁。

柳贯与黄溍、虞集、揭傒斯并称"儒林四杰"，《元史》本传称其"器局凝定，端严若神……凡六经、百氏、兵刑、律历、数术、方技、异教、外书靡所不通……作文沉郁春容，涵肆演迤，人多传诵之"。著书有《文集》40卷、《字系》2卷、《近思录广辑》3卷、《金石竹帛遗文》10卷。

柳贯精通书法，宋濂时时向柳贯请教。有一次，宋濂在柳贯家看到《唐临重告帖》，这帖相传为唐薛稷所书。宋濂发现薛稷所临摹的书法与他原来飘逸的书风不同，就向柳贯请教其中的原因。柳贯回答说："古人能知变通，所以为不可及也。"①此后，宋濂又见过薛稷临摹的其他法帖，发现大多与他固有的飘逸的书法风格不同，才知道柳贯的话确实有道理。

一年秋天，天空下着大雨，宋濂专程前往柳贯的住处拜谒求教。柳贯见宋濂冒雨而来，喜出望外，当即作《秋雨中喜宋景濂见过》诗一首，诗写道：

> 蹑屐能来破藓封，相看玄葆映霜蓬。
> 吾衰未免车尝北，子锐其如易已东。
> 水碧金膏资独异，涧毛山实岁宜丰。
> 过林倘肯频纡辙，剪烛犹堪语夜终。②

在诗中，柳贯用了汉代《易》学大家丁宽从师学《易》的典故。这个典故说的是汉代有个叫项生的人从田何学《易》，项生的侍从丁宽精敏好学，对《易》的领悟能力超过项生，后来丁宽学成东归，田何就跟门人说："《易》已东矣。"柳贯借田何的感叹表达了他对宋濂的肯定和赞赏。"过林倘肯频纡辙，剪烛犹堪语夜终"，柳贯殷殷希望宋濂以后还能经常来看他，一同剪烛论学。

---

① 《宋濂全集》，第554页。
② 《柳待制文集》卷六，影印文渊阁《四库全书》本。

然而，临时的拜谒毕竟是短暂的，更多的还是要靠寄信求教。宋濂曾写信向柳贯请教尺法，柳贯列举文献的各种记载以及自己的所见所闻，从尺的长短、类型、功用等方面详加解说。柳贯这封论尺法的信，不啻是一篇学术小论文。在信的最后，他说："吾党之学，体验扩充，其事固不止是，愿益自察识，以进于光大之域，此则拙者区区之望也。"①这话既是一种劝勉，也是一种期冀，体现了长者循循善诱的风范。

柳贯对宋濂可谓赞赏有加，从今天留存的柳贯的《与景濂书》中，我们可以看到柳贯从乡学的角度对宋濂寄予了很高的期望。

> 贯顿首，再拜景濂翰撰友兄：前者所睹诸文，皆雄浑可爱。不肖阅人多矣，后进求如此者未见其比，为之喜而不寐。吾乡文献，浙水东号为极盛，自惭驽劣不足负荷此事，后来继者，所望惟吾友尔。吾友以绝伦之识，济以精博之学，若更加工不已，驾风帆于大江之中，孰敢御之哉？勉旃！勉旃！琳公有书索紫微山房诗，不知作否？律吕新书，想已彻览，旧闻可疑者，宜以纸标出，俟见顾时容一一讲之。不宣，贯再拜。

柳贯有文集40卷。柳贯卒后，其友人余阙来金华任浙东海右道肃政廉访司事。当他得知柳贯的文集尚未整理刊刻，就嘱宋濂和柳贯的另一位学生戴良负责整理。宋濂和戴良将柳贯的文集整理出20卷，刻于浦江学宫；将另20卷编为《别集》，交给柳贯的儿子柳卣珍藏，"俾世世谨其传"②。宋濂为此还写了《待制文集后记》。

宋濂兄宋渊的孙女暖，嫁柳贯的孙子毵。此后，宋、柳两家之关系，则在师生之谊上又多了一层姻亲之情。

吴、黄、柳三人中，黄溍年寿最长，活到81岁，于至正十七年（1357）去世，故宋濂师事黄溍的时间最长。

---

① 〔元〕柳贯：《与景濂书》，载《宋濂全集》，第2559页。
② 〔明〕宋濂：《待制文集后记》，载《宋濂全集》，第2253页。

黄溍（1277—1357），字晋卿，义乌人。黄氏为金华名族，黄溍九世祖黄昉为北宋著名文学家黄庭坚的伯父，七世祖黄琳娶南宋著名抗金将领宗泽堂妹，从浦江迁至义乌。黄溍于延祐二年（1315）进士及第，曾历任宁海县丞、石堰盐场监运、诸暨判官、翰林编修、国子博士、江浙儒学提举、翰林侍讲学士等官职。《元史》对黄溍有很高的评价："君子称其清风高节，如冰壶玉尺，纤尘弗污。然刚中少容，触物或弦急霆震，若未涯涘。一旋踵间，煦如阳春。溍之学，博极天下之书，而约之于至精。剖析经史疑难，及古今因革制度名物之属，旁引曲证，多先儒所未发。文辞布置谨严，援据精切，俯仰雍容，不大声色。譬之澄湖不波，一碧万顷，鱼鳖蛟龙，潜伏不动，而渊然之光，自不可犯。"

宋濂有志于做史官，故利用从学黄溍的机会，时常向老师请教关于司马迁《史记》和班固的看法，如他在一篇文章中回忆道：

> 昔者先师黄文献公尝有言曰："作文之法，以群经为本根，迁、固二史为波澜。本根不蕃，则无以造道之原；波澜不广，则无以尽事之变。舍此二者而为文，则槁木死灰而已。"予窃识之不敢忘，于是取一经而次第穷之，有不得者，终夜以思。思之不通，或至达旦。如此者有年，始粗晓大旨。①

他在另一篇文章《白云稿序》中又重申老师的这一观点。可见，黄溍关于"以群经为本根，迁、固二史为波澜"的观点对宋濂产生了很深的影响。在今天留存的黄溍致宋濂的尺牍中，我们还可以看到宋濂致书黄溍求教《史》《汉》及黄溍回答的相关记载，信中说：

> 辱下询作文专法《史》《汉》，溍何足以语此？然尝闻唐子西谓六经以后，便有司马迁；六经不可学，故作文当学司马迁。司马迁敢乱道，却好；班固不敢乱道，却不好。愚窃以为学司马迁，当自班固始。盖能从容于法

---

① 〔明〕宋濂：《叶夷仲文集序》，载《宋濂全集》，第1028页。

度之中，而不至于乱道，则一日疏宕于规矩之外，虽乱道亦好也。不审雅意以为何如？①

黄溍在行省、朝廷都做过官，因此，往来的信札、赠书特别多。宋濂师事黄溍，得以大饱眼福。他曾说："余弱龄时，即从黄文献公学为文。既得户庭而入，益求海内诸作者文观之，不问在朝与野，咸无弃者。"②

至正十年（1350）八月二十二日夜，浙江乡试院突然跑进一个怪物，形状像一头猛兽，速度非常快，负责治安的士兵们不禁大声叫嚷起哄。于是，主考官即兴给考生出了一道《角端颂》的赋题。对于"角端"这种动物，在司马迁的《史记》中有过记载，但一笔带过，语焉不详，更谈不上见过了。因此，当年不少考生见到这个题目都懵了，不知如何下笔为好。乡试结束后，人们还纷纷议论这个题目。黄溍是写赋的能手，当年自己参加乡试，就因所作《太极赋》出众而名列前茅。但这一年他辞官回家，听说乡试以"角端"为赋题，也有些摸不着头脑。有一次，他遇到博学多识的晚辈、台州人陶宗仪，就特地问陶宗仪是否对"角端"的事实性作过考证，陶宗仪回答说没有。事后，陶宗仪作了一番考证，考证的结果表明，"角端"是元太祖成吉思汗攻打西亚，驻军西印度时遇到的一种会说话的独角怪兽。这种怪兽高达数十丈，能"日驰万八千里"，它只有在圣人应天命而出的时候才会出现，是一种祥瑞，昭示了"天将开天下于大一统之象"。③

无独有偶，在宋濂的文集中，有一篇题为《西域军中获角端颂》的赋。该赋在展现成吉思汗军队所向披靡的同时，着力叙述了"角端"这一神物的出现及其所具有的文治意义，歌颂了成吉思汗奉天收兵、治化休明的仁义之德。其中写道：

天子好仁，奉书而至。曷释戈矛，绥以文治。

---

① 〔元〕黄溍：《与宋潜溪书三首》，载《宋濂全集》，第2560页。
② 〔明〕宋濂：《题盛孔昭文稿后》，载《宋濂全集》，第866页。
③ 参见〔元〕陶宗仪：《南村辍耕录》卷五。

帝曰俞哉，我师亟还。尔弓则櫜，尔矢则鞬。

有声锽锽，震撼四国。垂衣龙庭，化行绝域。

九有之臣，载忭载呼。天地动色，神人俱愉。

惟我太祖，祗承上帝。帝度其心，纯一不二。

惟我太祖，乃武乃神。戡暴遏刘，绥我下民。

惟我太祖，恪慎天戒。曾不移时，戎车返旆。

神兽之来，自天降祥。匪天降祥，帝德之昌。①

黄溍看了宋濂寄来的《西域军中获角端颂》和另一篇文章《节妇表》后，不禁称赞不已。他在给宋濂的回信中说道："兹承手笔示及新作二篇，《节妇表》旬日前固已获观，《角端颂》博雅雄丽，尤为杰作，足见笔力之进。"

黄溍公事繁忙，因此对于一些请托的文章，索性让宋濂代笔。在宋濂的文集中，以下几篇即标明代黄溍师所作：《跋清凉国师所书栖霞碑》《体仁守正弘道法师金君碑》《康里公渊神道碑铭》《邹府君墓志铭》。

黄溍常年在外做官，家居的时间不多。因此，宋濂有什么问题，就通过写信的方式向黄溍请教；有什么新作，也立即寄给黄溍，请老师提意见，发表看法。除上引黄溍致宋濂的尺牍外，还有两封，现一并引录如下：

溍顿首，再拜奉启景濂先辈尊契兄长侍史：溍少也空疏，老益衰朽，不揣求借翰墨之润于左右，极荷不外，凡咳唾所及，残膏剩馥，沾丐多矣。感刻之私，无以为喻。《伊洛渊源》一书，旧无刻本，近方有之，今购得一部，藉以缣素奉上于文府，或可备检阅也。匆匆率此上复，有怀愿言尚容晤。既首祈鉴，在不宣。二月八日溍顿首再拜。②

溍再拜，奉启景濂先辈契友侍史：伏辱诲函示及新作，深慰驰系。古

---

① 〔明〕宋濂：《西域军中获角端颂》，载《宋濂全集》，第90页。

② 〔元〕黄溍：《与宋潜溪书三首》，载《宋濂全集》，第2560页。

人立言，皆以平日学术写而为文，故其根本深茂，论议精切，卓然可传于后世。今人不过剽窃陈腐以应时须，恶足以行远哉？潜尝谓文章非应用，应用非文章，诚不为过论也。诸作温雅俊逸，复然出于时流之外，必如是，庶几无愧于古，斯文为不乏人矣。细玩之余，不胜歆艳。向者借徐文清公家传，有便得寄至尤幸。来使索答字，不容稍缓，匆匆挂漏，切几恕察，不宣。潜再拜奉启。①

专访鹿皮

宋濂极其好学，只要听说哪里有做学问的人，他就不辞辛苦去拜谒求教。金华邻县东阳有个大儒叫陈樵，宋濂曾专程去拜访。

陈樵（1278—1365），字君采，号鹿皮子。世为衣冠巨族，父亲陈取青，国学进士，从婺中理学家石一鳌游，有志节，曾上章弹劾贾似道误国，宋亡归隐。陈樵幼承家学，后受《易》《书》《诗》《春秋》大义于李直方。"其于天下之书无不读，读无不解。"少曾作古赋十余篇，传至京师，时人以为有魏晋遗意。与黄潜、柳贯、杨维祯②等相友善，然无意仕进，戴着华阳巾，披着鹿皮衣，种药圆谷洞中，过着闲云野鹤般的生活。著名儒臣虞集、欧阳玄等移书咨访，"如恐失之"。陈樵生前曾著《易象新说》《洪范传》《经解经》《四书本旨》《孝经新说》《太极图解》《通书解》《圣贤大意》《性理大明》《答客问》《石室新语》《淳熙纠谬》《鹿皮子》《飞花观小稿》等数百卷书稿，现仅存《鹿皮子集》四卷。

宋濂大约在24岁时到东阳的太霞洞中拜谒陈樵。陈樵从洞里出来，招呼宋濂坐在海红花底下，然后吩咐他的学生吴子善备下酒菜，自己一边给宋濂斟酒，一边唱起古代的歌曲助兴。喝酒完毕，陈樵给宋濂谈起他对学术的看法。他说："秦汉以下，解经解得好的人，他们的书没有留传下来。而留传下来的，都不得

---

① 〔元〕黄潜：《与宋潜溪书三首》，载《宋濂全集》，第2560页。

② 杨维祯，一般用"桢"字。本书采用孙小力《杨维祯年谱》（复旦大学出版社，1997年版）的考证成果，一律用"祯"字。

要领。宋淳熙以来诸儒的学说，尤其与孔子、程颢、程颐学说相去甚远。我对于后代的解经之书，一概摒弃不看。而是独取'六经'原典，殚精竭虑，苦苦思索达40年之久。终于有一天豁然开朗，'灼见圣贤之大指'。"陈樵怕宋濂不能体会他的心情，就打了一个形象的比喻，说："这就像一颗明珠，它丢失了2000年，上至王公贵族，下至普通百姓，无不为之懊丧，整天寻觅不得。忽然有一天，一个放牛娃在大泽之滨捡到这颗明珠，那么，怎么可以因这个放牛娃出身低贱就贬低那颗明珠的价值呢？"陈樵接着又说："我用我的思想去解'六经'，可以夸下海口说，'六经'的真谛到我这里已经完全被破解，后人用不着再枉费心思了。"

宋濂见陈樵这般自负，就站起来问道："能不能具体说说你的高见呢？"陈樵说："我认为天帝赐给禹治理天下的九类大法《九畴》是六府三事的总称，而《河图》《洛书》是《易经》中的《象》，这一点毋庸置疑。用简约的语言统摄各种言论，那么天下古今就不会有歧说；用普通的语言去解释'六经'和诸子的学说，那么君子和普通的百姓就不会有异辞。称神所知道的为'智'，懂得天下等级差别界限的为'礼'，懂得应该遵守等级差别规定的为'义'。懂得天地万物为一体的为'仁'，礼能重复且可以歌唱的叫作'乐'。天地万物一体，'六经'、诸子学说贯穿，懂得万物之所以不同的道理，那么就可以齐家治国平天下了。"

宋濂听了不明白，请陈樵再说得详细些。陈樵于是又说："天下国家，好比是橘子和里面的瓤，橘子一个，瓤有十个。橘子有不同的瓤，但如果一律看待的话，这就是人的'仁'。剥开橘皮，有十个瓤，那么就有十个等级，比之于人，这好比是君臣、父子、长幼的高低等级，或者刑赏、予夺的不同分别，这就是'礼'。看到十个瓤，就有十个瓤的不同，这就是'礼'的差异性；看到十个瓤，却如同一个，这就是'仁'的同一性。差异愈大，则志愈同，'礼'愈严而'仁'愈笃厚，这是先王传下的道。差异愈大，则志愈同，所以我们可以看到合在一起的瓤整整齐齐地排列在一起。如果稍微有点错乱，那么人就不会有差别了。如果杂乱无章地排列，那么就很难将它们合在一起，于是也就看不到一个完整的橘子了。愈严而'仁'愈笃厚，说的是，假如治理国家不以'礼'，那么伦理纲常就会败坏，礼乐废弃的话，那么仁义也就沦丧。因此，孔子、程氏兄弟所宣扬的学说，讲的就是天下万物差异的分别。人的视、听、言、行，全受制于所操'礼'的这一把柄。要想学圣人，就必须从学'礼'开始。一体万殊的道理，是孔子一以贯之的主张。程氏兄弟的言论，也都包括在里面。如果'理一分殊'的道理废弃的话，这无异于舍本逐末。孔子、程氏兄弟的学说也就不能见到，烦琐的章句注疏就会出现，各种附会之说也会跟着来了，结果是，'六经'的真谛也就无人能知道了。"

对于陈樵的学说，宋濂将信将疑。回来后，他将陈樵的观点说给别的学者听，有的人说："现在学'六经'的人，如同三尺儿童在台下看戏，只是听到台上唱戏的声音，而不能看到演戏的人，所以不知道哪个长得好看，哪个长得丑，人家怎么说，他也怎么说。像陈樵这样有独到卓见的人，确实了不起。"有的学者说："伊洛之学大明于淳熙，不应该过早地作出取舍，立下断言。"①

此后，宋濂与陈樵偶然在"樵湖"上邂逅，因各自来去匆匆，未能畅谈。不久，宋濂给陈樵寄去了他为郑义门修订的《家范》一书以及其他传记文章，陈樵收到后，即给宋濂写了回信，信云：

> 四月四日陈樵顿首，再拜景濂殿元集贤左右：樵湖上不约而获见颜色，甚恨不能伸所欲言，至今怏怏。不肖濒死，欲以授人，苦无所遇，今以其大意刻之千岩禅师碑阴矣。盖本旨不过片言，若能贯串千经万论于片言之上，方为一贯尔。石刻之外又有经解，已刻在婺州，非久当以板本奉纳。樵偶留邑，下领手教，甚慰。辱惠《家范》，阅家传，知景濂看《史记》《前汉》精熟，不止词赋赡丽而已，但未知散文为何如？他日见示未晚也。草草奉复，不宣。樵再拜。②

从这封书信中，我们可以看到陈樵对晚辈的赞誉和期望。又过几年，宋濂

---

① 参见〔明〕宋濂：《元隐君子东阳陈公先生鹿皮子墓志铭》，载《宋濂全集》，第400页。
② 《宋濂全集》，第2562页。

再次拜访。时陈樵已衰老许多，且耳朵不灵便，宋濂有所回答，就通过陈樵的学生吴子善录下来给陈樵过目。别去时，吴子善送宋濂至"山高水长处，坐石共语，依依弗忍去"。

　　陈樵临终前，曾致书宋濂，希望宋濂能前去传承他的学说。宋濂在陈樵的墓志铭中说："（樵）复贻书于濂曰：'予濒死，吾道若无所授。子聪明绝伦，何不一来，片言可尽也。'"而宋濂因为"忧患相仍"，"亦未及往"。

第二章　浦江麟溪（上）

授经麟溪

浦江白麟溪，峨峨郑义门。同居已九世，中外无间言。

礼让为藩屏，孝弟为本源。郁郁堂上椿，蔼蔼堂后萱。

丽日明棣萼，暄风转兰荪。书声夜朗朗，义训晨谆谆。

箕帚无诤语，沼沚有采蘩。春院燊杼轴，秋灯炯纮綖。

共饭三千指，济济相后先。愉色蔼斝叙，和气敢嚚喧。

余泽及疏远，乡井无瘝捐。旌勿沿著令，光辉动闾廛。

双桓际云立，银榜照日悬。善积庆逾远，德深福亦绵。

恩宠自天至，簪笏相蝉联。煌煌金门籍，烨烨玉堂仙。

奉常稽掌故，持节司绳愆。盛事迈前古，淳风广流传。

岂但民俗劝，圣化亦昭宣。愿言更培植，照耀千万年。

以上所引乃元代“儒林四杰”之一、时为秘书少监的揭傒斯为颂扬浦江麟溪郑氏义门而写的一首诗，题为《白麟溪颂》。白麟原为后魏建威将军南阳公郑晔长子名号，其后裔郑淮于北宋元符二年（1099）由睦州遂阳迁浦江城东25里香岩溪畔，改香岩溪为白麟溪，以示不忘祖德。

郑淮生照，照生缊、绮。郑绮（1118—1193）倡同族而居，故被称为郑氏

郑氏宗祠

白麟溪（脱脱题）

义门同居创始者。自是以后，子孙日益繁衍，家族日益庞大，至元末，举族而居已历九世，食指多达2000余指[1]，蔚为人间一大奇观。由是声名上达天听，朝廷屡屡旌表，达官纷纷赐书。比如，元丞相脱脱亲书"白麟溪"三个大字，刻石碑立于白麟溪畔，肃政廉访司使余阙篆题"东浙第一家"五个大字。翰林学士承旨月鲁帖木儿题赠"一门尚义，九世同居"八个大字。皇太子赠"麟凤"二字。至于撰文题咏，更是不可胜数。上引揭傒斯《白麟溪颂》即为题赠汇编《麟溪集》中之一首，余如方凤、谢翱、胡长孺、欧阳玄、吴直方、韩性、虞集、柳贯、黄溍、危素、吴莱、周伯琦、李孝光、葛元喆、干文传、余阙、林希元等，或前朝遗民，或本朝公卿，或理学名家，或文章作手，均有颂扬郑氏义门之诗文。

这样一个孝义传家、风俗淳朴、诗书馥郁的地方，宋濂一来到就被深深迷住了，从此在这里读书、教书，后来索性将潜溪的家也迁到这里。前后所计，宋濂在麟溪住了20余年之久。

但是，对于宋濂来郑义门的时间，各种记载颇有抵牾之处，这里不得不作一番考证。

---

[1] 关于元末明初郑义门的人口数，文献记载不一，有"百口""二百口""数百口""数百指""千指""二千指""三千指""四千指"等不同的说法。根据浦江陈舒平先生的考证，元末至明初郑义门的人数，有百人上下至600余人的不同著录，故他认为"食指"是"十指一人"的意思，本文从其说。详见鸡岩老樵《说"食指三千"》。

郑楷撰《宋濂行状》云：

> 会吴贞文公莱授经于白麟溪上，攻古文辞，金华胡君翰亦来从学。胡君致书于先生曰："举子业不足恩，景濂盍来同学古文辞乎？"先生欣然来从。吴公博极经史之学，未几悉得其闻奥。自是先生文章之名籍然著闻矣。居无几何，吴公解馆而归。先生嗣主教席，子弟年十六者，皆相从读书讲道东明山中。受业者一门凡四十余人，始终越二十年，学成多有跻朊仕者。

郑楷的意思是，宋濂在闻人梦吉处结业后，因为友人胡翰的召唤，到白麟溪拜吴莱为师。不久，吴莱辞去教职，由宋濂接替吴莱作郑义门子弟的老师。

但是，郑楷的记载与宋濂本人的记载有出入，宋濂在《玉龙千户所管民司长官楼君墓志铭》中说：

> 初，余年十九，负笈入婺城之南，受经说于闻人先生，会彦珍亦从乌伤来卒业……居三年，闻浦阳渊颖吴公阐教诸暨之白门，余复裹粮相从。彦珍知之，骑驴蹑余后。越五月，即还。彦珍自是家居，余且读未见之书于浦阳仙华山，往与还，皆经彦珍门。

宋濂说他拜吴莱为师的地点在诸暨白门，而非白麟溪。时间大约在宋濂二十二三岁。直到25岁，宋濂还在诸暨白门读书。这一点可以郑义门子弟郑渊撰的《奉议大夫太常博士兄（涛）行实》为证：

> 及弱冠，闻乡渊颖吴公讲道诸暨方氏义学。遂于甲戌春，请于叔祖贞和君，偕江东佥宪兄及平阳州判宣昂负笈往从焉。时同学数十人，惟学士宋先生景濂特甚友爱，盖学力同至，得相切磋也。

甲戌为元统二年（1334），时宋濂25岁。郑渊撰的郑涛行实载于《麟溪集》中。据行实开篇所言，郑渊是奉郑涛之嘱而写这篇行实的，因此，写成后必经郑涛过目，内容的真实性当无问题。宋濂在《萝山迁居志》中又云：

> 元重纪至元元年乙亥正月十五日，授经浦江义门郑氏。

元重纪至元元年（1335），时宋濂26岁。也就是说，宋濂26岁已到郑义门教书了。由此引出几个问题：吴莱是否在郑义门教过书？宋濂是否跟从吴莱在郑义门读过书？如果吴莱在郑义门教过书，时间应当在什么时候？

吴莱在郑义门教过书是肯定的，这可引宋濂的文章《郑景彝传》为证：

> 郑铭字景彝，婺之浦江人，世以孝义显闻。景彝自幼濡染之深，卓然有以自立。面目严毅，不妄言笑，人多敬畏之。从父大和司家政，察其为人可成远大器，聘乡先生吴公莱为之师。吴公授以《春秋》三传之学，发凡举例，会诸说而折衷之，景彝即能领解其趣。有所质问，咸中肯綮。吴公极钟爱，遂相亲如父子。金华胡君翰，亦来从吴公游。景彝与之昼夜相摩切……后十五年，濂以非材来继吴公后，始得与景彝交。

宋濂说吴莱为义门郑大和所聘，曾教过郑铭，时金华胡翰也来同学。宋濂起初不认识郑铭，只是15年后，因任教义门，才得与郑铭相交。由此可以看出，宋濂虽与胡翰师出同门，但两人拜吴莱为师的时间有先后。若以宋濂26岁到义门授经的时间上推15年，时吴莱在郑义门教书的时间当在宋濂11岁光景。时胡翰14岁，故吴莱很可能是胡翰的启蒙老师。

宋濂一生究竟在浦江麟溪住了多少时间呢？我们不妨来计算一下。宋濂于元重纪至元元年（1335）正月十五日到麟溪郑义门执教，到元至正六年（1346）正月母亲去世，其间住了11年。至正六年正月到至正十年二月，在金华潜溪守丧。至正十年二月十五日到至正十八年六月，其间在青萝山房住了八年。至正二十七年四月一日到洪武二年（1369）出任《元史》总裁，其间住了两年。洪武十年退休到洪武十三年因宋慎事发，远遣至四川，其间三年。因此，宋濂在浦江麟溪居住的实际时间应为24年。

宋濂教书的场所在东明精舍，坐落在义门东去1里左右的东明山上。

东明山高不可与浦江境内的深衾山相比，险也不能与它脉络相连的仙华山争胜，然而，此处古木参天，浓荫蔽日，女萝冉冉，泉水叮咚，是一处极为僻静的所在，仿佛与外界隔绝。宋濂在《东明山精舍壁记》中这样写道：

> 东明山在浦江县之东鄙。浦江倚山为县，自仙华峰斜迤而东，若万马长驱，不复回顾，二三十里之间，满望皆山也。东明下瞰大泽，中隐然突起，高不逾寻丈，而大林木左右蔽焉，似不与人世通。昔人因得附山为称。

宋濂的学生、义门郑渊有《东明山》诗赋云：

> 君不见，深衾之山青入天，荡摩日月呼云烟。又不见，仙华山高一千仞，排空植立如旗旜。二山雄削无与比，降势演迤直与东明连。
>
> 东明虽然一培塿，林回麓转依平川。乔松百尺不僵亦不死，女萝冉冉青丝悬。绿光照人浓若酒，角鬣俨似蛟龙然。吟坛西头竹千挺，翠色倒浸梅花泉。泉旁一沼水如镜，下有鱼鳖潜深渊。百禽纷纷竞栖托，欲借荟蔚逃鹰鹯。
>
> 东方海色欲生白，喝喝晰晰春声传。虽无律吕不可辨，绝胜脆管并繁弦。我先诛茆薙草结新屋，轩槛疏敞甍楹鲜。犀签瑶轴插满架，邺侯三万知谁贤。联襟接席兄与弟，古今治乱时钻研。客来引坐松石底，一瓯花乳浮轻圆。夜深白月径窥户，且把绿绮摅幽光。林深恐有山鬼听，吹灯遽就青毡眠。世间辽绝有如此，便觉眼底无嵩瀍。
>
> 我生如结泉石缘，我生爱使烟霞缠。白鹿耕云不须率，五芝种满山前田。金华先生今谪仙，买山便可分一塵，下箸不愿食万钱，但得清风明月旦旦供吟篇。[1]

---

① 张文德：《江南第一家》，浙江古籍出版社1996年版，第23页。

义门五世祖郑德璋，"厌家居之丛纷，若子若孙弗克专志于学"，于是在东明山之南创建了东明精舍，让子孙年满16岁者到这里读书。后来，郑德璋的儿子郑大和又进一步扩建，前面种上花草树木，后面为寝息之所。寝室的西面建有"成性""四勿"二斋，东面建有"继善""九思"二斋。东、西二斋，各两两相对。"成性""继善"出于《周易·系辞》"一阴一阳之谓道，继之者善也，成之者性也"。"四勿"出于《论语·颜渊》，即孔子所主张的"非礼勿视，非礼勿听，非礼勿言，非礼勿动"。"九思"出于《论语·季氏》，即孔子所说的"君子有九思：视思明，听思聪，色思温，貌思恭，言思忠，事思敬，疑思问，忿思难，见得思义"。此外，还有问难之所"敬轩"、鼓琴之处"琴轩"、退休之室"游泳轩"。这些斋室的取名，寄寓了精舍创立者对义门子孙的规劝和期冀之意。

除室斋之外，精舍的附近还有"灵渊""梅花泉""吟坛"。宋濂在《东明山精舍壁记》中写道：

> "琴轩"之外，少南有水一泓，不亏不盈，作栏楯护之，曰"灵渊"。渊之东北一百步，有泉泠然，而梅如龙横蹲其上，曰"梅花泉"。泉之北又五十步，列石为坐，而苍松翠竹，葱蒨掩映，曰"吟坛"。凡为屋二十楹间，而围楼湢房与仓库之属不与焉。

精舍规模已具，就缺名师来执教了。"予金华之鄙人也，于道无所闻，大和不以为无似，尝聘致之，俾予二三子周旋其间。"[1]义门郑大和不愧为一位有眼光的长者，他聘到了真正有学问且倾心相教的青年才俊宋濂。宋濂是幸运的，这里环境清幽，藏书丰富，他人生最美好的时光得以在这里度过。

"先民读书之地，往往皆在大山幽绝处。"宋濂常以宋代儒学大家胡瑗（翼之）、石介（守道）、孙复（明复）读书泰山的事迹激励自己，也以此教导他的学生。关于三人读书泰山的故事，《宋名臣言行录》前集卷十中记载道：

---

[1] 〔明〕宋濂：《东明山精舍壁记》，载《宋濂全集》，第2232页。

胡瑗，字翼之，泰州人。累举不第，以范文正荐，官至太常博士。侍讲布衣时，与孙明复、石守道同读书泰山，攻苦食淡，终夜不寝，一坐十年不归。得家问，见上有"平安"二字，即投之涧中，不复展读。[①]

《宋史》记载胡瑗在太学做老师的时候，"其徒益众，太学至不能容，取旁官舍处之。礼部所得士，瑗弟子十常居四五，随材高下，喜自修饰，衣服容止往往相类，人遇之虽不识，皆知其瑗弟子也"。石介、孙复也都官至国子监直讲，"学者从之甚众"。[②]

胡瑗、石介、孙复十年泰山苦读，成就了他们日后非凡的事业和赫赫的声名。因此，宋濂在《东明山精舍记》中得出这样的结论：

盖血气未定之时，虽智者或不能不为外物所迁，故处之寥阒无人之境，耳目之所及接，非白石清泉，即左图右史，东华尘土之思，无自而入，遂得专志于术业。俟其凝定，然后出而施之，所以卒大白于天下。

宋濂的话虽是总结前人的事迹，但也为日后他自己的事业和成就所证明。入明后宋濂为"开国文章之首臣"，弟子郑济官至左春坊左庶子，郑楷官至蜀王府教授，郑棠官至翰林院典籍，郑幹官至湖广道监察御史。

徜徉山水

宋濂的友人王祎这样描写宋濂："性疏旷，不喜事检饬，宾客不至，则累日不整冠。或携友生徜徉梅花间，轰笑竟日；或独卧长林下，看晴雪堕松顶，云出没岩扉间，悠然以自适。"[③]义门附近的山水除麟溪、东明山外，还有玄麓山、桃花涧、官岩山等，宋濂在教课之余，常带着友生同去攀缘，体验孔子"浴乎

---

① 《宋名臣言行录》前集卷十，影印文渊阁《四库全书》本。
② 《宋史》卷四百三十二。
③ 〔明〕王祎：《宋太史传》，载《王忠文公集》卷二十一，影印文渊阁《四库全书》本。

沂，风乎舞雩，咏而归"的意趣，从而留下了不少优美的诗文。

玄麓山在东明山的西侧，上有桃花涧、凤箫台、钓雪矶、翠霞屏、饮鹤川、五折泉、飞雨洞、蕊珠岩八景。宋濂有《题玄麓山八景》诗，序云："予不作诗者十年，近寻兰至玄麓山，左泉右石，争献奇秀。疑山灵欲钩致新句，故使人情思烨烨然也。因赋诗八章，用玄漆书诸崖石。别录其副，以俟同然。"①

桃花涧

桃花满灵涧，树老不计春。白云如可问，为觅种桃人。

凤箫台

箫史去已远，朱鸟不下来。幸有山头月，怜来入酒杯。

钓雪矶

钓雪立苍矶，入夜鱼不食。不食非水寒，自是钓大直。

翠霞屏

古石不改色，绛绿自成围。谁裁一片霞，为我制秋衣？

饮鹤川

渴鹤忽飞来，爱此一勺清。五湖非不多，恐染凫鹜腥。

五折泉

一汲复一汲，有若步云梯。终然投东意，万折不肯西。

飞雨洞

飞泉洒成雨，洗净尘土胸。欲持青芙渠，去滔赤鲜公。

蕊珠岩

吟上蕊珠岩，诗成不敢写。疑有绿毛仙，洗髓梅花下。

玄麓山上的飞雨洞，是宋濂特别爱去的地方。因此，他仿古乐府之体，作了一首《飞泉操》，题在石崖上。宋濂这样说："浦阳玄麓山有飞泉，濂与郑源先生数观之。造《飞泉操》鼓之琴，书诸崖石。其辞曰：飞泉兮浏浏，洗耳固

---

① 《宋濂全集》，第2183页。

非分，谁饮我牛。覆谓我污兮，移彼上流。具人之形兮，奈何忘人之忧。"①

　　远古郑国的风俗，每到农历三月上旬的巳日，在桃花盛开之时，人们要到溱水、洧水边去招魂、续魂，手执兰草以祓除不祥，称为修禊。义门郑氏为郑国子孙的后裔，所以经常在农历三月的上巳日举行修禊活动。至正十六年（1356）三月上巳日，郑铉要在玄麓山的桃花涧主持修禊活动，义门郑氏的老老小小都结伴前往，宋濂作为义门的老师也参与其中。回来后，宋濂应郑铉之求，写了一篇《桃花涧修禊诗序》，以优美的文笔描绘了玄麓山的胜景，记叙了修禊活动的过程。

　　　　浦江县北行二十六里，有峰耸然而葱蒨者，玄麓山也。山之西，桃花涧水出焉。乃至正丙申三月上巳，郑君彦真将修禊事于涧滨，且穷泉石之胜。

　　　　前一夕，宿诸贤士大夫。厥明日既出，相帅向北行，以壶觞随。约二里所，始得涧流，遂沿涧而入。水蚀道几尽，肩不得比，先后累累如鱼贯。又三里所，夹岸皆桃花，山寒花开迟，及是始繁。傍多髯松，入天如青云。忽见鲜葩点湿翠间，焰焰欲然可玩。又三十步诡石人立，高可十尺余，面正平，可坐而箫，曰凤箫台。下有小泓，泓上石坛，广寻丈，可钓。闻大雪下时，四围皆琦树瑶林，益清绝，曰钓雪矶。西垂苍壁，俯瞰台矶间，女萝与陵苕樛轕之，赤纷绿骇，曰翠霞屏。又六七步，奇石怒出，下临小洼，泉冽甚，宜饮鹤，曰饮鹤川。自川导水为蛇行势，前出石坛下，锵锵作环佩鸣。客有善琴者，不乐泉声之独清，鼓琴与之争。琴声与泉声相和，绝可听。又五六步，水左右屈盘，始南逝，曰五折泉。又四十步，从山趾斗折入涧底，水汇为潭。潭左列石为坐，如半月，其上危岩墙峙，飞泉中泻，遇石角激之，泉怒跃起一二尺，细沫散潭中，点点成晕，真若飞雨之骤至，仰见青天镜净，始悟为泉，曰飞雨洞。洞傍皆山，峭石冠其颠，辽敻幽邃，宜仙人居，曰蕊珠岩。遥望见之，病登陟之劳，无往者。

　　————

　　① 〔明〕宋濂：《飞泉操》，载《宋濂全集》，第645页。

还至石坛上，各敷茵席，夹水而坐。呼童拾断樵，取壶中酒温之，实觞斛中。觞有舟，随波沉浮，雁行下。稍前有中断者，有属联者，方次第取饮。时轻飙东来，觞盘旋不进，甚至逆流而上，若相献酬状。酒三行，年最高者命列觚翰，人皆赋诗二首，即有不成，罚酒三巨觥。众欣然如约，或闭目潜思；或挂颊上视霄汉；或与连席者耳语不休；或运笔如风雨，且书且歌；或按纸伏崖石下，欲写复止；或句有未当，搔首蹙额向人；或口吻作秋虫吟；或群聚兰坡，夺觚争先；或持卷授邻坐者观，曲肱看云而卧。皆一一可画。已而诗尽成，杯行无算。迨罢归，日已在青松下。

在东明精舍南去约10里，有一座官岩山，这也是宋濂常去的地方。官岩山又名康侯山，因山如狮子蹲伏，又称狮子岩。从岩脚斜进600余步的地方，山崖回环，古木耸立，看上去幽深邃远，一座古刹掩映在树林中。据说在梁大同年间，比丘尼元净在岩北的石洞前建院，名叫安和，后改名兜率。在唐会昌末年，院毁于火，原址还依稀可以辨认。唐咸通初年，祖灯法师从上虞来到这里，在岩内修禅。时大旱，法师独上岩顶祈雨，坠入崖下而死。突然，天空普降大雨。法师遗体火化后，得到五色的舍利。老百姓很感动，就在岩的西面建了寺庙，取名官岩院。

官岩院迭经宋、元两代的不断扩建，规模日益宏大，四方来烧香求佛的人络绎不绝。宋濂曾与义门弟子们一道来这里游玩。他在《官岩院碑》一文中写道：

濂所居距岩不十里而近，一出户辄望见之。当天朗气清时，尝同二三子扪萝攀葛而上，俯瞰县北岩坑、仙华诸峰，如万马东行，或驻或跃，而浦阳江之水，蜿蜿蜒蜒，又如白龙南飞，一泻数十里，绕岩腹而去。周围原野，星罗棋布，诸池沼厕其中，直小瓯耳。方呼酒放歌，天风自东北起，四山鳞甲，一时皆动，同游或战掉不能留，诚天地间胜绝之地也，宜为有道浮屠之所都，而兴仆补坏，代不乏人也。

也许是为法师舍身求雨的精神所感动，宋濂为官岩院一口气写下了12首诗。其中二首写道："有大导师，飞锡而至。以清净身，化为甘雨。（其四）""我民咸言，盍报有年。一弹指顷，楼阁现前。（其五）"

参定《家范》

一个人数多达上百的同居家族，虽然说起来都是同出一宗，血脉相连，但枝派叶生，瓜葛交错，且有长幼、男女之别，里外、亲疏之异。因此，要使这个庞大的家族和谐地维持久远，单靠祖风遗德，或几个有德望的家长，是不行的。有鉴于此，义门的六世孙郑大和为家族制定了《家范》，后又迭经六世孙郑钦、郑铉，八世孙郑涛的补订，终成中国历史上一部治家的奇书。

《家范》又称《郑氏规范》《旌义编》。宋濂撰《旌义编引》云：

> 浦江郑氏世居县东二十五里，乡名感德，里曰仁义。其远祖冲素处士绮，自宋建炎初至今，同居已十世，历二百五十余年，守诗书礼乐之教弗坠。宋、元二史，俱载孝义传中。然其持守之规，前录五十八则，六世孙龙湾税课提领大和所建；后录七十则，续录九十二则，七世孙青桂府君钦、江浙行省都事铉所补，皆已勒石镂板。当时公卿大夫士所遗诗文，亦类为《麟溪集》二十二卷，刊示后昆。今八世孙太常博士涛，复以为三规阅世颇久，其中当有随时变通者，乃率三弟泳、澳、湜，白于二兄濂、源，同加损益，而合于一。其闻诸父之训，曾行而未登载者，因增入之，总为一百六十八则。文辞之属，选有系于事实者则录之，厘为三卷，通名曰《旌义编》。既刻板可模印，请言其故于篇端。予与源为姻家，涛为同门友，而泳等又皆执经从余学，义不容辞。呜呼，是编之行，其于厚人伦、美教化之道，诚有益哉！

宋濂在《旌义编引》中未提及自己曾参与过《家范》的编纂，然而，婺州前辈先达陈樵在致宋濂的信中云："辱惠《家范》，阅家传，知景濂看《史记》

《前汉》精熟，不止词赋赡丽而已。"又戴殿江、朱兴悌撰及孙锵补订之《宋文宪公年谱》云："郑氏子弟年十六以上者皆相从。时渊颖先生已解馆，郑氏六世大和，方著《家范》，先生实考定之。"宋濂的学生郑泳撰《郑氏家仪》"祭礼五"，在"一十月十三日，祭宋承旨先生于本祠"条下礼祝板文也有"义居礼法，咸与编笺，传世云仍，率由罔愆"的话，因此，宋濂参与过义门《家范》编纂是无疑的。

关于治家一类的书，隋朝有颜之推的《颜氏家训》、宋朝有司马光的《家范》，但前者20篇"述立身治家之法，辨正时俗之谬"，主要是针对一家子孙的规勉劝导，后者则是历史上治家言论和事迹的汇编，很难付诸实施。而郑义门的《家范》则是针对一个庞大家族所立的集教育、管理、惩戒等功能于一体的家规，举凡家族成员的行为规范、权利义务、日常活动、奖赏劝惩都有明确的规定，非常便于操作和应用。今摘选若干条款以见一斑：

> 朔望，家长率众参谒祠堂毕，出坐堂上，男女分立。堂下击鼓二十四声，令子弟一人唱云："听，听，听，凡为子者必孝其亲，为妻者必敬其夫，为兄者必爱其弟，为弟者必恭其兄。听，听，听，毋徇私以妨大义，毋怠惰以荒厥事，毋纵奢侈以干天刑，毋用妇言以间和气，毋为横非以扰门庭，毋耽曲蘗以乱厥性。有一于此，既殒尔德，复隳尔允，眷兹祖训，实系废兴，言之再三，尔宜深戒。听，听，听。"众皆一揖，分东西行而坐，复令子弟敬诵孝弟故实一过，会揖而退。

> 每旦击钟二十四声，家众俱兴。四声，咸盥漱。八声，入有序堂，家长中坐，男女分坐左右，令未冠子弟朗诵男女训戒之辞。《男训》云："人家盛衰，皆系乎积善与积恶而已。何谓积善？居家则孝弟，处事则仁恕，凡所以济人者，皆是也。何谓积恶？恃己之势以自强，克人之财以自富，凡所以欺心者，皆是也。是故能爱子孙者，遗之以善，不爱子孙者，遗之以恶。传曰：'积善之家必有余庆，积不善之家必有余殃。'天理昭然，各宜深省。"《女训》云："家之和与不和，皆系妇人之贤否。何谓贤？事舅姑

以孝顺，奉丈夫以恭敬，待娣姒以温和，接子孙以慈爱，如此之类是也。何谓不贤？淫狎妒忌，恃强凌弱，摇鼓是非，纵意徇私，如此之类是也。天道甚近，福善祸淫，为妇人者不可不畏。"诵毕，男女起向家长一揖，复分左右行，会揖而退。九声，男会膳于同心堂，女会膳于安贞堂。三时并同。其不至者，家长规之。

家长专以至公无私为本，不得徇偏。如其有失，举家随而谏之，然必起敬起孝，毋妨和气。若其不能任事，次者佐之。

为家长者，当以至诚待下，一言不可妄发，一行不可妄为，庶合古人以身教之之意。临事之际，毋察察而明，毋昧昧而昏，更须以量容人，常视一家如一身可也。

子孙赌博无赖及一应违于礼法之事，家长度其不可容，会众罚拜以愧之。但长一年者，受三十拜，又不悛，则会众而痛棰之，又不悛，则陈于官而放绝之。仍告于祠堂，于宗图上削其名，三年能改者复之。

子弟未冠者，学业未成，不听食肉，古有是法，非惟有资于勤苦，抑欲其识齑盐之味。

子弟年十六以上许行冠礼，须能暗记四书、一经，正文讲说大义，方可行之，否则直至二十一岁。弟若先能，则先冠以愧之。

子弟已冠而习学者，每月十日一轮，挑背已记之书，及谱图、家范之类，初次不通，去巾一日，再次不通，则倍之，三次不通，则分纷如未冠时，通则复之。

婚姻必须择温良有家法者，不可慕富贵以亏择配之意。其豪强逆乱，世有恶疾者，毋得与议。

娶妇三日，妇则见于祠堂，男则拜于中堂，行受家规之礼，先拜四拜，家长以家规授之，嘱其谨守勿失。复四拜而去，又以房匾授之，使其揭于房闼之外，以为出入观省。会茶而退。

子孙有妻子者，不得更置侧室，以乱上下之分，违者责之，若年四十无子者，许置一人，不得与公堂坐。

子孙器识可以出仕者，颇资勉之。既仕，须奉公勤政，毋蹈贪黩以忝家法，任满交代，不可过于留恋，亦不宜恃贵自尊，以骄宗族，仍用一遵家范，违者以不孝论。

子孙倘有出仕者，当蚤夜切切，以报国为务，抚恤下民，实如慈母之保赤子，有申理者哀矜恳恻，务得其情，毋得苛虐；又不可一毫妄取于民，若在任，衣食不能给者，公堂资而勉之。其或廪禄有余，亦当纳之公堂，不可私于妻孥，竞为华丽之饰，以起不平之心，违者天实临之。

既称义门，进退皆务尽礼，不得引进娼优，讴词献妓，娱宾狎客，上累祖宗之嘉训，下教子孙以不善，甚非小失，违者家长棰之。

棋枰、双陆、词曲、虫鸟之类，皆足以蛊心惑志，废事败家，子孙当一切弃绝之。

眷眷吕学

宋元以来，婺州逐渐成为学术区域化发展的一个重镇。这里名儒接踵，人文荟萃，赢得了"小邹鲁"和"东南文献之邦"之美誉。宋乾道、淳熙之际，婺州出现了吕祖谦、唐仲友、陈亮三大婺学巨头：

> 盖婺之学，陈氏先事功，唐氏尚经制，吕氏善性理，三家者，唯吕氏为得其宗而独传。①

> 吾婺学之盛，宋南渡以还，东莱吕成公，龙川陈文毅公，说斋大著唐公，同时并兴。吕公以圣贤之学自任，上继道统之重，唐公之学，盖深究帝王治世之大谊，而陈公明乎皇帝王霸之略，有志于事功者也。②

> 余闻婺学有三氏：东莱氏以性学绍道统，说斋氏以经世立治术，龙川氏以皇帝王霸之略志事功。③

> 乾淳之际，婺学最盛。东莱兄弟以性命之学起，同甫以事功之学起，而说斋则为经制之学。考当时之为经制者无若永嘉诸子，其余东莱、同甫互相讨论，臭味契合，东莱尤能并包一切，而说斋独不与诸子接，孤行其教。④

吕祖谦（1137—1181），字伯恭。他与朱熹、张栻被称为"东南三贤"，又吕祖谦之学与朱熹之学、陆九渊之学并称为理学三大学派，全祖望《同谷三先生书院记》云："宋乾淳以后，学派分而为三：朱学也，吕学也，陆学也，三家同时，皆不甚合。朱学以格物致知，陆学以明心，吕学则兼取其长，而复以中原文献之统润色之。"吕祖谦与陈亮、朱熹、张栻、陆九渊都相友善，平日讲学

---

① 〔元〕黄溍：《送曹顺甫序》，载《金华黄先生文集》卷十六，《四部丛刊初编》本。
② 〔明〕王祎：《送胡先生序》，载《王忠文公集》卷七，影印文渊阁《四库全书》本。
③ 〔元〕杨维桢：《潜溪新集序》，载《宋濂全集》，第2500页。
④ 〔清〕全祖望：《说斋学案序》，载〔清〕黄宗羲：《宋元学案》卷六十，中华书局1986年版，第1954页。

讨论，往复辩难，共同营造了良好的学术风气。著名的"鹅湖之会"，即是吕祖谦牵头的一次朱、陆之学交流辩难的聚会。

吕祖谦英年早逝，只活到45岁。他死后，虽然也有弟子传他的学说，但到宋濂的时代，已出现"其学殆绝"之势。而与此相反的是，朱熹之学由于元代朝廷的提倡，已成为当时的显学。有意思的是，虽然朱熹不是婺州人，但他生前经常到婺州讲学，接引弟子，且他大弟子黄幹传下的何基、王柏、金履祥、许谦四人均为婺州人，故婺州人所传的朱熹之学，被朝廷看成是朱熹的嫡传。

对于吕学的式微，宋濂甚感忧虑。在年轻时，他即作《思媺人辞》表达他对吕祖谦的景仰之情和吕学不传的忧虑。文中云：

> 吾乡吕成公，实接中原文献之传。公殁始余百年，而其学殆绝，濂窃病之。然公之所学，弗畔于孔子之道者也，欲学孔子，当必自公始。此生乎公之乡者，所宜深省也。嗟夫，公骨虽朽，公所著之书犹存。古之君子有旷百世而相感者，况与公相去又如此之甚近乎？闻而知之，盖必有其人矣。托物引类，作《思媺人辞》。

宋濂写好此文后，寄给他的朋友王祎过目，他在文末说："予既为此辞，尝录一通寄王子充。子充盖有同予学吕者，书以识之，庸俟异日各考其学之成也。"王祎作《思媺人辞后记》云：

> 景濂生公之乡，特起而拔出，其学博，其志笃，恒以吕氏之学不讲为己忧，而不胜夫景行之思，思之不可见，故辞而著之，托物连类，婉而成章，其意盖眷眷焉，是殆将以吕氏之学为学者乎？[1]

王祎又在其作的《宋太史传》中说：

---

[1] 〔明〕王祎：《思媺人辞后记》，载《王忠文公集》卷八，影印文渊阁《四库全书》本。

初宋南渡后，新安朱文公、东莱吕成公并时而作，皆以斯道为己任，婺实吕氏倡道之邦，而其学不大传，朱氏一再传为何基氏、王柏氏，又传之金履祥氏、许谦氏，皆婺人，而其传遂为朱学之世。适景濂既间因许氏门人而究其说，独念吕氏之传且坠，奋然思继其绝学。每与人言而深慨之，识者又足以知其志之所存盖本于圣贤之学，其自任者益重矣。

在宋濂的心目中，吕祖谦之学即是"金华之学"，而"金华之学"也即吕祖谦之学。有人认为吕祖谦之学的长处在史学，而对于儒家的"六经"则不甚重视，宋濂对此甚不以为然，力加批驳。他在《龙门子凝道记》中说：

或问龙门子曰："金华之学，惟史最优，其于经则不密察矣，何居？"龙门子曰："何为经？"曰："《易》《诗》《书》《春秋》是也。"曰："何谓史？"曰："迁、固以来所著是也。"曰："子但知后世之史，而不知圣人之史也。《易》《诗》固经矣，若《书》若《春秋》，庸非虞、夏、商、周之史乎？古之人曷尝有经史之异哉？凡理足以牖民，事足以弼化，皆取之以为训耳，未可以歧而二之。谓优于史而不密察于经，曲学之士固亦有之，而非所以议金华也。"

如果我们对朱熹的言论进行考察，就会发现，宋濂上述的话实际上就是不满于朱熹对吕祖谦的评价而说的。例如，有一次，朱熹门人黄义刚向朱熹问"东莱之学"。朱熹答道："伯恭于史分外仔细，于经却不甚理会。"[1]又一次，朱熹问他的门弟子吴必大："向见伯恭，有何说？"必大回答："吕丈劝令看史。"朱熹对此很不满意，说道："他此意便是不可晓！某寻常非特不敢劝学者看史，亦不敢劝学者看经。只《语》《孟》亦不敢便教他看，且令看《大学》。伯恭动劝人看《左传》、迁《史》，令子约诸人抬得司马迁不知大小，恰比孔子相

---

① 《朱子语类》卷一百二十二。

似!"①可见,朱熹对吕祖谦的评论,正是宋濂所批评的"曲学之士"才会有的。

朱熹在元末的名声已如日中天。当时如果直截了当地批评朱熹,无疑要得罪很多人。宋濂借"或问"着语,亮出自己的观点,不动声色地将朱熹批评了一通,可以看出宋濂的聪明绝非一般。

固辞征聘

宋濂在《致政谢恩表》一文中说:"臣本一介书生,粗读经史。在前朝时,虽屡入科场,曾不能沾分寸之禄,甘终老于山林。"他又在《元故翰林待制朝散大夫致仕雷府君墓志铭》一文中说:"濂在弱龄,颇有事科目之学。"那么,宋濂一生到底经历了几次科举考试呢?

元朝的科举考试规定每三年一次,模仿宋朝实行乡试、会试和御试的三级考试。根据规定,必须"及二十五以上,乡党称其孝悌,朋友服其信义,经明行修之士"才有资格参加乡试。但是,与宋朝的科举考试相比,元朝的科举考试有许多不同的地方。

第一,元朝科举考试时行时停。比如,从蒙古族入主中原到元延祐元年(1314)正式实行科举考试,其间废止科考数十年之久。元顺帝至元二年(1336)又诏罢科举,直至元顺帝至正元年(1341)才恢复。

第二,名额极其有限。元朝的乡试在全国取300人,其中江浙行省只录取28人。宋朝每届进士及诸科往往少则三四百人,多则逾千人,而元朝进士在全国录取最多不超100人[史载历科第进士人数,仅元顺帝元统元年(1333)所取为100名,余皆不及,少至51人],汉人、南人总计不超过50人。

第三,民族偏见,不利于汉族知识分子考试。元朝"人分四等",即蒙古人、色目人、汉人、南人。如考试分三场,蒙古人、色目人只考两场,汉人、南人要考三场。考试内容,也有难易的不同,蒙古人、色目人的试卷容易,汉人、南人的试卷要难。名额上,乡试录取300人,蒙古人、色目人、汉人、南

① 《朱子语类》卷一百二十二。

人各75名，看似公平，实则最不公平，因为汉人、南人参加考试的人数比蒙古人、色目人要多得多，因此汉人、南人竞争异常激烈。

第四，考试存在腐败现象。比如，宋濂的同乡前辈吴师道在《送曾子白下第南归序》中写道："向尝泛观唐宋小说记科举事，谓有鬼神司之，故当中而黜，当黜而中者，每笑其怪诞，自今观之岂不然。"又如，陶宗仪在《南村辍耕录》中记载至正四年（1344）江浙考试结束后出现的一篇四六文《非程文》，即对考场腐败现象进行了深刻的揭露和严厉的抨击，其中写道：

> 设科取士，深感圣世之恩；倚公挟私，无奈吏胥之弊。岂期江浙之大省，坏于禹畴之小刘（名锡，眉山人，当该掾史）。斯文孔艰，衷情痛愤。待士无礼，呼名散饼于路傍；怀璧有谋，打号贴图于墙上。厨傅用猾吏，内外之消息可通；试官取贪夫，上下之机关不泄。阳揭题驾言无弊，实自生奸究之心；觅厚赂力举还魂，特欲钳是非之口。五服之亲不避，故违国朝之典章；杂犯之卷俱抄，恐失手本之名字……指实告官者反罹其罪，怀才抱艺者虚费其劳。赵傲、蒋堂，空仰天而叹息；江孚、沈干，徒踏地以咨嗟。潘伯修、蔡余庆，两举奚为？闻人梦吉、陆居仁，再来告免。呜呼！文运已矣，吾道安之？何等主司，污滥坏今年之选举；既生圣世，进修冀异日之公明。此非一口之经陈，实乃众贤之愿告。有人心者，念天理焉。

同书又载至正二十二年（1362）出现的另一篇《非程文》，其中有云："文运重开，多士欢腾于此日；科场作弊，丑声莫甚于今年。"

元顺帝至元二年（1336）至元顺帝至正元年（1341），一连五年停罢科举考试，故宋濂有可能去杭州参加的乡试有元顺帝重纪至元元年（1335）、至正元年（1341）、至正四年（1344）、至正七年（1347）四次，然均以失败告终。

科考的屡屡失败，无疑给宋濂以很大的打击。然而，至正九年（1349），当一个读书人梦寐以求的职位——翰林编修官从天而降的时候，宋濂却又借故给推却了。宋濂的同门友王祎在《宋太史传》中说道：

至正中，用大臣荐，擢将仕佐郎、翰林国史院编修官，自布衣入史馆为太史氏，此儒者之特选，而景濂素不嗜仕进，固辞避不肯就。

宋濂的学生郑楷在所撰《宋濂行状》中也写道：

至正己丑，用大臣荐，擢先生将仕佐郎、翰林国史院编修官。自布衣入史馆为太史氏，儒者之特选。先生以亲老，不敢远违，固辞。

宋濂是婺州的一介平民，何以有通天的本事，使得远在大都的朝廷会授予他翰林编修官的职位呢？这不能不从他的老师黄溍以及黄溍的僚友危素说起。

黄溍是元朝正式实行科举考试后的第一届进士，在元朝有相当高的声望。至正三年（1343）前，他已历任过宁海县丞、石堰盐场监运、诸暨判官、翰林编修、国子博士、江浙儒学提举等官职。至正三年，黄溍67岁，他从杭州儒学提举的任上辞官回家。而这一年，朝廷命修辽、宋、金三史，黄溍因母丧不赴。至正五年，黄溍即以中顺大夫秘书少监致仕。未想他致仕后的第二年，朝廷命下，重起黄溍为翰林直学士、知制诰、同修国史、同知经筵事，进阶中奉大夫。至正八年，黄溍升翰林侍讲学士，这是从二品的官职，可以想见黄溍在朝廷中的声望。宋濂是黄溍得意的门生，黄溍自然会在翰林院的僚友中提起他，并把宋濂的文章拿给他们传阅。而危素，正是朝廷中读到宋濂文章的一人。

危素（1303—1372），字太仆，号云林，江西金溪人。他是"元诗四大家"之一范梈的学生。至正二年（1342），被荐入经筵，为检讨。至元五年，改国子助教。至正七年，除应奉翰林文字、同知制诰兼国史院编修官，转宣文阁授经郎兼经筵译文官。至正八年，复入翰林为应奉。黄溍与危素一道编《本朝后妃功臣传》，故危素从黄溍处得以了解宋濂的为人和为文。危素又从黄溍处得知，宋濂也是柳贯的学生，而柳贯与危素交情甚笃。当时朝廷正在编纂辽、宋、金三史，工程浩大，人手紧缺，翰林院的诸编纂人员都负有举荐人才的任务。在这种情况下，危素决定向朝廷举荐这位难得的人才。宋濂在为危素撰写的《神道碑》中说:"在前朝时,欲尉荐入史馆。"①

翰林编修官的品阶不很高,只有正八品,但翰林院是全国最高的学术和文化机构,故备受读书人的尊崇。这一官职,就是长期在地方上担任过官职的进士,也不一定能获得。宋濂既不是进士,又没有担任过地方的行政官职,一步就登上了这一显位,真可谓是绝无仅有的殊荣!况且,对于宋濂来说,他一心想成为像司马迁、吕祖谦这样的史官,能够到翰林院去编纂垂名后世的辽、宋、金三史,是一个十分难得的机遇,但出人意料的是,宋濂却借故给拒绝了。

王祎说宋濂不接受荐受的理由是"不嗜仕进",郑楷说宋濂辞去荐授的理由是"以亲老,不敢远违",这些都是托词。那么,究竟是什么原因使得宋濂辞去这一荣显的翰林院编修官的职位呢?原因是多方面的,但宋濂未曾在著述中留下任何心迹的表白,我们只能作一些可能性的推测。

第一,宋濂的同郡长辈张枢是老师黄溍的朋友,他著有《忠义录》,这是关于宋朝死节之臣的列传。至正八年(1348),张枢也被朝廷征为翰林修撰兼国史院编修,与修《本朝后妃功臣传》,但张枢"行至武林驿,卒辞归,士大夫盖以是高之"②。老师的同郡朋友既然辞去,宋濂若接受,则反而会有不利的名声。

第二,黄溍北上大都时,曾受朋友杨维祯的委托,答应为他在朝廷中举荐,然而杨维祯在朝中的声名似乎并不好,以黄溍一人之力,难奏其效。杨维祯不知从哪里听到风声,说黄溍为避朋党之嫌,"绝口无所举",因此作《金华先生避朋党辨》③,指斥黄溍为"今之孔光也"。假如宋濂接受了荐授,走马上任,那么传扬出去,对老师黄溍也会带来不利的名声。

第三,黄溍对元朝的态度也对宋濂产生了影响。黄溍早年对政治有极高的热情,曾梦想过一种"儒服俎豆"的生活,但到了晚年,却对元廷失去信心,屡屡上章辞归。比如,至正九年(1349)夏四月,黄溍上章求归田里,不俟报

---

① 〔明〕宋濂:《故翰林侍讲学士中顺大夫知制诰同修国史危公新墓碑铭》,载《宋濂全集》,第1458页。

② 〔元〕黄溍:《张子长墓表》,载《文献集》卷十,影印文渊阁《四库全书》本。

③ 参见〔元〕杨维祯:《铁崖文集》卷三,转引自黄仁生:《杨维祯与元末明初文学思潮》,东方出版中心2005年版,第18页。

而行，抵家才两日，即被元帝派人追回。直到至正十年，才得以辞官回家。

第四，一次次的科举失败使宋濂对元朝的热情也一次次减退，尤其是元朝末年，吏治腐败，社会动荡，民不聊生，使宋濂对元朝失去了信心。

至正十一年，天下就开始大乱，爆发了大规模的红巾军起义。短短几年之后，元朝的丧钟就敲响了。

第三章　浦江麟溪（下）

迁居青萝

宋濂26岁到浦江麟溪执教，一教就是十余年。由于妻儿都在潜溪，宋濂对妻儿的生活缺乏照顾，对小孩教养不能尽父亲之职，加上郑义门九世同居，民风淳朴，宋濂有心筑家麟溪，与义门为邻。至正六年（1346）正月，宋濂母亲去世。宋濂于是在义门东去约5里路的仁义里孝门桥的青萝山脚下相了一块地。十月二十七日，正式破土动工，造了三间房屋，围上土墙，开了一个小门以供出入。

至正七年，祖母金妙园去世。至正十年，宋濂丧满除服。二月十五日，携妻儿迁至青萝山新居。为了不忘生他养他的潜溪故地，特在屋前立了一块匾，匾上写着"潜溪"二字。时长子宋瓒18岁，次子宋璲7岁。至正十四年，孙宋慎出生。这样，原来三间的房屋已显得拥挤了。是年十二月八日，宋濂请人扩

青萝山房故址

建了三间前轩，并在房屋的东西侧构筑了飞檐。当新房完工的时候，宋濂命名前轩为"青萝山房"。宋濂偶然读到宋嘉定末年的一张官给地券，券上在宋濂所居的地方标着"宋公园"的字样，宋濂不禁一阵心喜，以为迁来此地，也是前数所定。

至正十八年六月十八日，朱元璋军队攻入浦江，宋濂避兵到诸暨。至正十九年三月十五日，宋濂又携家还金华潜溪。至正二十七年四月一日，宋濂重又迁回青萝山居住。

关于迁居的经过，宋濂曾撰有《萝山迁居志》，文中有云：

> 惟古人最重迁，以坟墓在斯，亲戚在斯，不敢轻于弃去。或去之，必出于势之不得已。今予岂有他哉？特欲熏渐孝义之风，以勖我后人尔。然萝山之望潜溪，朝发而夕至，非若别郡千百里之远。宗属之胥会，先茔之展省，固未尝废。其与弗迁者初何异哉！余既来迁，偶阅宋嘉定末官给地券，所居左右曰"宋公园"。园与予姓同，亦似不偶然者，岂其数或前定欤？
>
> 予子孙居于此者，毋析爨，毋为不义，毋侵蚀比邻，日衣被乎诗书，耕则为良农，学则为良儒，庶几不负予之志也。

青萝山，一座名不见经传的小山，由于宋濂的青萝山房而一时名扬四方。宋濂的友人刘基曾赋诗道：

> 若有人兮乃在大江之南，浙河之东。连山特拔瀛海上，上与河鼓天津通。忆昔四女下天来，遗鬟堕髢根庞鸿。仙华杰出最怪异，望之如云浮太空。嶔崟岪嶻嶆嵣不可上，荟蔚杂树昏瞳昽。虎龙咆号猿鹤叫，山鬼呵欻生悲风。嗟哉若人兮，胡为乎其中？梁檀楠兮柱桂枫，结青萝兮以帡幪。不剪不伐兮，不监以攻。晨岚暮霭滴晴雨，烟条雾叶相蒙茸。缲缲兮绌绌，莘莘兮蓬蓬。缭纠要绍兮，若苍龙垂胡降玄穹。琴丽披离兮，若翠鸾振迅飞毻甄。鹏黄和鸣桑扈应，仿佛牙旷之丝桐。幽泉发窦锵玲珑，六月赤日

收蕴隆。阳凌阴蓄春融融，岩花涧草纷白红。有时皇初平，清夜骑羊朝帝君。琼蕤羽盖冰玉珮，华月闪烁光成虹。松吹笙兮竹舞翔，影箫箫兮声沨沨。娱目悦耳兮乐不可言，世间尘土何梦梦。山有芝，隰有丰，石凿凿兮水潨潨。猗若人兮美且充，饥食倦息兮可以保我躬。[①]

宋濂的僚友贝琼也曾赋《青萝山房歌》云：

青萝山在仙华之东，盖仙华为黄帝少女升天处，其山峭立千仞，而支别为青萝。翰林学士宋公景濂读书其下，名其所曰"青萝山房"。绝岭之云烟，长溪之鱼鸟，皆接于耳目之间。公虽去此，而眷眷不忘，间嘱予赋。予闻适意山林者，恒抗公侯之富；而争名市朝者，恒讥处士之介。是皆得之此而失之彼，惟公则不然。昔之藏也，非必于山林安其时也；今之仕也，非必于市朝行其道也。故在青萝不为损，至于视草北门亦不为加。隐显一机，喧寂同趣，孰得而窥其际耶？公擅一代之文章，所著多行于世，而贮于山房者，必有光气烛天，与山之宝玉同不泯矣。遂为之歌曰：仙华之山何嶄绝？插天万仞青相磨。山势东来忽平地，蜿蜒不断为青萝。青萝隐隐如崩石，夸娥负山山为折。欲叫轩辕向何处？千古万古空遗迹。玉女得道登云车，陵空直上太清家。云车不复返，落尽金茎花。风凄凄兮又下雨，行人惨兮子规语。山回路尽或逢花，知是青萝山人结茅宇。山人紫府神仙客，身今六十头尚黑。胸蟠五色天女丝，手炼五色神娲石。丝可为君成天章，石可为君补天隙。一朝置之白玉堂，青萝寂寞顿无光。何年借我白石床？卧看明月来东方。与君酌酒歌我曲，君归早访初平羊。[②]

宋濂曾说："人物固借乎山川而生，而山川则专倚乎人物为之引重。"[③]青萝

---

① 〔明〕刘基：《青萝山房歌寄宋景濂》，载《诚意伯文集》卷十六，影印文渊阁《四库全书》本。
② 《宋濂全集》，第2559页。
③ 〔明〕宋濂：《题北山纪游卷后》，载《宋濂全集》，第554页。

山又何尝不是如此呢！

戴上黄冠

宋濂辞去翰林编修官征聘的消息很快传播开来，在当地产生了不小的震动。然而，更令人意想不到的是，宋濂竟做出入仙华山为道士的举动，而且给自己取了元贞子的道士名字，署号仙华生或仙华道士。于是，讥笑、嘲讽接踵而来，甚至连宋濂的一些朋友也不理解他的行为。有一次，宋濂的同门友戴良见到宋濂，就询问其中的原因，宋濂一口气说了"有大不可者一，决不能者四"共五条理由，完了还请戴良为他写一篇赠序，用来回应世人的嘲笑。戴良在《送宋景濂入仙华山为道士序》中写道：

> 昔人有以绅笏为柴栅，声名为缰锁者，余岂为是过激哉！顾将顺性而动，各趋所安耳。余之所安，乃在于山林而不在于朝市，使其以此而易彼，有大不可者一，决不能者四。余闻居人伦必以礼，处官府必以法，然自闲散以来，懒慢成癖，懒则与礼相违；慢则与法相背，违礼背法，世教之所不容，大不可者此也。又心不耐事，且惮作劳，酬答少顷，必熟睡尽日，神乃可复。而当官事丛杂，与夫造请迎将之不置，一不能也；啸歌林野，或立或行，起居无时，唯意之适，而欲拘之以佩服，守之以卒吏，使不得自纵，二不能也；凝坐移时，病如束湿，一饭之久，必四三起，当宾客满座，俨如木偶，俾不得动摇，三不能也；素不善作字，举笔就简，重若山岳，而往返书札，动盈几案，四不能也。以一不可之性而重之以四不能，自度卒难于用世，故舍之而遁。又闻道士遗言，吐纳修养可使久寿，故即其师而问焉。虽然，世之贤士大夫闻余之有是行也，必并起而嘲之。子知我者，何不赠之以言，使有以解彼之嘲，而且以卒余之志也。①

---

① 《九灵山房集》卷六，影印文渊阁《四库全书》本。

戴良认为"道"有两种，一种是"尧、舜、周、孔之道"，一种是"老子之道"。前者得"圣人之用"，后者得"圣人之诲"。过去贺知章在荆川为道士，陈图南入嵩山为道士，都是欲得"圣人之诲"，而那时的人并没有议论他们的行为。言下之意，宋濂今天入仙华山为道士，也没有什么好议论的。戴良话虽然这么说，但最后一连两句的"亦岂有假于余言哉"，可以看出他对宋濂出为道士的行为感到惋惜。

宋濂的另一位朋友刘基则不同了。刘基弱冠时患病，也曾羡慕老子的清静无为，想做道士，所以当他听说宋濂入仙华山为道士，高兴得不得了，特赋诗为宋濂送行。他在《送龙门子入仙华山辞》中写道："龙门先生既辞辟命，将去，入仙华山为道士，而达官有邀止之者。予弱冠婴疾，习懒不能事事，尝爱老氏清净，亦欲作道士，未遂。闻先生之言，则大喜，因歌以速其行。先生行，吾亦从此往矣。他日道成为列仙，无相忘也。"接着，刘基赋诗道：

青山崔嵬兮烟云香冥，回溪郁纡兮岩谷晦明。修篁杂树兮相蔽亏，洞壑窈窕兮人不知。清猿警夜兮鹤报晨，花开鸟啼兮长如春。隰有芷兮陵有茝，美人不来兮山寂寥。琼芝兮玉华，丹英兮翠葩。紫葛兮黄精，礌硍兮鬖髿。蜚梁连蜷兮登降岧峣，幽潈闲碌兮敞晃谲诡。芳兰桂椒兮或红或紫，松风涧泉兮金石盈耳。梧桐萋萋兮竹实蕤蕤，凤凰翔鸣兮五色卉炜。望美人兮翠微，空山寂寥兮迟尔来归。霓为衣兮霞为裳，饮沆瀣兮食瑶浆。晞正阳兮澡沧阴，精神完兮毛发香。握六符兮蹑九灵，被裔云兮歌洞章。御扶摇兮款天门，诣北斗兮觐虚皇。超鸿蒙兮轶希夷，造无私兮逍遥娱。召秦女兮吹箫，使湘娥兮弹丝。洪崖啸歌兮王母启齿，黄舞齐进兮襟佩飒缅。长离前驱兮鸾鸟为使，苍龙骈骈兮白虎豸豸。雷公磅硍兮列缺旭旭，登明堂兮绝河津。上阁道兮攀句陈，过三危兮绕玄冥。出太微兮入西清，憩牛渚兮泛灵槎。乘回飙兮以还家，美人兮归来，中山兮其乐无涯。[1]

---

[1]《诚意伯文集》卷一，影印文渊阁《四库全书》本。

这里青山耸立，烟雾迷蒙；翠竹掩映，鲜花灿烂；仙鹤报晨，凤凰翔鸣；美人吹箫，侍女献舞；饮浆吸露，乘鸾泛槎；漫步天门，拜谒神仙，如此奇丽美妙的神仙世界，确实"其乐无涯"，令人神往，无怪乎刘基嘱咐宋濂，他日得道成仙，"无相忘也"。

有些学者说宋濂入仙华山是"诡为黄冠"，其实也不尽然。应该说，宋濂的内心深处是有道家情怀的。宋濂为仙华山附近的混成道院写过一篇《混成道院记》，文中说："予闻神仙家之说，葆精啬神，冥合太虚，翛然玄览，却立垢氛之外，下上星辰，呼吸阴阳，超无有而独存，心颇艳之。迩年以来，刊落世婴，外物之为累者，皆释然谢去。思欲排空御气，神游八极之表，俯瞰仙华，而时一下之。"①宋濂有一首《和刘伯温秋怀韵》诗，是对刘基道家情怀的回应，全诗主旨消极无为，与宋濂所受理学教育的积极有为格格不入。诗写道：

昨见晴旭温，今已凉风至。

代谢有恒理，顺时乃吾事。

畴能辨贤愚？亦复混醒醉。

身悔始全真，名高反为累。

举头睇空青，魂逐云间翅。②

不过，是从道家的"独善其身"，还是从儒家的"兼济天下"？宋濂在仙华山遁隐期间，思想深处有过一番斗争，而这一斗争的过程，被记录在他的《调息解》一文中。文中写道："越西有仙华生，遁迹林坰，槁木其形，储思于玄元之域，游神乎太清之庭。然犹虑夫尸虫未戡，龙虎未撄，金鼎未固，流珠未明。怅鹤驾其已远，幂行云于紫城。于是谒玄素先生而叩之曰……"③文章接着通过仙华生和玄素先生的一问一答展现了道家清静无为、法乎自然的奇妙境界，然而，玄素先生滔滔宏言，最后被仙华生一句"一己之私"所否定。仙华生认为

---

① 《宋濂全集》，第1100页。
② 《宋濂全集》，第2221页。
③ 《宋濂全集》，第227页。

"君子之所志，泽及黔黎"，仙华生劝玄素先生"怀负明德，进用明时，宜拓化原，以乘政机。使阴阳和而风雨若，武功戢而文教施"，最后玄素先生也不得不承认仙华生所说的"翩翩乎旨哉"。因此，仙华生与玄素先生的问答，可以看成是宋濂从道家思想到儒家思想的回归。

宋濂在仙华山除了完成思想上的转变，还有一个重要的收获就是完成了《浦阳人物记》的撰写。关于浦阳人物的记载，宋濂之前已有鄱阳洪迈所编的《郡志》、邑人朱子槐所编的《县经》、三山谢翱所编的《浦汭先民传》，但此三书或成书太早，收录人物太少，如洪迈的《郡志》所收人物仅九人；或取舍不严，体例不精，如朱氏的《县志》，"以会稽之人参于浦阳，善附之臣入于名节，诡辞幻学之流侪于士类"；或"引枝蔓浮辞，而于事实反多遗阙"，如谢氏的《浦汭先民传》。宋濂应浦江县达鲁花赤阿年八哈之求而写《浦阳人物记》。至正九年（1349），蒙古人阿年八哈（也作阿尼雅巴哈、廉阿年八哈、额琳巴哈、额能巴哈）来浦江任达鲁花赤，到任之初，即请宋濂写《浦阳人物记》。宋濂用了几个月的工夫完成了此书的撰写。

《浦阳人物记》包括上、下两卷，卷上为忠义、孝友、政事三类，卷下为文学、贞节二类，共收人物29人。每一类的开端，撰有类似解题的小序，论述此类别的性质、源流及作者的选择标准。人物小传后有赞语，表明作者对人物的看法和评价。具体目录如下：

　　忠义：梅溶、梅执礼

　　孝友：陈太竭、何千龄、锺宅、郑绮

　　政事：杨璇、张敦、蒋邵、傅柔、傅雱、黄仁环、吴传、石范、王万、吴直方、赵大讷

　　文学：于房、朱临、钱遹、何敏中、朱有闻、倪朴、方凤、黄景昌、柳贯、吴莱

　　贞节：凌楠妻何道融、戴铭妻倪宜弟

《浦阳人物记》写成后，宋濂的同门友郑涛、戴良，翰林学士承旨欧阳玄都

撰有序。他们对宋濂此书给予了很高的评价。比如，戴良评道：

> 今景濂氏以不世出之才，搜罗废坠，抉剔幽隐撰成乎此书，使夫一县之内，数百年之间，忠君孝父之则，施政为学之力，以及女妇之范模，莫不粲然而具备，交见乎吾前。[①]

欧阳玄评道：

> 金华宋景濂有感于斯，亦以所闻述《浦阳人物记》二卷，上而忠君事亲，治政讲学，下暨女妇之节，可以为世鉴者，悉按其实而列著之，不以一毫喜愠之私而为予夺，何其至公而甚当也。……景濂斯记，唯有关治教者则书，不问乎其他，此其学术之正，才识之高，岂易及耶？予甚敬畏之，因志其所见于篇首。景濂为文，序事极有法，议论则开阖，精神气昌不少馁，复深惜其沉困在下，而未能遇也。[②]

至正十三年（1353），宋濂又对此书进行了订补，从而使《浦阳人物记》更加完善。

忘年之交

至正十年（1350），宋濂41岁。此时，宋濂的老师闻人梦吉、吴莱、柳贯以及以礼部郎中致仕的兰溪人吴师道均已谢世，婺州的耆老只剩下黄溍、陈樵、胡助等人。

胡助（1278—1355）[③]，字履信，一字古愚，婺州东阳人。曾祖父居仁是个学官，曾从理学家吕祖谦学，与同里曾官至国子祭酒的葛洪为友。祖父中行，

---

① 戴良序见《宋濂全集》，第2475页。
② 欧阳玄序见《宋濂全集》，第2473页。
③ 胡助之卒年乃学友晏选军博士考定告知，特此说明。

隐居行义，被乡人称为善士。父亲祐之，在宋时为乡贡进士，曾做过史馆实录院主管文字的官。胡助刻苦自励，年少时即已博览经史诸子百家之书，"悉究其大旨"。至大元年（1308），胡助31岁，因举茂才授建康路儒学学录，兼太学斋训导。金陵为六朝古都，又是南来北往的要冲，故胡助在金陵为教官期间结识了不少人物，其中胡助自认为最相知的有治书侍御史赵宏伟、监察御史周驰、礼部尚书曹鉴等。周驰向朝廷举荐了以胡长孺为首的七位宜入馆阁的江浙之士，胡助即为其中之一。皇庆元年（1312），在京师任国子司业的吴澄辞官南归，见胡助所作诗，大加称赏，以为乃诗之上品。吴澄的称赏使胡助的诗名大振。胡助曾长期游宦大都、上京，故与朝中馆阁之臣及当时名士均有诗文往来。比如，他在留寓大都时作《京华杂兴诗二十首》，为其题诗的王士熙、马祖常、虞集、欧阳玄、贡奎、曹元用、谢端、段辅、李端、赵由辰、张起岩、周仁荣、汤弥昌、王肖翁、龚璛、刘汶、杨刚中、黄清老、苏天爵等，都是一时的名人。胡助曾两度出任翰林院编修官，至正五年（1345）以太常博士致仕。

至正十一年（1351），胡助来麟溪游玩，宋濂得与胡助相识，此后两人便有了较为频繁的书信往来。比如，宋濂曾致信胡助，求胡助为他所编的老师吴莱的文集作序，信中写道：

> 濂顿首再拜，状上太常相公尊先生侍前：濂近于麟溪之上，获聆伟诲，使颓惰之情奋然振起，庆幸何如。拜别以来，伏审尊候纳福，深用慰怿。浦江吴立夫先生负绝伦之才，不能少见于世以死，濂尝受业其门，恶得不深伤之，所幸遗稿俱在，虽死犹不死也。然非大人先生冠以序文，又乌能传之于远哉？是以忘其愚陋，专望再拜以请，幸先生垂念焉。倘蒙挥洒，则感戴盛德，终身不忘。临书不胜瞻恋之至，不备。濂顿首再拜上状。①

> 濂拜复太常先生函丈尊座前：濂向者不自揣度，僭以先师文集叙上干鸿笔，殊窃悚惧。特蒙矜悯，慨然留诺，自非念乡学之凋落，哀潜德之未

---

① 〔明〕宋濂：《上胡太常书》，载《宋濂全集》，第2191页。

白，不至是也。感刻无限，近来想已脱稿，若得示教，实拜先生之终赐也。末由趋拜床下，伏纸重增依恋，不备。三月二十六日。①

胡助没有辜负宋濂的期望，将吴莱文集的序写好寄来。序中，胡助对吴莱的文章给予了高度评价："文章滔滔汩汩，一泻千里，如长川大山之宗夫海岳也，如千兵万马之衔枚疾驰而不闻其声也。呜呼，壮哉！他人恒苦其浅陋，立夫独患其宏博者也。"②文末，他对宋濂不忘尊师、成人之美的品格给予了赞美："今门人高第宋君景濂不忘其师，子云之侯芭，昌黎之李汉也。收拾遗文若干卷，征予引。"

至正十二年（1352）的春天，致仕在家的黄溍携弟子王袆、李唐等去邻邑东阳拜访胡助。老友及其弟子的到来，使胡助感到格外高兴，胡助特在家乡的越园、赵园设宴招待他们。席间，大家饮酒赋诗，以纪盛会。比如，黄溍《次韵胡古愚博士》写道：

> 麻衣草座老仙翁，曾及清时侈际逢。
> 行殿晓趋开豹尾，禁林秋宴出驼峰。
> 休官尚想英游并，爱客何嫌异味重。
> 况乃东阳山水窟，主张风月有诗宗。③

黄溍的学生王袆和诗道：

> 壮游回首各成翁，犹忆当年共际逢。
> 二老往来看鹤发，十年先后对鳌峰。
> 由来元白名相并，归去疏杨迹更重。

---

① 〔明〕宋濂：《复胡太常书》，载《宋濂全集》，第2191页。

② 〔元〕胡助：《浦阳渊颖吴先生文集序》，载《纯白斋类稿》卷二十，影印文渊阁《四库全书》本。

③ 《金华黄先生文集》卷六，《四部丛刊》本。

莫道山林足忘世，只今海内仰儒宗。

席间，老辈们谈起乡学源流及后进之士，自然谈到宋濂的辞荐以及入仙华山为道士之事，他们为宋濂未能一同聚会感到遗憾。

然而，东阳盛会后不久，宋濂寄来刚印好的《浦阳人物记》一书请胡助指正，并附上一信，信中说道：

> 濂拜复博士相公纯白先生尊前：濂伏自去春上问，迨今又一年矣。瞻恋之诚，未尝斯须忘也。即辰孟夏，伏计尊候纳福，深用欣怿。濂山中多暇，恐乡先达言行不传，因忘固陋，撰为《人物记》一书，第以学浅识陋，中间疵颣甚多，苟不谒大匠，以指别其谬误以取信于人。谨用纳上一帙，倘先生不赐谴诃而辱教焉，不胜感幸！乡间诸老，岿然如鲁灵光独存者，唯先生及侍讲公（黄溍）耳。关系斯文甚不小也，伏望愈加葆啬以康寿体，以慰后学惓惓之望。谨勒状不备。四月初十日，里生宋濂拜复。[1]

胡助得书后，"累日披诵"，阅后即回信谈了他读后的感受，并关切地问及宋濂的饮食起居。信中写道：

> 助顿首再拜景濂处士先生执事：助春间在岘下，日陪侍讲黄先生，徜徉啸咏于山水间，未始不怀仰执事之高风绝识，与麟溪诸君子之英才雅韵也。正切西望，特蒙惠示著述新编，尤用欣怿。累日披诵，不胜起敬。信乎吾郡之文献足征，又以见山林之士如执事负良史之才者未尝无人，而其笔力善驰骋上下，发扬潜隐，追轶班马之迹，非范晔、陈寿辈怀奸挟私者所可同年而语，何其盛哉！辄撰数语为跋，凡诸公所已言者不敢述，甚愧瓦砾之缀珠玉也。时暑亢旱，不审眠食如何？唯为斯文厚自爱，谨奉状，

---

① 〔明〕宋濂：《复胡博士书》，载《宋濂全集》，第2190页。

不宣。助顿首再拜。①

胡助也将自己创作的《岘阴樵唱》寄予宋濂，请宋濂品评，并附上一信云：

　　助顿首，再拜景濂聘君畏友：夏间不揣芜陋，僭以《岘阴樵唱》求删正于左右，今辱教帖，乃略不及之，想浮沉矣。向承雄篇见寄，气焰可畏，览之羞缩，数月不敢言文。谨已袭藏箧笥，仍以十六字识其末云："大风扬沙，雨雹交下，欻兴忽止，变化莫测。"盖聊写景慕之实也。迩来定有新作，更能录示数篇否？记文一通附纳，匆匆不尽所怀，惟千万自爱，不宣。助顿首再拜。②

"大风扬沙，雨雹交下，欻兴忽止，变化莫测。"这样的评价出自一个硕德大儒之笔，不可谓不高也。

胡助与宋濂的关系日益密切，故胡助主动提出为宋濂撰写《宋氏世谱记》。他在其中说道："助与濂为文章交甚密，因为著此《世谱记》。"

诗文初刊

古代能诗能文的很多，但诗文能结集刊印的，相对而言很少。主要的原因是，诗文集的雕版、印刷需要一大笔费用，若非家底殷实者，很难出得起这笔费用。因此，生前不能刊刻自己的文集、死后作品即随亡魂烟消云散的文人，不知有多少。宋濂是幸运的，他在郑义门充其量不过是一个外来的异姓教师，没有任何显耀的职位，他只是尽一个老师所能做的，教导郑义门的子弟，但郑义门却做出了令宋濂一生铭感难忘的举措——为其刊刻诗文集。固然，这里面有感恩的成分，但更重要的是体现了义门人对宋濂的尊重、对文化的尊重。

---

①② 《宋濂全集》，第2562页。

郑义门为宋濂刊刻的第一部文集为《潜溪集》。宋濂虽然以文字为职业，但"凡所酬应，鲜存其稿"①，宋濂的同门友郑涛见了，深为宋濂着急，于是就替他编了《潜溪集》十卷，有6万余字。编好后，义门郑铉（彦贞）负责将宋濂的文集刻印，这是发生在至正十五年（1355）的事。至正十六年，宋濂的学生郑涣又在原《潜溪集》的基础上，增补了数篇文章，并增刻了两卷附录，收"群公所述纪传赞辞及尺牍之属"。此后，郑义门又陆续刊刻了《潜溪后集》《潜溪续集》《萝山稿》等宋濂的作品。

有意思的是，《潜溪集》前两位赫赫有名的馆阁大臣（国子监丞陈旅、翰林学士承旨欧阳玄）的序，也是郑涛为他求来的。因为宋濂的老师黄溍已于至正十一年（1351）辞官归故里，不可能为宋濂求序。而此时郑涛在朝廷中任经筵检讨，故将宋濂的文集携入大都，得以向上述两位大臣求序。此外，郑涣也将《潜溪后集》携至杨维桢处，请杨维桢作序。可见，郑义门为刊刻宋濂的诗文集，是竭尽心力的。

诸序对宋濂文章的评价非常高，如陈旅评道：

> 金华有二先生，曰柳公道传，曰黄公晋卿，皆以文章显名当世。予游缙绅间，窃获窥其述作。柳公之文，庞蔚隆凝，如泰山之云，层铺叠涌，杳莫穷其端倪。黄公之文，清圆切密，动中法度，如孙吴用兵，神出鬼没，不可正视，而部伍整然不乱。金华多奇山川，清淑之气钟之于人，故发为文章，光焰有不可掩如此。予方歆艳二公，以为不可几及。客有授予文一编者，予得读之。见其辞韵沉郁类柳公，体裁严简又绝似黄公。惊而问焉，乃二公之乡弟子宋君濂之为也。②

又如，欧阳玄评道：

---

① 〔元〕郑涣：《潜溪集题识》，载《宋濂全集》，第2485页。
② 《宋濂全集》，第2481页。

宋君虽近出，其天分至高，极天下之书，无不尽读，大江以南，最号博学者也。以其所蕴，大肆厥辞，其气韵沉雄，如淮阴出师，百战百胜，志不少慑；其神思飘逸，如列子御风，翩然骞举。不沾尘土；其辞调尔雅，如殷鼎周彝，龙文漫灭，古意独存；其态度多变，如晴霁终南，众皱前陈，应接不暇。非才兼众长，识迈千古，安能与于斯？杂于古人篇章中，盖甚难辨。唯真知文者，始信予言之弗谬。予在翰林也久，海内之文无不得寓目焉，求如宋君何其鲜也！苟置之承明奉常之署，使掌制作，岂不能黼黻一代乎？先民有言曰："知言圣贤之能事，立言学问之极功。"不学知言，不能明理；不学立言，不能成文。有若宋君，其殆理明而文成者欤？①

《潜溪集》《潜溪后集》《萝山稿》等作品的刊行，使宋濂赢得了广泛的声誉。入明后，张以宁在为宋濂的一部文集所作的序中提到，他昔日在大都时就已经读过宋濂的《潜溪集》。

龙门凝道

仙华山入道的结果是叛道归儒，"君子之所志，泽及黔黎"②，宋濂并没有忘怀斯世，他的内心无时无刻不想着黎民百姓。然而，宋濂既已辞去元朝翰林院编修官的征聘，意味着仕途已被自己堵死。至正十一年（1351），爆发了韩山童领导的红巾军大起义，此后各地起义此起彼伏，愈演愈烈，相继出现了刘福通、张士诚、陈友谅、方国珍、朱元璋、明玉珍等军事集团和政权。至正十六年十月四日，宋濂入青萝山北侧的小龙门山著书。次年正月一日，书成，是谓《龙门子凝道记》。

《龙门子凝道记》真实地披露了宋濂仕与不仕的矛盾心态，体现了他要由礼而仕的执着态度，同时以寓言的形式对元朝的弊政和社会不良风气进行了尖锐

---

① 《宋濂全集》，第2484页。
② 〔明〕宋濂：《调息解》，载《宋濂全集》，第227页。

的批判和辛辣的讽刺。

我们先看宋濂对于仕与不仕的态度。比如，《龙门子凝道记》卷上《终胥符第三》写道：

> 龙门子闲居而有忧色，二三子相与谋曰："先生忧矣，吾等当思有以乐之。"乃推一人进而言曰："弟子事先生有年矣，先生志之所存，非小子所敢知，虽然，窃与闻焉，天下有道，出辅明君，以兴一王之治，使三代礼乐于复见当今，先生志也。复不轻于自进，必待上之人致敬，而后翻然以起，安车弗临而风沙袭人，先生之发将向皓矣。今四海汤汤，未知所底，先生之辙迹将安之乎？曷若盘旋丘壑，以道先王之道哉？……"龙门子怃然曰："我岂遂忘斯世哉？天下溺犹禹之溺，天下之饥犹稷之饥，我所愿学禹稷者也。我岂遂忘斯世哉？虽然，予闻之，道之兴废系诸天，学之进退存诸己，存诸己者，吾不敢不勉也；系诸天者，予安能必之哉？予岂若小丈夫乎？长往山林而不返乎？未有用我者尔，苟用我，我岂不能平治天下乎？虽然，荆山之玉，非不美也，卞氏献之而双足见刖，予不佞窃受教于君子矣，其不能为卞氏决矣。二三子其治尔秽荒，缔尔室庐，予与尔居之；二三子其挟尔琴书，操尔翰觚，载尔糇粮，吾将与尔终身焉。"①

这里，宋濂坦陈自己没有忘怀斯世，他愿意像远古的英雄大禹、后稷那样，建立非凡的功勋。他不愿意像"小丈夫"一般逃避人间，隐逸山林。"苟用我，我岂不能平治天下乎？"由此可以看出宋濂是何其的自负。但是，历史上卞氏献玉"而双足见刖"的教训不能不让人三思。无怪乎宋濂有未遇明主之叹！

《龙门子凝道记·采苓符第一》通过龙门子与弟子的问答，强烈表达了宋濂忧国忧民的情怀。文中说道：

> 龙门子寝疾，数月不出门。弟子不敢见，以告其友同邱生。同邱生闻

---

① 《宋濂全集》，第1761页。

之，疾趋而前问龙门子曰："夫子之病，头岑岑乎？目眩眩无所见，耳无所闻乎？"曰："否。""身重肉瘰，足不收行，善痿乎？胸痛引背，两胁胠满乎？上见咳唾，下为气泄乎？"曰："否。""解㑊脊脉痛，少气不欲言乎？心悬如病饥，眇中清乎？邪伤于肾，瘅闷不通乎？血暴溢热，胪胀甚则胕肿乎？嗌乾黄疸，瘨疝饮发乎？"曰："否。""然则夫子之病我知之矣。夫子之病，非病已也，为斯世病也。今剑稍交横，白骨不葬，高如丘陵，一遇天阴，鬼夜哭相闻，是夫子之病也。宫室化为灰烬，生民流亡，伥伥无所依，以墟莽为楼馆，以橡芋为膏粱，以崖庐为床帷，以沼池为罍洗，以明月为灯烛，求生丐死，两无其谋：是夫子之病也。田野荒芜，五谷不生，虤猫成行，白昼出郊，行人鲜少，腥风秽洒：是夫子之病也。若是何如？"龙门子曰："然。是善知我。"间邱生曰："予闻之，马之瘠肥，责乎牧圉；民之休戚，系乎庙朝。彼肉食者不知病，夫子以匹夫忧之，无乃有出位之思耶？忧非所当忧，不知；徒忧而不形于事，不仁。不知不仁，尚可谓学先王之道乎？"龙门子蹙然不答，间邱生退。龙门子召门弟子谓曰："我非人则已，苟亦人尔，何不忧世哉！何可不忧世哉！"①

此外，《龙门子凝道记·观渔微》中渔夫对龙门子"肥遁"的尖锐批评，可以看成是宋濂内心的自我谴责。

但是，在出仕的问题上，宋濂坚持一个要求，那就是：必须像刘备三顾茅庐请诸葛亮那样礼聘他，不然，他宁可老死山中，也不肯出仕。他曾这样说道："君子未尝不欲救斯民也，又恶进不由礼也，礼丧则道丧矣。吾闻君子守道，终身弗屈者有之矣，未闻枉道以徇人者也。"②宋濂甚至以孤独氏二女因无人做媒，宁死不嫁的故事，来表明自己要由礼而仕的坚决态度："区区一女子，尚以死守礼，予曾谓学先王之道者，乃不由礼乎？"③

由于宋濂给自己出仕立下这条规矩，而一时又无刘备式的人物，宋濂似乎

---

① ②《宋濂全集》，第1754页。
③《宋濂全集》，第1753页。

感到绝望。在《龙门子凝道记》的最后一节，他不得不将希望寄托于下一代：

> 龙门子道不行于时，乃退隐小龙门山中。谓其二子瓒、璲曰：唯我宋
> 氏，其先殷人……宋自微子启受封则然，后世子孙乃以国为氏，代有名人，
> 而迁京兆者为最盛。唐有讳宪君，官大理丞，尝为《易》讲师，有声三辅
> 间，弟子至数千人，晚迁吴兴。更十四世至周，有讳荣君，是为文通先生，
> 通《尚书》《春秋》，豪俊而才，慨然有济苍生之志，世不及用，来隐乌伤
> 覆釜山中……吾父蓉峰处士，名朝君，温恭易直，粹然有邹鲁君子之至行，
> 州里称之曰一邑善士也，大夫士亦称之曰一邑善士也，人人无异言。处士
> 君尝谓予曰："吾幸逢六合真元之会，而弗克仕。不仕无义，古之训也。尔
> 濂尚体予之训，以行其志哉，志行，道亦行也。"予窃谨识之。于是尽弃解
> 诂文辞之习，而学为大人之事。以周公、孔子为师，以颜渊、孟轲为友，
> 以《易》《诗》《书》《春秋》为学，以经纶天下之务，以继千载之绝学为
> 志，子贡、宰我而下，盖不论也。学之积年，而莫有用之者，其命也夫，
> 其命也夫！今之人入山著书，夫岂得已哉？皋、夔、稷、契，不闻假书以
> 自见，为得行其志也。予志之不行矣，尔其识之哉！予家自文通君以来，
> 无获仕以行其志者矣，尔其识之哉，当求为用世之学，理乎内而勿骛于外，
> 志于仁义而绝乎功利。虽然，文通君尝有遗训矣：富贵外物也，不可求也。
> 天爵之贵，道德之富，当以之终身可也。尔其识之哉，予言止是而已。①

这里，宋濂追溯家世，缅怀祖训，大有愧对之色；谆谆教导，百般叮咛，
内心不无伤感之情。

《龙门子凝道记》第二方面的内容主要是以寓言的形式对元朝的弊政和社会
不良风气进行尖锐的批判和辛辣的讽刺。主要有以下几点：

针砭弊政，对统治者进行嘲讽或规劝。比如，《龙门子凝道记·秋风枢》中
的"狸狌捕鼠"，讲的是一只善于捕鼠的狸狌，因被主人每日用肉饲养，丧失捕

---

① 《宋濂全集》，第1813页。

鼠能力，反而被鼠攻击的故事，借以讽刺世享重禄的武士，可谓一针见血。

描绘丑恶世态和不良风气，通过人物的可悲下场或作者的嘲讽，达到劝诫目的。比如，《龙门子凝道记·士有微》中的"申生"是个忘恩负义的小人，为了谋取恩人的钱财，竟然施计让恩人自杀。申生的秽行，遭到了举国人的唾弃！《燕书》中"列宗子泓"的洁癖在今天可以创吉尼斯纪录，但他居然是个好闻女人臭裹脚布的无耻之徒。《龙门子凝道记·蔚迟枢》借魏人将护阴的铜裆当作"夏殷之器"，楚人将接尿用的溺器当作"牺尊"，嘲讽了附庸风雅、妄乱名实的不良风气。《龙门子凝道记·虞丹微》中的"虞丹子焚经"，批评了读书人借学经以"荣身""怵民"甚至"丧德"的劣根性。

讲述婚姻伦理。比如，《龙门子凝道记·孔子符》中"闽姝"的故事，讲一个轻佻的福建女子，自恃容貌娇丽动人，恨不得立刻找到一个美少年嫁给他。后来，果然有一个风度翩翩的美男子来到，这个女子欣喜若狂，竟连夜赶到美男子的住处，表示愿意嫁给他，美男子也"欣然纳焉"。结婚后，这个女子对美男子的服侍可谓周到：男子吃饭，女子将筷子递到他面前；男子睡觉，女子将被子、枕头铺好，甚至亲自为他端尿盆。然而，令这个女子奇怪的是，结婚一年多，男子的左臂始终有一块黑膏药敷着而不见拿开，女子就请男子揭开让她看看，男子以女人的眼睛太毒，会使他马上要好的脓疮再次溃烂为由，执意不让看。一日，女子将男子灌醉，揭开男子的黑膏药想看个究竟，不看则已，一看则当场昏倒，原来她托付终身的男子竟是个因偷盗钱财而被刺字服刑的罪人。最后，这个女子"悒悒以疾终"。宋濂通过"闽姝"的故事，警示那些轻佻的女子要洁身自重，择偶时一定要慎重，切不可轻易委身于人。《龙门子凝道记·蔚迟枢》中"舅杀父"的故事，提出了妇女如何在血缘亲情与非血缘亲情间作出两难选择的问题，宋濂基于"父子天合，夫妇人交，天合者，不可离，人合者，则唯义所在何如耳"的观点，指出公公杀其父是违背礼义，故妇女可以离开丈夫，但妇女离开丈夫后不许再嫁。这则寓言暴露了宋濂的思想局限，因为按照这样的逻辑，父亲杀了公公，就不存在"义乖"的问题，妇女也不存在两难选择的问题。事实上，按照现在的法律观念，无论是"舅杀父"还是"父杀舅"，都要受到法律制裁，而与儿女们无关。类似的寓言还有《龙门子凝道记·观鱼微》中的"夫杀父"，宋濂基于"父者，子之天；夫者，妻之天"的观点，认为女子在两难选择中，除了"力谏"，只有死路一条——自杀，这同样暴露了宋濂的思想局限。

宣扬金钱财物为身外之物。比如，《龙门子凝道记·司马微》中"获钱一千"的故事，讲一个做小本买卖的生意人因从事海上贸易致富，"被花帽文绣衣，置丽姬十人，朝夕搋管弹丝以为乐"。一天，这个生意人满载宝物回家，靠岸后，先上岸打听自己的家是否还在。可是，一夜飓风将他泊在岸边的船只倾覆得无影无踪，他最后只剩下缠在腰上的当初做小本生意的一千本金。《龙门子凝道记·秋风枢》中"得径寸珠而亡"和"得衰蹄金而亡"的故事，则直接表明了宋濂"天下之至宝者身尔，人乃贵外物而丧其身，身死，虽宝奚用焉"的思想。《寓言五首》中"北宫殖得珠"的寓言，说的是北宫殖捕鱼得"夜光之珠"而为其父所哭的故事，宋濂借北宫殖父亲之口表达了富易致祸的思想："今以是珠献，必致贵富，贵富则骄，骄则暴，暴则乱，乱则危，危则大坏而后已。"

此外，还有一些论文与论学的内容。比如，《龙门子凝道记·段干微》通过段干微与龙门子的对话，简明扼要地概括了金陵之学（王安石）、眉山之学（苏轼）、东嘉之学（叶适等）、永康之学（陈亮）、金溪之学（陆九渊）、横浦之学（张载）、金华之学（吕祖谦等）、武夷之学（朱熹）、广汉之学（张栻）的特点和得失。在《龙门子凝道记·大学微》中，对有人提出的"金华之学，唯史最优，其于经则不密察矣"的观点给予了批驳。在《龙门子凝道记·乐书枢》中，宋濂对"造文家"与"传经家"的得失也作了分析和批评。

考辨诸子

至正十八年（1358）三月十八日，朱元璋军队南下攻取建德等地，很快就要兵临浦江城。浦江的老百姓纷纷躲藏到深山老林或邻近的县城。宋濂也将自己的妻儿遣送到邻县诸暨的勾无山中，而自己则一人留下著书。六月十五日，一部在中国学术史上闪烁思想光芒的《诸子辩》在朱元璋军队攻取浦江城的前三天诞生。

关于此书的产生过程，宋濂在书后的题识中有云：

> 至正戊戌春三月丙辰，西师下睦州。浦阳壤地与睦境接，居民震惊，多扶挈耄倪走傍县。予亦遣妻孥入勾无山，独留未行。日坐环堵中，块然无所为，乃因旧所记忆者，作《诸子辩》十通，九家者流颇具有焉。孔子门人之书，宜尊而别之，今亦俯就其列者，欲备儒家言也。始之以《鬻子》而终之以周、程者，欲读者有所归宿也。其中疏别抵排，亦窃自谓有一发之见。第以家当屡徙之余，书无片牍可以稽质，不能必其无矛盾也。夏六月壬午，仅克脱稿。越三日乙酉，而浦阳陷矣，余遂竭蹶趋勾无。惊悸稍定，俾仲子璲录之如右。呜呼！九家之徒，竞以立异相高，莫甚于衰周之世。言之中道者，则吾圣贤之所已具，其悖义而伤教者，固不必存之以欺世也。於戏！邪说之害人惨于刀剑，虐于烈火，世有任斯文之寄者，尚忍淬其锋而膏其焰乎。予生也贱，不得信其所欲为之志。既各为之辩，复识其私于卷末。学孔氏者，其或有同予一慨者夫。秋七月丁酉朔，金华宋濂记。[1]

宋濂《诸子辩》考辨先秦至宋40余种子书的真伪，计有《鬻子》《管子》《晏子》《老子》《文子》《关尹子》《亢仓子》《邓析子》《鹖冠子》《子华子》《列子》《曾子》《言子》《子思子》《慎子》《庄子》《墨子》《鬼谷子》《孙子》《吴子》《尉缭子》《司马穰苴兵法》《尹文子》《素问》《尔雅》《商子》《公孙龙子》《荀子》《韩子》《燕丹子》《孔丛子》《淮南鸿烈解》《扬子法言》《抱朴子》《刘子》《文中子中说》《天隐子》《金华子》《齐邱子》《聱隅子》《子程子》以及黄石公《三略》、吕望《六韬》、李卫公《问对》、周子《通书》等。关于此书宗旨，宋濂在自序中说得很明白："《诸子辩》者何？辩诸子也。通谓之诸子何？周、秦以来，作者不一姓也。作者不一姓，而其立言何人人殊也？先王之世，

---

[1] 《宋濂全集》，第149页。

道术咸出于一轨，此其人人殊何？各奋私知而或鏊大道也，由或鏊大道也，其书虽亡，世复有依仿而托之者也。然则子将奈何？辞而辩之也。曷为辩之？解惑也。"

关于子书的辨伪，在宋濂之前的学者如柳宗元、朱熹、晁公武、黄震等也有所涉及，但都是一鳞半爪，不成系统。宋濂在兵荒马乱之时，"第以家当屡徙之余，书无片牍可以稽质"，仅凭记忆考辨40余部书的真伪，并阐述个人的见解，可见宋濂惊人的记忆能力和渊博的学识！

宋濂在辨伪方法和结论方面多有创获，如《亢仓子》一书，自柳宗元起，屡有辨伪之作，宋濂则从典制和避讳入手，提出新证：

> 《亢仓子》五卷，凡九篇，相传周庚桑楚撰。予初苦求之不得，及得之，终夜疾读。读毕叹曰："是讹书也，剿老、庄、文、列及诸家言而成之也。"其言曰："危代以文章取士，则剪巧绮袿益至，而正雅典实益藏。"夫文章取士，近代之制，战国之时无有也。其中又以"人"易"民"，以"代"易"世"。世民，太宗讳也，伪之者其唐士乎？予犹存疑而未决也。后读他书，果谓天宝初，诏号亢桑子为《洞灵真经》，求之不获。襄阳处士王士元，采诸子文义类者，撰而献之。其说颇与予所见合。复取读之，益见其言词不类。因弃去不复省。《农道》一篇虽可读，古农家书具有之。或者谓可孤行，吾亦不知其为何说也。

宋濂从科举取士的制度、避李世民讳等方面提出证据，此后又将自己的心得与其他文献记载相引证，从而断定《亢仓子》为伪书，确为卓见。又如《子华子》一书的辨伪：

> 《子华子》十卷，程本撰。本字子华，晋人，曰魏人者，非也。《艺文志》不录。予尝考其书，有云："秦襄公方启西戎，子华子观政于秦。"又稽庄周所载子华子事，则云"见韩昭僖侯"。夫秦襄公之卒，在春秋前，而昭僖之事，在春秋后。前后相去二百余年，子华子何其寿也？其不可知者

一。《孔子家语》言"孔子遭齐程子于郯"。程子盖齐人，今子华子自谓程之宗君，受封于周，后十一世，国并于温。程本商季文王之所宅，在西周当为畿内小国。温者，周司寇苏忿生之所封。周襄王举河内温原以赐晋文公，温固晋邑也，孰谓西周之程，而顾并于河内之温乎？地之远迩，亦在可疑。其不可知者二。《后序》称子华子为鬼谷子师。鬼谷，战国纵横家也，今书绝不似之，乃反类道家言，又颇剿浮屠、老子、庄周、列御寇、孟轲、荀卿、《黄帝内经》、《春秋外传》、司马迁、班固等书而成。其不可知者三。刘向校定诸书，咸有《序》，皆渊懿明整，而此文独不类。其不可知者四。以此观之，其为伪书无疑。或传王铚性之、姚宽令威多作赝书，而此恐出其手，理或然也。然其文辞极春容，而议论焕发，略无窘涩之态，故尤善惑人。人溺文者，孰觉其伪哉！

这里，宋濂以正文内容史实的前后矛盾、序文所云与正文内容的背离、序文风格与刘向所校诸书序文的不统一等四条证据断定《子华子》一书为伪书。

宋濂所用的辨伪方法，涉及考察著录源流、思想内容、史实、典制、避讳、材料来源、文字风格等，因此，宋濂的诸子辨伪取得了重要成就。

除辨真伪外，宋濂还对子书的价值、地位、影响、源流等方面有所评析。比如，他评《老子》道：

由其所该者甚广，故后世多尊之行之。"视之不见名曰夷，听之不闻名曰希，搏之不得名曰微。"道家祖之。"谷神不死，是谓玄牝。玄牝之门，是谓天地根。"神仙家祖之。"吾不敢为主而为客，不敢进寸而退尺。是谓行无行。攘无臂，扔无敌，执无兵。祸莫大于轻敌，轻敌几丧吾宝。故抗兵相加，哀者胜矣。"兵家祖之。"道冲而用之或不盈，渊兮似万物之宗，挫其锐，解其纷，和其光，同其尘。湛兮似若存，吾不知谁之子，象帝之先。"庄、列祖之。"将欲翕之，必固张之。将欲弱之，必固强之。将欲废之，必固兴之。将欲夺之，必固与之。"申、韩祖之。"以正治国，以奇用兵，以无事取天下。"张良祖之。"我无为而民自化，我好静而民自正，我无事而民自富，我无欲而民自朴。"曹参祖之。聃亦豪杰士哉！伤其本之未正，而末流之弊，至贻士君子有"虚玄长而晋室乱"之言。虽聃立言之时，亦不自知其祸若斯之惨也。呜呼，此姑置之。道家宗黄、老，黄帝书已不传，而老聃亦仅有此五千言，为其徒者，乃弃而不习，反依仿释氏经教以成书。开元所列《三洞琼纲》固多亡缺，而祥符《宝文统传》所记，若《大洞真》，若《灵宝洞玄》，若《太上洞神》，若《太真》，若《太平》，若《大清》，若《正一》诸部，总四千三百五十九卷，又多杂以符咒、法箓、丹药、方技之属，皆老氏所不道。米巫祭酒之流，犹自号诸人曰"吾盖道家，吾盖道家"云。

宋濂从《老子》对道家、神仙家、兵家、法家等不同派别的影响，指出了《老子》一书的价值和地位，但对《老子》一书所产生的副作用也予以了揭示。

宋濂从儒家的立场立论，故对于《庄子》这部带有异端色彩的子书，采取了排斥的态度，这是宋濂作为那个时代知识分子的局限。比如，他评道：

《庄子》十卷，战国时蒙人漆园吏庄周撰。《内篇》七，《外篇》十五，《杂篇》十一，总三十三篇。其书本《老子》，其学无所不窥。其文辞汪洋凌厉，若乘日月，骑风云，下上星辰，而莫测其所之。诚有未易及者。然所见过高，虽圣帝经天纬地之大业，曾不满其一哂，盖仿佛所谓古之狂者。惜其与孟轲氏同时，不一见而闻孔子之大道。苟闻之，则其损过就中，岂在轲之下哉？呜呼，周不足语此也。孔子百代之标准，周何人？敢掊击之，又从而狃侮之。自古著书之士虽甚无顾忌，亦不至是也。周纵曰见轲，其能幡然改辙乎？不幸其书盛传，世之乐放肆而惮拘检者，莫不指周以借口，遂至礼义陵迟，彝伦斁败，卒踏人之家国，不亦悲夫！金李纯甫亦能言之士，著《鸣道集》，说以孔、孟、老、庄同称为圣人，则其沉溺之习，至今犹未息也。异说之惑人也深矣！夫《盗跖》《渔父》《让王》《说剑》诸篇，不类前后文，疑后人所剿入。晁氏谓孔子没，道术散，老子始著书，周起而羽翼之。老子著书，在孔子未没之先。

避兵诸暨

宋濂在青萝山房完成《诸子辩》后，打听到朱元璋军队已逼近浦江，就匆匆收拾行囊，赶至诸暨勾无山与先躲避在那儿的妻儿相会。

勾无山，亦称勾乘山。《明一统志》云："勾乘山，在诸暨县南五十里，《国语》：越臣于吴，吴更封越南至勾乘，即此。"清代赵一清《水经注笺刊误》云："勾吴，《国语》作勾无。韦昭曰：诸暨有勾无亭，《括地志》以为勾乘山也。山在县南五十里。又阚骃曰：勾践之地南至勾无，其后并吴，因大城之章霸功以示子孙，故曰勾章。"①看来，宋濂选择勾无山作为避兵的所在，是有一番苦心在里头的。试想，带着妻儿亲临越王勾践的故地，越王勾践"卧薪尝胆""十年生聚，十年教训"的故事，不是极生动的教育小孩的教材吗？宋濂在诸暨举目无亲，所幸得到友人陈堂和其舅父吴宗元的帮助，度过了艰难的离乱生活。

陈堂，字宅之；吴宗元，字长卿，号笋西。说起陈堂和吴宗元，还得从宋濂年轻时在诸暨白门从吴莱师读书时说起。有一天，陈堂陪舅父吴宗元来白门游玩。宋濂见一人身材高大，面容深沉，"发言不繁而咸中肯綮"，一人雍容闲雅，彬彬有礼，便主动与他们交谈。宋濂从与陈堂的交谈中得知，陈堂曾师事会稽理学名家韩性，也曾师事黄溍，正积极准备科举考试。当时宋濂也有志于应考科举，故与陈堂"相与诘难经义，连日夕弗休。迨别去，犹依依南望，至日落乃止"②。

陈堂住县东流子里，后来被廉访使者荐为稽山书院山长，辞去不受。数次参加乡试，均名落孙山。从此绝意仕进，隐居大山中。吴宗元住在孝义里，曾为浙东宣慰司忽都鲁忽公辟为奏差，但数月后也辞去。后来，听说浦江郑义门十世同居，特地赶到义门郑顺卿家取经。郑顺卿送了他一本《家范》，他如获至宝而归，"力遵行之十有余年，家政蔚然可观"③。

---

① 《水经注笺刊误》卷十二，影印文渊阁《四库全书》本。
② 〔明〕宋濂：《亡友陈宅之墓铭》，载《宋濂全集》，第1225页。
③ 〔明〕宋濂：《故笋西吴府君墓碑》，载《宋濂全集》，第1227页。

吴宗元在得知宋濂避兵勾无山后，就请宋濂到孝义里做家塾老师。"及东出逃难，又蒙授馆致饩，如忘年交。"但兵荒马乱，孩子们已无心读书，故宋濂不久又携家寄住到流子里陈堂家。当时避于流子里的，还有义门郑铉等人。由于寄寓流子里的人有不少，当地居民与来此避难的外来人之间的冲突时有发生，当地人借势欺压，抄掠强夺，甚至还发生杀人的事件。宋濂曾回忆道：

> 曾未几何，金华陷于兵，士大夫蝼蚁走，唯流子里为乐土，亟挈妻孥避焉。流子里隶诸暨，地在嵊之东南，仅数舍即至。濂时苦心多畏，而土著民往往凌虐流寓者，白日未尽坠，辄翳行林坳，钞其囊橐物，甚者或至杀人。①

所幸陈堂待宋濂如兄弟，待宋璲、宋慎如同儿孙。陈堂妻子蒋夫人待贾专如同姒娣，故宋濂一家得以安心地度过这一段难忘的流寓生活。宋濂在《亡友陈宅之墓铭》中回忆道：

> 至正戊戌，濂避兵征君（吴宗元）家。已而迁宅之之西轩，濂携室人贾专，及仲子璲、长孙慎，三世为四人尔。心胆战掉，若丧家之犬。宅之煦妪而轸存之，视濂犹弟兄，遇璲与慎，有若子孙。宅之内子蒋夫人，亦视专如姒娣然。濂安之，百里之外，忘其流离颠沛之苦者，宅之夫妇力也。

这段流寓的日子随着宋濂于至正十九年（1359）正月被朱元璋请去做婺州郡学五经师而告结束。但宋濂和贾专念念不忘陈堂一家对他们的恩德。十年以后，宋濂从南京回金华养病，特地骑驴到诸暨去看望陈堂。陈堂见故人来，宰猪宰羊招待宋濂，留宋濂住了十天。"当夜半酒酣，叙兵火离合，语刺刺不能

---

① 〔明〕宋濂：《送许时用还越中序》，载《宋濂全集》，第484页。

已。既而掀髯高歌，声调激烈，一吐壮年不平之气。"①

又过了十年，宋濂已是明朝开国后的翰林学士了，但他时常想念陈堂。时朝廷下诏荐举贤才，宋濂即欲以陈堂荐举。然宋璲和宋慎觉得陈堂的年纪大了，应让他安度晚年，不应再让他出仕受累了。

陈堂去世后，宋濂为其作铭曰：

> 五彩弗施，不如赭泥，我哀乎宅之。
> 受才则丕，其数则奇，我哀乎宅之。
> 敛其奋飞，发于声诗，我哀乎宅之。
> 墓门有碑，太史勒辞，尚足慰多士之思。

家妹之死

宋濂妹宋嫈，字新。容貌秀丽，性情娴静。小时候即知书达理，握笔写字，端庄可爱。长大后嫁义乌儒士贾明善，父母不忍她远离，令夫妇搬回金华潜溪居住。宋嫈读《列女传》，常常为书中烈女的事迹所感动，仰慕古烈女的为人。但继而又想，要做到古烈女那样，其实也不难，做妇女的，"当璧碎而洁，毋令瓦全而秽"②。

至正十八年（1358）十月，朱元璋军队攻入兰溪，消息传来，远近州县无不为之震动。这时候，原来没打算要出外避难的人才意识到危险顷刻要降临，因此急急忙忙往山中躲避。宋嫈和贾明善避入浦江山中。然而没过多久，地方上的一些无赖也趁机啸聚山头，杀人掳财，无恶不作。宋嫈不幸为游卒所捉。游卒见宋嫈有姿色，顿起淫念。宋嫈见情况危急，拿出银条请免。但游卒不听。宋嫈又说道："我还有许多珠宝埋在附近山上，价值上万，如果你放了我，我就

---

① 〔明〕宋濂：《亡友陈宅之墓铭》，载《宋濂全集》，第1225页。
② 〔明〕宋濂：《宋烈妇传》，载《宋濂全集》，第1989页。

去取来给你，如果你一定要逼我，我只有一死，我死，对你也无益处。"游卒听后甚是高兴，就随宋娈前往取珠宝。走到一悬崖边，宋娈跳崖自尽，时在十一月十四日。

妹妹自尽的噩耗传来，宋濂悲痛万分。想想妹妹在家为淑女，嫁人为贤妻，像这样贤惠的女子，即便不能享福，也应尽天年而终，未想天不假年，让她遭遇兵祸而死，这老天实在太不公道了。但是，宋濂认为死去的妹妹比起那些平日拿着国家厚禄，高喊忠义，一到危急之时就狼奔鼠窜的执法大吏、朝廷命将来说，自有泰山、鸿毛之别。宋濂在为妹妹作的《宋烈妇传》中写道：

　　呜呼，自古莫不有死，当是时，执法之大吏、秉钺之将帅、守土之二千石，或有不能。而烈妇独能捐躯徇义，死固死矣，千载犹生，视彼弗死而若死者何如也？纵遘兵祸，又何伤焉？然而妇之守贞，犹人子之当孝，人臣之当忠也，烈妇之死，恒道尔，何足深羡乎？虽然，是固恒道尔，而亦非易致也。人之所欲，莫甚乎生，苟所见一发未尽，则幸存之念兴。幸存之念兴，含辱忍垢，何所不至哉。想其临渊之时，贞刚之气充塞上下，天不足为高，地不足为厚，日月不足为明，视区区微生，直鸿毛轻耳。不然，何以能若是之烈也？征太平日所言"当璧碎而洁，毋令瓦全而秒"者，不亦允蹈也哉！烈妇之事，与轧之窦氏[1]、越之王氏，实无大相远，求之千百而不一二见焉。濂因不避亲，摭其行实，著为私传一通，所以白烈妇之志。他日传之竹帛，诏诸海内，良史氏职也，非濂之所计也。

郡学经师

宋濂避兵诸暨山中，一晃就近半年。至正十八年（1358）十一月二十七日这一天，忽然来了几个陌生人要见宋濂。他们自称是朱元璋军队的参谋王宗显

---

①　"轧"字疑误。唐奉天县窦氏二女跳崖事见《旧唐书》卷一百九十三。

派来的使者，特奉上礼币和书信，要请宋濂出山去担任金华郡学五经师。宋濂听说后，惊愕万分，半天不知所云。

原来，宋濂在诸暨山中，对外界的情况一无所知。听了使者的话，他才知道朱元璋军队已攻下浦江、兰溪，金华已在朱元璋军队的包围中，顷刻即可攻下。朱元璋和他的谋士们早已商量着在攻下这座内陆重镇后应如何进行治理的问题。婺州出产儒士，有人建议在攻下金华后，应尽快办郡学，培养后备人才。参谋王宗显提议请婺州最负盛名的宋濂出任五经师，于是就有了上述的一幕。

王宗显（？—1360），和州人，是宋濂以前在严州认识的一个儒士，现在宋濂才知道，他已投奔朱元璋军队。

但是，一聘即往不是宋濂的性格，他访嵇康之文作《答郡守聘五经师书》，以多病、亲老、性懒、朴憨等理为辞谢。信云：

> 十一月二十七日，承遣使者来山中，赐以书币，强濂为五经之师。闻命惊愕，不知所云。
>
> 虽然，执事之意则甚善也。昔舒人文翁为蜀郡守，招下县年少者为学官弟子。每行县，益从学官诸生明经饬行者与俱，蜀地大化，比齐、鲁焉。执事亦舒产，是宜汲汲孜孜，欲追躅于文翁也。然而兴学在乎明经，明经在乎选傅，得良傅则正鹄设而射志定，土范齐而铸器良，声流教溢，俗转风移。反是则政堕矣，此则执事不可不慎者也。
>
> 濂也不敏，幼即多病，若艺黍稷，与肇牵车牛、远服商贾之事，皆力所不任。靖自念之，吾将何执以阅世乎？适家藏古书数千卷，因取翻阅，习久成性，遂不欲弃去，然亦藉是以自遣耳，非有所能也。是故家庭之间，未尝以知经称之。岂直家庭哉，至于乡党州间，亦未尝谓其通经也。执事者不之察，一旦强儒之，使服深衣大带，张拱徐趋于讲堂之上，吾恐人无不笑。而所笑者，又恐不止于区区也，执事何为欲强之乎？
>
> 况《五经》自孟氏后无兼通之者，如施雠之《易》，大、小夏侯之《书》，辕固、韩婴之《诗》，尹更始之《春秋》，庆普、郑兴之《礼》，各仅

仅成家而已。濂视数子之间，曾不足负羁绁以从。执事采浮华而忘本实，但见耳目具者辄聘以为师。执事倡之曰"某可师也"，左右畏威，莫敢谏白，又从而和之曰"某实可师也"，所以滥及于濂。濂纵不顾清议，曲徇执事意而葡匐从之，衿佩森如立竹，执经问难，欲屏之耶，则所职何事？欲应之耶，则环视其中，枵然无所有，其于窘迫，实有不堪。执事何为欲强之乎？

古之通经者，非思腾簸口舌，以聋瞀时俗，实欲学为忠孝。而孝者又百行之冠冕，苟于孝道有阙，则虽分析经义如蚕丝牛毛，徒召辱耳。阳城为学官时，谓诸生曰："凡学者，学为忠与孝也。"诸生有不省亲者乎？其有不省亲者，即斥去之。此古人龟鉴也。濂严父年垂八十，旦莫弄雏亲侧，以尽爱日之诚，犹惧不足。乃使弃之，以临诸生，诸生将何以取法乎？诸生尚不欲久去膝下，况为师者乃可尔乎？世岂无阳城，将何面目以见之也？执事何为欲强之乎？

师严然后道尊，理势然也。濂以轻浮浅躁之资，习懒成癖，近益之以疏顽，不耐修饬。乱发被肩，累日不冠，时同二三友徒跣梅花之下，轰笑竟日。不然，则解衣偃卧，看云出岩扉中，有类麋鹿然，见人至辄惊遁，欲危坐一刻，亦不可得。自知获罪名教，痛思惩艾，卒不可变。此执事素所知，非今日造此饰词。如此之人，不弃绝则已，安可使仪刑后进？执事何为欲强之乎？

濂虽不能造文，性乐之甚。当操觚沉思时，阖扉凝坐，不欲闻步履声，虽犬猫不使之近。即近，辄拊几大呼，人咸指为狂易，传以为笑。傥章不能就，击磬绕室中行。或使小苍头简发，如捕虱状。或摩搔膺腹，使气隆隆然降升乃已。若一入城市，众人丛居，又无邃房曲阁可下笔。笔未书半行，狙伺猿视，大鸣小噪，败人兴趣。宁失万金之产乃不怨，苟废此乐，不如无生。执事何为欲强之乎？

平生朴慧，视人世百为，颠倒变幻，动如神鬼。或握手视肺肝，乃宿刀剑之惨。或斗争纷不可解，则暗敦玉帛之好。如此之类，不一而足。明以告我，尚不能通晓，况启之以端，欲使其揣摩测度耶？自料决不能与此辈周旋，苟与之相周旋，宁免其见卖乎？况兼目有短视疾，虽月下可读蝇头之字，距寻尺间，白昼则不见人。不相知者，必以我为简，非挟人以济，如水母之目虾，必有祸我者。素无所仰于人，不知奚故而自求苦乃如此。执事何为欲强之乎？

又自婴祸患以来，得怔忡疾，见一夫负戟而趋，心辄惊怖，若杵击下上，面无色泽，口噤不能对人。近年衰屝日甚，酬答稍烦，则肩髀颓堕，重如压石，急呼枕熟寐一二时，然后渐复其旧，自度亦不久在人世者。所居之北，有一峰峻甚，俗以其如冯翊夏阳之山，因号曰小龙门。其间多闲旷之地，思诛茆架草室三间，以奉老亲，则志愿毕矣。此足一出，众事皆弃。尝日夜计之，与执事相契亦欢甚，初无不共戴天之仇，执事何为欲强之乎？

昔者卫人有西乞年，问褚师眈曰："世传五凤，信祥征乎？"曰："有。东方则发明，南方则焦明，西方则肃爽，北方则幽昌，其见或有孽焉。唯中央号凤凰，乃至瑞耳。"曰："可获之乎？"曰："否。有德则见岐山之阳尔，非可以力致也。"褚师弗之信，出千金号诸岐山之阳。岐山民疑之，罗彩鸥售焉。褚师持归，夸诸人。人皆笑之。执事之所为，无乃有类于是乎？吾婺为东莱倡道之邦，而龟山、考亭之正宗，又往往传诸学者，故阀阅之家，多尊道德而浅功利，据案谈经，比比皆是。执事不彼之即，而独此是强，岂弃瑞凤而爱彩鸥乎？古人有云：经师易得，人师难遇。执事于易得者尚不鉴其伪真，况所谓难遇者耶？窃为执事不取也。

虽然，执事孜孜汲汲，以兴学为意，何让乎蜀之文翁？但未能选良师傅，其术为少疏耳。今之为守牧者，不为不多也，而溺冠跨项，亦有之矣。如执事者，又何可少哉？又何可少哉！濂非明经者，愧不能成执事之意，化吾邦如齐、鲁，故历疏鄙衰之不可强者如此，唯执事采择焉。侁䙆之不制，则黄冠野服，负亲而逃东海之上，岂能悖性徇物，叠叠随人作上下耶？礼币随使者还。千万情辞，笔不可尽。[1]

---

[1] 《宋濂全集》，第252页。

至正十八年（1358）十二月十九日，朱元璋亲自率军攻下婺州。二十二日，朱元璋在婺州置中书分省，并将婺州改名为宁越府。在行省的门外，竖着两面黄旗，上面写着："山河奄有中华地，日月重开大宋天。"下面立着两个木牌，写着："九天日月开黄道，宋国江山复宝图。"至正十九年正月二十七日，婺州知府王宗显开郡学。《明太祖实录》记载了当时婺州文人被任用的情况：

（戊戌十二月）丙戌，置中书分省于婺州……儒士王祎、韩留、杨遵、赵明可、萧尧、章史炳、宋冕为掾史。立金华翼元帅府，以袁贵为元帅、吴德真副之。改婺州路为宁越府，以儒士王宗显为知府……（十二月）辛卯，是月发仓赈宁越贫民。下令禁酒。辟儒士范祖幹、叶仪。既至，祖幹持《大学》以进。上问："治道何先？"对曰："不出乎此书。"上命祖幹剖析其义。祖幹以为帝王之道，自修身齐家以至于治国平天下，必上下四旁，均齐方正，使万物各得其所，而后可以言治。上曰："圣人之道所以为万世法，吾自起兵以来，号令赏罚，一有不平何以服众？夫武定祸乱，文致太平，悉此道也。"甚加礼貌，命二人为谘议。仪以疾辞，祖幹亦以亲老辞，上皆许之。祖幹字景先，少从乡先生许谦学，事亲孝，父母后皆年逾八十而卒，家贫不能葬，乡里为营冢塘，悲哀三年如一日。上闻其孝行，命旌表其所居曰："纯孝坊"。建观星楼于分省治之东偏，置宁越税课司及杂造织染二局。召儒士许元、叶瓒玉、胡翰、吴沉、汪仲山、李公常、金信、徐孳、童冀、戴良、吴履、张起敬、孙履，皆会食省中，日令二人进讲经史，敷陈治道。

上面名字下加点的人都是婺州人，当时婺州文人群体中的精英几乎全备于此。几个月前，朱元璋军队的到来使得婺州文人作鸟兽散，何以婺州易主短短几日，这些婺州文人又翻然出山，投至朱元璋的幕下呢？原因是多方面的：

第一，朱元璋的军队纪律严明，不随意烧杀掳掠，攻下婺州后又开仓济民，这极大地赢得了婺州百姓包括婺州文人的好感。这方面的例子很多，如朱元璋手下的李文忠军队攻占浦江，当时有自宋朝以来就聚族同居的郑氏义门避兵山谷间，"招之还，以兵护之。民大悦"①。攻占婺州城时，朱元璋"命骑士赍令牌遍告军中，曰：'毋杀人，毋掳女妇，毋烧房屋，违者依军法斩。兵不离伍，市不易肆，开仓以济贫民'"②。当时有个亲随知印黄某就因取民财而丢了脑袋。朱元璋本人也严以律己，以身作则。婺州有个男人献了一个大约20岁、会作诗的女子给朱元璋，朱元璋当即下令将这个女子斩首"以绝进献"，说："我取天下岂以女色为心。"③有一次，朱元璋与小先锋张焕夜出私行，被巡夜的士兵阻拦，小先锋告知被拦的是谁，这个士兵说："我不知道是谁，只知道是犯夜的。"交涉再三，朱元璋才得以走脱。第二天，朱元璋特地赏了这个巡夜的士兵二石米，从此"不复夜出"④。

第二，婺州文人在很短时间内能被延至朱元璋幕下，与婺州知府王宗显有很大的关系。史称王宗显"博涉经史"，侨居严州时，他与宋濂就有交往。后因为他对攻下婺州城有功，朱元璋任命他为婺州知府。因是儒者，王宗显对婺州的文人了如指掌，并懂得他们的心理，故没有费很大的劲就将他们从山中一一请出。

第三，婺州文人躲入山中毕竟不是长久之计，因为他们的家产还在城里，他们的父母、妻儿也只有回到家中才是归宿。也许他们当时还曾希望元朝的军队将来犯之敌打败，然后再回到家里，不想几个月的交战，使他们面对的是婺州易主的现实。不过，万幸的是，婺州诸城没有经过激烈的鏖战，尤其是金华城，由于里应外合，几乎是轻而易举地被攻下，所以他们的家产都还在，这也使婺州文人对朱元璋的军队有极大的好感。故在得知朱元璋军队不烧杀掳掠，且开仓济民后，他们也就纷纷出山了。

第四，当时另一个军事集团的领袖张士诚于至正十六年（1356）三月攻下平江（苏州）后，开弘文馆，招礼儒士，深得吴中文士们的拥戴。虽然朱元璋是贫民出身，战争初始他的文化水平还十分有限，但他有扫平天下的野心，故

---

① 《明史》卷一百二十六《李文忠传》。
②③④〔明〕刘辰：《国初事迹》。

也深知罗致人才的重要性，作出礼贤下士的姿态。比如，他与王祎商略机务时，"每称子充而不名"①。他对范祖幹、叶仪"礼貌"的态度，也使婺州文人感动。

第五，如前所述，绝大部分的婺州文人对元廷已经感到失望，虽然他们与元朝的一些重要官员有着这样那样的交往和联系，但都不能影响他们对整个朝廷的失望，何况他们亲眼看见了婺州的易主，元朝军队是那样的不堪一击。这也是婺州文人能很快接受朱元璋政权的一个重要原因。王祎的朋友齐琦，早在红巾军起义前就预言"十五年后，京师将南迁千里"，故当有使来聘王祎的时候，他幡然而喜，曰："吾闻大乱极而圣人出，齐琦之言良足征乎？"②于是，他欣然前往。

王宗显看出宋濂不是深拒固辞，故在婺州被攻下的第二年，终于将宋濂请出担任郡学的五经师。《明太祖实录》云：

> （己亥正月庚申）命宁越府王宗显开郡学，延儒士叶仪、宋濂为五经师，戴良为学正，吴沉、徐原等为训导。时丧乱之余，学校久废，至是始闻弦诵之声，无不忻悦。

朱元璋攻下婺州这个素有"小邹鲁"之称的儒学重镇，罗致了叶仪、宋濂、王祎、许元等婺州文人群体中的精英分子，这对他以后平定天下和统治天下都有着重要的意义。

---

① 〔明〕过庭训：《王祎传》，载《本朝京省人物考》卷二十二，明天启二年刻本。
② 〔明〕郑济：《故翰林待制华川先生王公行状》，载〔明〕程敏政：《明文衡》卷六十二，明嘉靖六年范震、李文会刻本。

第四章　应天岁月（上）

应召入都

至正十九年（1359）三月，宋濂携家从浦江还金华潜溪居住，这一年，宋濂50岁。面对干戈四起的战争和流逝的岁月，宋濂不禁感慨万分，他赋诗写道：

> 四时相推斥，行年五十过。
> 触心苦无悰，况复值春华。
> 良节足游衍，逝龄翻成嗟。
> 蹙眉拭花露，按愁聆禽歌。
> 气索怯缩风，颜凋仰流霞。
> 倚林思寝裯，蹦坡企行车。
> 志士惜坠景，达人伤逝波。
> 宁不动灵襟，潸然下涕多。
> 人生大化中，飘萧风中花。
> 百年终变灭，感慨欲如何。①

---

① 〔明〕宋濂：《始衰》，载《宋濂全集》，第1947页。

宋濂慨叹自己年过半百却碌碌无为，生命就要像风中之花一样凋落，甚感凄怆悲凉。不过，这种消极的心境不久就随着他应召入都而烟消云散。

至正十九年六月，朱元璋离开金华，回到应天（南京）。九月，朱元璋的军队攻下衢州。十一月，攻下处州。是年底，浙东的大部已在朱元璋军队的控制之下。

朱元璋打天下，不乏英勇善战、攻城略地的武士，然而，在人才储备库中，最缺的是博古通今、布政教化的文士。朱元璋夺取南京时，儒士孙炎就曾献"招豪贤，成大业"的计策。此次朱元璋回到南京，李善长向朱元璋建议礼聘浙东最负盛名的宋濂、刘基、章溢、叶琛到南京。《明史》宋濂本传载："明年三月，以李善长荐，与刘基、章溢、叶琛并征至应天。"除宋濂外，其余三人都为处州人。

刘基（1311—1375），字伯温，处州青田人。刘基小宋濂1岁，刘基的老师是给宋濂取字的上饶人郑复初，而宋濂20岁左右曾到过处州，故两人可能在处州城里相识。从此以后，两人书信往来，诗文投赠，结下了深厚的友谊。刘基于元至顺四年（1333）进士及第，任高安县丞，"有廉直声。行省辟之，谢去"[1]。至正九年（1349），授江浙儒学副提举，"论御史失职，为台臣所阻，再投劾归"[2]。此后，又起为行省都事，征讨方国珍。因刘基建言捕杀方国珍，方国珍贿赂朝中官员，责刘基"擅威福，羁管绍兴"。处州"山寇"作乱，朝廷诏刘基赴处州协助行枢密院判官石抹宜孙剿捕。在行赏论功时，由于行省高官为受招抚的方国珍所买通，刘基仅授总管府判，且"不与兵事"。而与他一起的石抹宜孙则升为江浙行省参知政事，阶至正二品。刘基愤然辞官回家。

章溢（1314—1369），字三益，龙泉人，年轻时与本邑胡深、叶子奇以及丽水叶琛同受业于龙泉硕儒王毅门下，并为高足。至正十二年（1352），红巾军从闽北入浙，攻打龙泉县城。章溢从子章存仁被执，章溢挺身而出，曰："吾兄止一子，宁我代。"红巾军素闻章溢名望，企图胁迫他投降，而将他捆绑在庭柱上，章溢终不为屈。至夜，他骗过看守士兵而逃归，遂召集乡民为义兵，协助

---

①② 《明史》卷一百二十八《刘基本传》。

石抹宜孙拼死戍守城池，最终将红巾军逐回闽北。后石抹宜孙戍守台州，曾为"贼"所围，章溢亲率义兵赴援，辅佐石抹宜孙"拯临海之穷民，敉宁海之强寇"[①]，皆卓有成效。石抹宜孙再镇处州时，章溢自然成了他手下最可信赖的得力助手。

叶琛（1314—1362），字景渊，别名伯颜，丽水人，博学有才藻。宋濂于《叶治中历官记》中谓叶琛于至正九年（1349）春始任处州路青田县尹，在任期间，颇著政声，深得上司赞许。后调任龙泉、武义垦田建功，于至正十二年三月调婺州负责金华城防之修葺，次年三月从戎为行军都事，参与徽（州）饶（州）一带"平乱"。至正十四年回杭州。就在此时，吴成七在青田起事，官兵捕逐，连连失利。因叶琛曾任青田县尹，有民望，宪府遂于至正十五年六月辟叶琛摄同知处州总管府事，前往青田"平乱"。叶琛上任，"乘匹马行，从以数苍头，径至县"，县民听说叶公到任，喜出望外，都从岩穴走出，归依叶公，部分"山寇"亦出见自首。但吴成七并不归降，他于至正十五年十月将叶琛劫持至黄坦。叶琛乘机"阴察寇所出没，悉得其要领"。至正十六年四月，吴成七因叶琛不为所动，只得将他放归。叶琛因有这段"深入虎穴"的经历，自然就成了石抹宜孙手下的重要谋士。

对于朱元璋的征聘，每个人都经历了艰难的选择。相对来说，宋濂容易一些。一则宋濂未曾在元朝担任过实际的官职，二则宋濂心忧天下，他对于黎民百姓的忧愁更胜于对个人得失的考虑，故在他迈出第一步授受朱元璋郡学五经师的征聘后，再接受入都的征召，则应无太大的困难。而刘基、章溢、叶琛要作出选择，定然是作过艰难的思考。以刘基为例，他是元朝的进士，现在弃官在家，但毕竟曾食元禄。如果他投靠朱元璋，一则难以面对抗节而死的同年、僚友等，二则意味着他日后将可能与昔日的僚友为敌，三则他对朱元璋并不了解，当时群雄纷争，鹿死谁手尚不可知，一着不慎，就可能身败名裂。正是出于这一缘故，当朱元璋派孙炎去招刘基时，就遇到了麻烦。《明史·孙炎传》云：

---

① 〔明〕刘基：《送章三益之龙泉序》，载《诚意伯文集》卷七，影印文渊阁《四库全书》本。

太祖命（炎）招刘基、章溢、叶琛等，基不出。炎使再往。基遗以宝剑，炎作诗，以为剑当献天子，斩不顺命者。人臣不敢私，封还之。遗基书数千言，基始就见，送之建康。

宋濂《故江南等处行省都事追封丹阳县男孙君墓铭》云：

时上欲用人，而秀民有材能者，见方战争，胜负未分，皆伏匿山谷中，不肯出。君患之，钩致一二人，问有材者为谁，今皆安在？录其姓名，为书遣使者招之，而刘君基、章君溢、叶君琛，尤为处士所推。刘君最有名，亦豪侠负气与君类，自以仕元，耻为他人用。使者再往返，不起，以一宝剑奉君。君作诗，以为剑当献之天子，我人臣，不敢私用，封还之。为书数千言，开陈天命，以谕刘君。刘君无以答，逡巡就见。君置酒与饮，论古今成败，如倾河决峡，略无凝滞。刘君乃深叹服曰："基始自以为胜公，观公论议如此，基何敢望也！"

刘基经过艰难的抉择，终于接受征聘，出山辅佐朱元璋。

至正二十年（1360）三月，宋濂、刘基、章溢、叶琛结伴去南京。具体的路程为：出金华双溪，"买舟溯桐江而西"，过安徽，然后沿江至金陵。在去南京的途中，有几段插曲颇可一记。当舟行桐庐江边，他们遇上当地的名诗人徐舫。徐舫，字方舟，出身于读书人家，"自幼有侠气，好驰马试剑，兼善攻球鞠之戏，视拘拘法度士如无物"[1]。后学为科举业，不久弃去，学古歌诗，以吟咏性情，诗名日盛。江浙行省参知政事苏君天爵闻其贤，力荐之。他竟避去，高蹈远引。著有《瑶林》《沧江》《唐诗通考》等书。宋濂在《故诗人徐方舟墓铭》中云：

庚子之夏，皇帝遣使者奉书币起濂于金华山中。时则有若青田刘君基、

---

[1]〔明〕宋濂：《故诗人徐方舟墓铭》，载《宋濂全集》，第1324页。

丽水叶君琛、龙泉章君溢同赴召。遂出双溪，买舟溯桐江而西。忽有美丈夫，戴黄冠，服白鹿皮裘，腰绾青丝绳，立于江滨，揖刘君而笑，且以语侵之。刘君亟延入舟中，叶、章二君，竞来欢谑，各取冠服服之，竟欲载上黟川，丈夫觉之乃止。濂疑之，问于刘君曰："此何人斯，诸公乃爱之深耶？"刘君曰："此睦之桐庐徐舫方舟也。"

三月的天气，雨水连绵不断。一行四人，一路奔波行走，走得腰酸脚麻，疲惫不堪。当行至安徽泾县的时候，刘基技痒，不免作"麻韵"长诗一首以呈宋濂。诗题为《泾县柬宋二编修长歌》，诗云：

浙东行人过江左，正值蕤宾之管吹轻葭。

阴气黯默天地闭，仰面不见扶桑鸦。

谷风哀鸣灌木应，雨脚四垂如乱麻。

崩湍涌溜汩奔会，平地碾砑作白洼。

便疑桑田变沧海，流汞荧眼无津涯。

菅茅披猖黄竹拜，蛙黾狼籍助喧哗。

满路青泥杂陨箨，局缩畏触蛭与蛇。

破瓦荒畦旧市井，荆榛秽奥巢麏麚。

翠眉蝉鬓转蓬去，颓墙缺甃劫火煆。

善淫祸福不可料，韶艳天阏令人嗟。

丛祠佛殿总销歇，但见木偶眠泥苴。

前度长洲绝短涧，舆从沾湿水没胯。

寒飔瘁瑟透衣袖，虽有毡盖那能遮。

水边老鹳学人立，鹭鸶侍傍如小婼。

废田蔓草结旌旆，农夫尽化为虫沙。

布谷不知时事异，劝耕终日声查查。

晚来雨歇到泾县，只有蒿荻无人家。

县官趋迎入公廨，筋挛骨解肉半麻。

萧条破灶冷灰炮，饥童冻口张哈呀。

潞沱麦饭那能致，新丰酒醪何处赊。

古称悲歌可当哭，莫怪笑谑同儿哇。

夜深月出照庭树，鬼磷一似青莲华。

惊魂遁魄稍归舍，收入志虑无令邪。

愁云苦雾子规叫，起坐更盼羲和车。①

宋濂也和诗一首，诗题为《次刘经历韵》，诗云：

先生劲气类松柏，压倒柔脆千蒹葭。

发为人文疾于电，砚墨衮衮翻群鸦。

便合催归玉堂署，天子左右宣黄麻。

如何摈绝东海上，使采夕术餐晨霞。

一朝闽寇掠乡部，蜂营蚁队来无涯。

先生仗剑募骁壮，带甲十万人无哗。

旗帜精明刀戟锐，欲歼封豕连长蛇。

灼山烙泽绝檜窟，奔迸不翅逃置罾。

火光照耀天地赤，支骸撑柱随焊煆。

鸿勋垂成事或变，志士扼腕徒咨嗟。

迩来漂寄在道路，东西不定如栖苴。

营乖卫逆结疮痏，攻啮胫踝将侵胯。

注浆流沈泄愤懑，未许袴褶来笼遮。

御湿虽治曲蒡剂，踞洗恨欠云鬟娃。

况逢炎溽酿急雨，大风挟势飞黄沙。

山漫疑欲接霄汉，河涨定可浮星查。

空堂悲坐发孤咏，风刺欲斗离骚家。

---

① 《诚意伯文集》卷四，影印文渊阁《四库全书》本。

岂唯草堂诗止疟，妙句亦可苏痿麻。

悬灯疾读但吐舌，不觉唇腭相掀呀。

文场自合推第一，俯视诸子百倍赊。

黄钟大吕正醇卤，桑间濮上谁淫哇。

群仙谪下暂狡狯，莫忘旧种瑶池花。

铢肝刿肾竟无益，不如养性祛阴邪。

他时紫府或有召，会驾五色麒麟车。①

从诗的内容来看，刘基的诗主要写景，写阴雨连绵下的所见所感，描绘了战乱后一派荒凉的景象。宋濂的诗主要写人，写刘基在战场、文场各擅其能的才华，赞誉刘基为仙道中人。

这两首诗的内容并没有什么特别之处，令人玩味的是两首诗的诗题。刘基称宋濂可称景濂，可称他的号，但为什么偏偏要以排行称他呢？既已与元朝决绝，为什么偏要在这个时候用宋濂并未曾接受的一个旧朝官职称呼他呢？宋濂可以直接一如以往地称刘基的字，为什么这个时候略而不书呢？为什么要用刘基在元朝的最后一个官职称呼他呢？原来这里面体现了刘、宋告别旧朝，接受新主时复杂的思想感情。刘、宋毕竟在元朝出生、长大，对元朝曾寄予过希望，他们的老师都在元朝做官，尤其是刘基曾是元朝的进士。宋濂被举荐为翰林编修，虽然他没有接受，但在他的人生道路上，这毕竟也是一件大事。所以，他们在这个时候用官职称呼，既是纪念，也是告别。但是，假如用旧朝的官职称呼对方，又明明白白地写上对方的名讳，不是招忌而又不合时宜吗？这是诗中不便直接写上对方名讳的原因。

宋濂等一行四人到了金陵后，被安排在孔子庙中临时设的宾馆住下。朱元璋的江南行省公署设在原来的元江南御史台公署。朱元璋得知宋濂等四人到齐后，很快接见了他们。《明史》卷一百二十八《章溢传》云："我为天下屈四先生，今天下纷纷何时定乎？溢对曰：天道无常，惟德是辅，唯不嗜杀人者能一

---

① 《宋濂全集》，第2204页。

之耳。太祖韪其言。"

朱元璋身边的文士陶安得知宋濂等到来后，就作《喜伯温景濂辈至新京》诗以记盛会。

> 束帛征贤出涧阿，来从明主定山河。
> 摅才要济邦家用，为治当调鼎鼐和。
> 定见百年兴礼乐，先从四海戢干戈。
> 当朝辅佐侔伊吕，汗简芳名耿不磨。①

陶安（1312—1368），字主敬，当涂人。少敏悟，博涉经史，精通《易》学。元至正初，举江浙乡试，授明道书院山长，避乱家居。朱元璋攻下太平，陶安与另一位宿儒李习率百姓出迎。朱元璋召见他，与他一起谈论天下形势。陶安乘机进言道："海内鼎沸，豪杰并争，然其意在子女玉帛，非有拨乱救民安天下心；明公渡江，神武不杀，人心悦服，应天顺人，以行吊伐，天下不足平也。"②朱元璋问道："吾欲取金陵，何如？"陶安说道："金陵古帝王都，取而有之，抚形胜以临四方，何向不克？"朱元璋听了，点头称是。于是，朱元璋将陶安留在幕府作参谋，授左司员外郎。朱元璋攻克集庆，陶安进为郎中。

当宋濂、刘基、章溢、叶琛来南京，朱元璋问陶安："四人者何如？"陶安回答道："臣谋略不如基，学问不如濂，治民之才不如溢、琛。"③对陶安的谦让之风，朱元璋不禁又添了几分敬意。

初授官职

虽然刘基、章溢、叶琛受到朱元璋的接见，但他们是从元朝过来的，而且刘基还写诗骂过朱元璋的军队，因此心里不免有许多顾虑。然而，宋濂不一样，

---

① 《宋濂全集》，第2603页。
②③ 《明史》卷一百三十六《陶安传》。

他到了南京，很快与当地的文士打成一片。刘基说：

> 庚子之岁，予与金华宋先生俱来京师，时上渡江未久，浙东方归附。先生与予及予同乡叶景渊、章三益同居孔子庙学，唯日相与谈笑，虽俱不念家，而予三人者亦皆不能无芥于心。唯先生泰然耳，日与文彦士相从游不倦，人咸异焉。[①]

至正二十年（1360）五月，徐达、常遇春在池州打败了陈友谅的进攻。闰五月，陈友谅攻陷太平，守将朱文逊，院判花云、王鼎，知府许瑗牺牲。不久，陈友谅杀了主帅徐寿辉，自称皇帝，国号汉，"尽有江西、湖广地"。陈友谅约张士诚一同进攻应天，应天大震。对于如何迎接陈友谅的进攻，应天的文武官员形成了不同的看法。有的主张先夺回太平，以牵制陈友谅的兵力。有的主张主动迎击，决一死战。有的甚至主张献城纳款，以为权宜之计。有的主张避居钟山，适时反击。朱元璋最后采用刘基的计谋，在龙湾将陈友谅的军队打了个落花流水。陈友谅乘船逃走，朱元璋的军队一路追赶，直至收复太平，攻下安庆、信州等地。龙湾一战，共斩敌数万，生擒2万人，并得陈友谅的"混江龙""塞断江""江海鳌"等巨舰百余艘、战舸数百只。龙湾一战，使朱元璋充分认识了刘基的军事才能，确立了刘基在文武百官中的地位。

闰五月十二日，应天设儒学提举司。以宋濂为儒学提举。六月，耿再成败石抹宜孙于处州庆元，石抹宜孙战死。石抹宜孙是刘基的僚友、章溢的上司，后来虽然几人分道扬镳，各为其主，但毕竟他们诗文唱和、共同作战过，彼此曾结下深厚的友谊。现在传来石抹宜孙战死的消息，刘基、章溢等心里十分难过。宋濂虽然没有与石抹宜孙共事，但对于石抹宜孙的情况也有所知晓。因此，对于石抹宜孙战死，宋濂心里也很难过。为了排解自己的忧愁，也为了排解友人的忧愁，宋濂写下了《诰皓华文》一文。文章写道：

---

① 〔明〕刘基：《送宋仲珩还金华序》，载《诚意伯文集》卷十五，影印文渊阁《四库全书》本。

　　皓华曰："大道陵夷，始有聃、周。放言如云，弥布八丘。蛟龙腾骧，搏之无由。狎圣侮贤，漫潓弗收。欲齐夫物，强名弗忧。夫子取之，人将见尤。且吾闻之，王公弗忧，四国不治；侯伯弗忧，庶政用隳；子男弗忧，名毁身随；士庶弗忧，菑害是罹。是忧者，群善之原，众德之基，修之则安，悖之则危，故曰：'生于忧患，死于安乐。'而君子终身以之，夫子奈何弃诸？粤自古初，有天皇焉。斡运日月，辖辖坤乾。司执神机，主宰帝权。惧民多欲，志因物迁。特遣天老，命厕五官。蹈扬金德，专主忧患。以助人极，以拓化原。夫子辱我，以祟并观。如此尚有识耶？"亡羊先生曰："尔言固善。古之圣贤，有无忧者矣，有知命乐天者矣，有遁世无闷者矣。若是，彼皆非欤？"皓华曰："夫胶柱不可以调瑟，刻舟不可以求剑，尚矣！事虽有常，《易》贵变通。苟执于一，子莫之中。忧乐有异，时势不同。使古圣贤生于当今，其有隐忧，又将何如也？"言既毕，化为白气，其长如虹。昏昏蒙蒙，归于太空。①

　　宋濂借主"忧"之神皓华的口对那种不顾国家危难，不顾百姓死活，只想自己消忧图乐的思想给予了有力的批判，同时也强调"忧乐有异，时势不同"，即要从大局着想，不能因为个人的隐忧而忘了百姓之忧、国家之忧。

　　十月，宋濂奉旨入内，为太子朱标授经。朱标（1355—1392），朱元璋长子，母马氏。朱标于元至正十五年（1355）生于太平陈迪家，是年刚好6岁。朱元璋为吴王时，册朱标为世子。

初游钟山

　　钟山又名金陵山。汉末时，秣陵有个武官叫蒋子文，因追逐盗贼而死于山下，吴帝孙权就封他为蒋侯。由于孙权的先祖讳钟，孙权将钟山改名为蒋山。相传汉末刘备请诸葛亮到金陵。诸葛亮对孙权说："秣陵地形，钟山龙蟠；石城

---

① 《宋濂全集》，第223页。

虎踞，此帝王之宅。"可见，自古以来，钟山在人们的心目中已成为帝王的象征。至正二十一年（1361）二月二十一日至二十三日，宋濂与刘基、夏煜、章溢等人慕名游玩了这座有帝王气象的名山——钟山。

二十一日上午，宋濂和刘基、夏煜一行三人从东门出发，走过半山腰的报宁寺。寺原为唐高祖李渊第十八子、舒王李元名的故宅。寺的后面，隐隐可看到谢公墩，那是晋代谢安曾经住过的地方。寺的西侧，是一座土丘，舒王嫌这里过于潮湿，下令在土丘上开了一条通往城河的沟渠。寺的南面有南朝著名道士陆修静的茱萸园和齐文惠太子的博望苑。陆修静在庐山修道多年，与陶渊明、慧远等饮酒唱和，甚是投契。"虎溪三笑"的故事说的就是他们三人的趣闻。南朝的宋明帝派人将陆修静请到了建康，直到他去世。博望苑为齐文惠太子萧长懋所立，沈约《郊居赋》云："睇东巘以流目，心凄怆而不怡。昔储皇之旧苑，实博望之余基。"①谢灵运也赋诗道："鱼戏新荷动，鸟散余花落。"②如今，无论是陆修静的茱萸园，还是齐文惠太子的博望苑，都已是荆棘丛生，荒草离离，一片肃杀凄凉的景象。沿路古松夹道，姿态各异，据说是晋宋时皇帝下诏让那些被罢免的刺史、太守们种的。到了圜悟关，即可看到太平兴国寺。圜悟即宋圜悟禅师，也叫勤法师，此关为圜悟禅师所建，故称圜悟关。在梁以前，山中有佛徒居所70座，如今都已不见踪迹，不过，山中的佛寺还相当兴盛，可惜经过战乱，寺庙已被毁，仅存外头的三门。从门的左面向北折进，即到了广慈丈室。住持钦上人接见了三人。这时，正值松花盛开，大家提议联诗赋松花。

也许大家赋诗的兴致不高，或是思路不畅，联诗没有最后完成。宋濂独自行走在幽静的山道间。这时，宋濂迎面遇上了迟他们而来的章溢，于是两人携手去了翠微亭，一同上了玩珠峰。此峰又名独龙阜，梁朝开善道场的宝志大士葬于峰下，梁武帝的女儿永定公主拿出自己的私财造了五级佛塔。后人又造了佛殿四间，铸上大士的铜像贮于佛塔内。据说佛塔有时会呈现出五色的佛光。佛塔内还有大士的僧履，唐中宗神龙初年，有个叫郑克俊的人将大士的僧履取出，携入长安。殿东侧为木末轩，乃舒王所命名。从峰顶俯视山下，山底的景

---

①② 《景定建康志》卷二十二，影印文渊阁《四库全书》本。

物犹如在井底。从玩珠峰出来，则到了第一山亭，亭名为大书法家米芾所书。亭左有名僧娄慧约塔，塔上石碑刻着"梁古草堂法师之墓"八个字，此乃融隶法，可定为梁人所书。再往西，入碑亭。碑非一朝人所写。比如，其中有块碑，刻着张僧繇画的大力相、李白的赞、颜真卿的书法，世号"三绝"。又往东，渡过一条小涧，涧前为下定林院基，舒王曾在此读书。院废，改建雪竹亭。亭与李公麟画的舒王像、洗砚池均废不存。往北，为八功德水。南朝梁武帝天监年间，西域僧昙隐曾来此栖息，据说是山龙显灵而流下山泉。如今用砖砌着方池。池上有圆通阁，阁后有屏风岭，石碧林青，宛如一幅幽深淡雅的风景画。阁前为明广寺故址，为陈姚察受菩萨戒的地方。再往东，到了道卿岩，道卿为宋名臣叶清臣的字，他曾来此游玩，道卿岩因此得名。从此处到静坛，多有臧矜先生的遗迹。再往西折，过桃花坞，询问道光泉及舒王所种的松树，松树已邈不可寻，而泉水依然澄净如故。

到了傍晚时分，章溢上马回城。宋濂回到广慈丈室。刘基和夏煜刚刚午休醒来，点灯起坐，一起纵论天下豪杰的事情，时时插进一些耸人听闻的话，旁听的人不觉为之动容变色。

二十二日，宋濂同刘基、夏煜游崇禧院，此院为李世民尚未做太子时所建。从西侧的走廊下去，进入永春园。园虽小，但花卉的品种相当齐全。柏树的造型像麋鹿，柏毛怒张，苍翠欲滴，甚是可爱。刘基和夏煜走累了，解衣、脱帽，一起坐在石块上。住持全师给大家醑酒。宋濂因不会饮酒，谢别刘、夏二君出游。夏煜故作惊恐地说："山有虎，近有僧采荈，虎逐入舍，僧门焉，虎爪其颧，颧有瘢可验。子勿畏，往矣。"宋濂听了，觉得夏君故意吓唬他，也不在意，带着两个童仆，登上惟秀亭。此亭特别适合远望。"惟秀""永春"都是李世民题榜，涂上金粉。又东行，路更加险恶。宋濂于是更换草鞋。他两手搭在童仆的肩上，跳跃前行。他呼吸甚是急促，牙齿打战，就像发出锯木的声音。疲惫到了极点，他就不问是险是湿，一屁股坐下来。他的两脚麻木，失去知觉了好一阵子。过了很久，他才起来继续前行。有两座平台，宽数十丈，上面可坐百人，即宋北郊坛，祭祀四十四神。他向人打听蒋子文墓及孙权妻步夫人的坟，竟没有一个人知道。有的人说可能在孙陵冈。宋濂几次想返回去孙陵冈，但考虑出来已远，只好继续向前。

登上慢坡，野草蔓生，不生杂树，犹如地毡，柔软可卧。宋濂很想躺下就不走了。慢坡原为古定林院旧址。抬眼望坡顶，不过50步，但如同千里之远。宋濂竭尽气力往上爬，数十步就上气不接下气。等气平下来，又接着往上爬。如此，六七回合才到坡顶。放眼望去，长江如玉带横围，三山矶、白鹭洲尽收眼底。天阙、芙蓉诸峰，出没于云端。鸡笼山下有落星涧，涧水淙淙流淌。玄武湖干涸已久，三神山也随风雨逝去。宋濂注目西望良久，击石高歌，感慨继之。又过了很久，到崖边寻一人泉。泉出小孔中，一次可容一人饮用，即使饮千百人，也不会枯竭。沿着泉水往西到黑龙潭，潭大如盆。旁边为龙鬼庙，甚是简陋。由潭往上行走，进入一片竹林，两手分竹，身子在中间，竹子随过随合。忽然，一股腥气扑鼻而来，只见一群乌鸦哇哇乱叫。回想夏煜关于山有虎的言语，宋濂不觉毛骨悚然，赶紧穿行而过，好似后边有什么东西跟着。衣服给荆棘钩住，宋濂跌倒好几次，口干舌燥。幸亏到了七佛庵。庵为萧统讲经的地方。有泉水，呈乳白色，于是宋濂趴下狂饮，下摆、衣袖落到水中，他也顾不上理会。渐渐地，神智才清醒过来。庵后面有太子岩，又称昭明书台。宋濂刚想入岩游玩，庵中僧人出来引导，该僧脸上有新疤。一打听，此人即为夏煜所说的那个采晚茶僧人。宋濂心里更加惊慌，于是舍弃岩游，问了回归的路，就回来了。而白莲池、定心石、宋熙泉、应潮井、弹琴石、落人池、朱湖洞天等景点都来不及寻访游览。到了永春园，只见果壳满地，一小童立在花下。宋濂询问刘、夏二君到哪里去了。小童回答说："迟公不来，出壶中酒饮，且赋诗大号，酒尽径去矣。"

宋濂于是回广慈。刘、夏二君出迎。夏煜打趣道："子颜色有异，得无有虎恐乎？"宋濂笑而不答。刘基说："是矣，子幸不葬虎腹，当呼斗酒涤去子惊可也。"于是一同饮酒。到了半醉光景，刘基静坐。到二更时分，有人去摇他，有人起舞作笑逗他，或作响声逼迫他，刘基也丝毫不为所动。宋濂与夏煜困极，眼皮打架，就先睡了。

二十三日，钦上人外出未归。大家本打算游草堂寺，雨淅淅地下来，于是就打道回府。据地理志，江南名山，唯以衡山、庐山、茅山、蒋山并称。蒋山固然无耸拔万丈之势，它与其他三山并称，大概是山的名望级别为世所宗。晋谢尚，宋雷次宗、刘勔、齐周颙、朱应、吴包、孔嗣之，梁阮孝绪、刘孝标，唐韦渠牟都曾在此隐居。现在他们的遗迹，都如鸟没云散，不可访求。唯见樵夫牧童，盘桓在凄风残阳间，无端地增添人的悲思。何况人事往来，一日万变，那些通达之士，又怎么会去计较呢？宋濂感到此次钟山之游，与刘基、夏煜、章溢等三人能够放怀山水间，得片刻之乐，可谓千金难买。宋濂祈祷山灵若有知，当使他能游尽江南名山，这样，即使老死烟霞间，也不会有所遗憾。其他的一切荣华富贵，则又有什么可贪恋的呢？宋濂想到这里，就将钟山之游记录下来，写成《游钟山记》一文[1]，一篇寄刘、夏二君，一篇寄钦上人。

思念亲友

宋濂到南京后，他与家乡的亲友都十分牵挂对方的安危，彼此主要靠书信传达问候和诉说离别的思念。然而，由于战火连绵、交通不便，一封书信从寄出到送到亲人手里，往往要三个多月的时间。宋濂十分想念远在家乡的家人，夜深人静之时，他只有通过写诗来表达他的思念之情。他在《七歌并序》中写道：

余久客异乡，月夜露坐庭际，忽闻歌声发江上，慨然有赋。

有父有父八十余，长眉如雪三寸垂。羽衣褊襹列仙儒，朝飧唯采商颜芝。三年不见情郁纡，白云英英正愁予。呜呼一歌兮歌思孤，慈鸦号林尾毕逋。

有兄有兄松鹤形，禁方海上探龙庭。祠雷能致灵雨寒，轩除妖魅如斩牲。年来相期注弈经，山鬼窃笑侧足听。呜呼二歌兮涕悬缨，西风原上鸣脊令。

有妻有妻如孟光，荆钗视作黄金珰。无心五采刺鸳鸯，买鱼斫鲙奉尊

_____

[1] 参见〔明〕宋濂：《游钟山记》，载《宋濂全集》，第210页。

章。近闻多病瘠且尪，秋容惊鬓白已将。呜呼三歌兮歌浩倡，凤兮凤兮求
其凰。

有儿有儿潜溪渍，双笋屹立凌紫氛。大者崭然鹤出群，小者结篆铁作
文。传家有书多蠹痕，期尔翻剔窥皇坟。呜呼四歌兮歌声吞，山风捎雨愁
芳荪。

有女有女贞且娴，珊珊有若两玉环。一随夫君匿山间，衣不掩胫多厚
颜。一抱三子泪汍澜，念父未皈行路难。呜呼五歌兮歌调繁，按声写怨皈
清弹。

有孙有孙三凤雏，森然头角戏坐隅。客来张拱前后趋，有序不乱如贯
珠。或时挟册声呜呜，似欲作歌咏黄虞。呜呼六歌兮歌以吁，明月满地人
影孤。

有客有客号龙门，龙门山中种白云。云生有叶如车轮，云长结花更纲
缊。一从梦落黄尘道，云不随人笑人老。呜呼七歌兮歌离愁，洞箫吹月江
边楼。

在诗里，宋濂对父亲、哥哥、妻子、儿子、女儿、孙子及自己一一作了情
感上的交流，宋濂为自己不能尽儿子之孝、尽丈夫和父亲之职而深感惭愧，内
心充满了自责。三个月后的一天，宋濂盼星星，盼月亮，终于等来了家人的书
信。他激动不已，写诗道：

三月无家问，征雁忽传来。
辗转看缄封，迟疑不敢开。
喜惧交中襟，怦若弦柱摧。
既开复疾读，且读且惊猜。
幸有平安字，足以慰所怀。

家信报的是忧，还是喜？宋濂拿着未拆封的信，翻来覆去地看，紧张得都
不敢打开。他生怕信中有不好的消息让他心里不能承受。宋濂打开信，一目十

行地看，一边读，一边猜下文可能写什么事。好在家书报的都是平安的消息，他悬着的心也就放下了。

除了家人，宋濂还会时常想念起家乡的友人和学生。郑渊，浦江月泉书院的山长，宋濂的郑义门弟子，两人“义则师友，情如父子”。在宋濂与刘基、章溢、叶琛四人去南京时，郑渊和他的侄儿从浦江一路送宋濂至桐庐的严子陵才离别回去。郑渊的百里相送，让宋濂十分感动。到南京后，宋濂写了《俚咏寄义门郑十山长叔侄追述严陵别意》诗以表达他对郑渊的思念。诗写道：

结发与子交，二十又五春。手足虽殊体，肝胆实同身。朝帷接觞翰，夜幌抱衾裯。殷勤忠款意，寂寞采真游。亲昵物所忌，一旦忽东西。刚肠固无泪，不觉万行啼。子时惜我出，饯至瀫溪渍。离家二百里，不忍两相分。情深忘道远，犹谓咫尺间。行将过严濑，勒辔子当还。子方执手泣，胡可便睽离。中情一如河，东流无止已。流水到海止，唯潮两度来。将心比潮水，一日几十回。欲别不成别，背颜强登舟。

子骑白马去，十步九回头。出倚帆柱望，望望苦逾浓。马首出复没，渐入乌龙峰。峰高在天半，未晚涵日车。岩阿人已隐，恨不铲嵯峨。身虽逐棹发，魂则随子征。暝泊芦花渚，寐言呼子名。迤逦向前驰，徘徊宣歙间。李白题诗处，蹋藓升孱颜。升高欲为乐，念子翻成愁。想子已抵家，伯仲聚绸缪。自此积繁思，思繁如棼丝。奈何三月久，不得子音徽。客鸿未返塞，夜鹊尚飞南。俚辞写中悁，一歌百虑覃。

“欲别不成别”“十步九回头”，诗歌表现了宋濂和郑渊真挚深厚的师生之情。第二年，宋濂还在病中，又思念起郑渊，于是强撑起身体，写了《病起酬郑贤良渊》诗四首寄郑渊。

索居已多感，卧疴尤鲜欢。凌风多被发，竟日不能冠。戢翮且乔陵，潜鳞或环渊。长怀谁人共，宁不想容颜。其一。

容颜晔如芝，采之可乐饥。华声闻上台，文彩为中翚。菌阁朝登日，兰榻夕眠时。分飞又两载，一一是遥思。其二。

遥思写题封，寄鱼勿寄鸿。云霄无定迹，江水每流东。情真言逾苦，字灭意何穷。斯言苟不征，霜峤看贞松。其三。

贞松郁含精，改叶弗改青。但得心恒在，何忧不盍并。步屧随花柳，抱杖睇郊坰。相看两不厌，华鬓任星星。其四。

郑渊收到宋濂的诗，非常高兴，次韵回和了四首：

涉江采新绿，揽之不成欢。我心独何苦？临风屡弹冠。无心问明月，有怀如长川。且歌拟招辞，采芝向商颜。

商颜有神芝，岂徒乐苦饥？可以起沉疴，可以滋容辉。乞身在强健，行乐须及时。愿言赋归来，慰我朝夕思。

夕思苦长夜，欹枕听征鸿。征鸿为稻粱，南北何憧憧！相随有流水，莫比情无穷。起来步檐下，倚遍青青松。

松月流光精，照我双瞳青。千里共徘徊，两情正交并。取琴弹别鹤，弦寒不成声。谁知扬州地？亦隔牛女星。①

郑渊希望宋濂早日身体康复强健，并期待宋濂能回归家乡，"愿言赋归来，慰我朝夕思"。

宋濂还会时常回忆起在家乡闲云野鹤般的生活，他在《忆在乡日泛舟蹑屐以纵游览杂赋十首今追记其四》中写道：

轻舟疾于马，荡此修渚麋。但见山西行，不知舟东移。汀花叠相迎，欲折隔涟漪。亭亭思美人，泯泯忘世机。多情有白鸟，先后掠人飞。

别后不见山，比昔山加长。林阴没鸟影，岩声答人响。薜色新染足，药花大如掌。蛇径已盘百，石扉始开两。独笑睨层旻，古今一俯仰。

---

① 〔明〕宋濂：《潜溪录》卷五，载《宋濂全集》，第2614页。

幽厓不知日，湿气晴犹重。苔列无文钱，随阴贯寒洞。发啸破玄霭，
万象争迎送。磴危石欲舞，云走山如动。思招幽鸟下，惊飞夏新弄。

爱山如爱钱，不惮蹋嶙峋。披榛冲雉逸，闻腥惊虎蹲。仰视先登者，
渐欲逼星辰。青深疑无路，白动始知人。四顾入苍莽，高与太古邻。

然而，天下正干戈四起，生灵涂炭，闲云野鹤般的生活只能是回忆。接连
不断的噩耗又将宋濂的思绪从回忆中拉回到现实。

噩耗频传

至正二十一年（1361）正月，小明王韩林儿封江南行中书省左丞相朱元璋
为吴国公。小明王之所以这么做，用意很明显，就是想拉拢朱元璋抵抗元军的
进攻，增强他在江北的实力。原来，此时小明王旗帜下的江北红巾军在元军的
攻击下连连失利，情势危急。元军主将察罕帖木儿收复关、陇、山东等地，招
降了田丰、王士诚，将小明王逼退到安丰。然而，朱元璋下了一步小明王不愿
看到的棋——遣使与元朝通好。

朱元璋有自己的考虑，他现在的主要敌人不是元军，而是陈友谅，他与陈
友谅的较量正在生死存亡的关头，只有在集中兵力剿灭陈友谅势力后，才能对
付其他。但对于元军兵锋南下的势头，朱元璋也不能不有所顾虑。因为元军若
攻陷安丰，接下来就可能将矛头对准朱元璋了。在这种情况下，朱元璋必须先
稳住察罕帖木儿，因此朱元璋两次遣使与察罕帖木儿通好。

七月，陈友谅的部将张定边攻陷安庆。守将余元帅战败奔南京，朱元璋怒
不可遏，将其斩首。时朱元璋了解到陈友谅谋杀主帅徐寿辉，又忌杀赵普胜，
将士离心，政令不一，虽然人多势众，但不足为用。于是，朱元璋决定讨伐陈
友谅。八月，朱元璋攻下安庆、江州（今江西九江），陈友谅携妻女从江州逃奔
武昌。此后，南康、建昌、饶州、蕲州、黄州、广济、抚州纷纷被朱元璋收入
版图。

至正二十二年（1362）正月，陈友谅的江西行省丞相胡廷瑞献龙兴（今江

西南昌）以降。朱元璋从江州到南昌，改龙兴为洪都府。二月，朱元璋还应天，邓愈以江西行省参政留守洪都。二月七日，有消息传来，金华守将胡大海为溪洞苗卒蒋英所杀，郎中王恺也牺牲，蒋英投靠了张士诚。处州降卒李祐之闻变，亦杀行枢密院判耿再成。都事孙炎、知府王道同、元帅朱文刚也被害。

胡大海（？—1362），字通甫，泗州虹县人。长身铁面，智力过人。朱元璋起义时，胡大海来投奔，被命为前锋。渡江后，胡大海与诸将攻城略地，因功授右翼统军元帅。攻下徽州时，安抚境内。元将杨完者率十万之众来攻，胡大海大败之。与邓愈、李文忠攻建德，败元师于淳安，遂克建德。再败杨完者，降溪洞兵3万人。进枢密院判官。攻克兰溪，从取婺州，迁金枢密院事。下诸暨，守将连夜逃遁。万户沈胜既降复叛，胡大海将其击败，生擒4000余人。改诸暨为诸全州。移兵攻绍兴，再破张士诚兵。朱元璋以金华为重镇，召胡大海守之。攻处州，赶走元将石抹宜孙，于是安定处州七县。朱元璋攻陈友谅时，命胡大海攻信州，以牵制敌方。克信州，以为广信府。进江南行省参知政事，镇金华。胡大海善用兵，曾自言："我不知书，然吾行军唯有三事而已：不杀人，虏人女妇，不焚人庐舍。"[1]而且，他礼贤下士，所到之处，即访求贤才。刘基、宋濂、章溢、叶琛等四位先生，都是他推荐给朱元璋的。宋濂对胡大海的人品甚是景仰，在《胡越公新庙碑》中说：

> 丈夫之遇于时也，生使人怀之，殁使人思之，且建庙食于其土，必其德泽入人之深，坚如金石而弗渝，信如四时而弗爽，昭如日星而弗忒，然后足以厌乎人心而合乎舆论也。呜呼，岂易致哉！若今之胡越公者，其庶几无愧于此乎？

宋濂在文末一连写了12首诗，其中最后一首写道：

> 公实惠我，弗间弗贰。

---

① 〔明〕宋濂：《胡越公新庙碑》，载《宋濂全集》，第435页。

人之依公，如旌系旒。

登我稼穑，遏我妖沴。

歆我明祀，钦于世世。

旧痛未去，新痛又来。三月里，接连传来老师闻人梦吉过世和友人叶琛遇害的消息。老师卒于古稀之年，虽然令人悲痛，但毕竟是终老而死。友人叶琛却死于非命，令宋濂痛惜不已。原来，朱元璋离开洪都府后，洪都降将祝宗、康泰反。这两人原是胡廷瑞的部下，洪都之降并非二人本意。"既降，数有叛意，时出语咎胡廷瑞，廷瑞反复开谕之，故未即发。"朱元璋回南京后，胡廷瑞恐两人反叛，于己不利，就私下向南京告发两人的反叛之意。朱元璋于是派使前往洪都，令二人所部往湖广听徐达调遣。二人率所部抵女儿港（在江西九江东南处），即倒戈反叛。当时正有商人用船只运布，二人所部即抢夺船上的布作旗号，反击洪都。这天黄昏，叛军至城下，击鼓举火，攻破新城门。时行省参政邓愈正住在原廉访司，闻变，仓促间带上数十骑出逃。路上与叛军相遇，且战且走，从者多遇害。最后，邓愈从抚州门出走，连换数马，奔回南京。知府叶琛，"被执，不屈，大骂，死之"①。都事万思诚也死于难。

在未识叶琛之前，宋濂即据几位友人的叙述，撰写了《叶治中历官记》，记述了叶琛非凡的政绩，表达了对叶琛的景仰。他在文中写道：

予旧与郑玉待制交，闻谈括苍叶侯之政为详。及识屠性山长，其言比郑又加详焉。最后遇刘文庆架阁，其言比屠又益加详焉。三君子皆以文学行义鸣，其言侯事已啧啧叹咏不少置，予固信之。自后出历侯之所治处，父老言其事至有泣下者，予愈知侯之为人有不可企及。呜呼，循吏之绩，不白于世久矣，有若侯者，其可不谓之贤乎？②

---

① 《明史》卷一百二十八《叶琛传》。

② 《宋濂全集》，第2011页。

此后，宋濂与刘基、章溢、叶琛一同上南京辅佐朱元璋，同住南京的青溪、城东，朝夕相处，论学论道，结下了深厚的友谊。如今，叶琛先离他们而去，宋濂心中久久难以释怀。后来，他作《忆与刘伯温章三益叶景渊三君子同上江表五六年间人事离合不齐而景渊已作土中人矣慨然有赋》一诗，回忆了他们之间的友谊，寄托了他对叶琛的哀思。诗写道：

我歌何太苦，触事增百忧。忆离溪上舍，久客城东楼。
钩经语衮衮，舞剑光油油。五穷作奇祟，六凿为深仇。
昏眸眩翳镜，秋骨束算筹。取憎鬼亦唾，出谒人谁谋？
有美济时彦，来自处士州。金茎擎白液，玉瓒含黄流。
长山同蹑屦，严濑仍维舟。雨花掠篷走，风蒲向人愁。
冒险前至歙，计程几经邮。……
下关避沉酗，抵掌争嘲咻。一旦分客袂，三年感灯篝。
剖符洪都郡，瞻云苍岭头。晨星遂落落，宵梦长悠悠。
怀生悯契阔，悼死隔明幽。恶怀不可抑，衰涕何能收！
牛鼎伤折足，羽旌恨无旒。此生几冠屦，两间寄蜉蝣。
宣尼嗟逝水，漆园叹悬疣。天德在所务，人役将焉酬？
矧当肃秋气，正值酣商飔。紫螯饱丹液，黄鞠苞金瓯。
得酒且自喜，锢情欲谁仇？床头有周易，归去推刚柔。[①]

《平江汉颂》

刘基曾向朱元璋分析天下的形势，认为当前的敌人主要有两个，一个是陈友谅，一个是张士诚。前者强，后者弱，“攫兽先猛，擒贼先强”[②]，故应先讨

① 《宋濂全集》，第2211页。

② 《资治通鉴后编》卷一百七十九。

伐陈友谅。朱元璋起初也遵从刘基的计策行事，与陈友谅作过几次交战，陈友谅都是大败而归。然而，当至正二十三年（1363）二月，张士诚大将吕珍围攻小明王部下刘福通控制的安丰时，朱元璋却不听刘基的劝阻，亲自率兵救援。结果，陈友谅见有机可乘，亲率60万大军，于是年四月从武昌出发，乘巨型战舰，浩浩荡荡地沿长江而下，兵临洪都城下。

等到朱元璋得到报信，率20万大军赶到洪都附近的鄱阳湖时，洪都已经历85天的殊死保卫战。于是，朱元璋与陈友谅在鄱阳湖展开了一场生死大决战——鄱阳湖大战。战争历时37天，陈友谅的军队几乎全军覆没，陈友谅自己也被乱箭射中，直贯头颅而死。事后，朱元璋不无后怕地对刘基说："我不当有安丰之行，使友谅乘我出，建康空虚，顺流而下，我进无所成，退无所归，大事去矣。今友谅不攻建康而围南昌，计之下者，不亡何待！乃知天命有所归也。"[1]

鄱阳湖大战是中国历史上以少胜多的著名战役之一，然其规模之大、持续时间之长、战争之激烈、场面之惊险都远过于三国时的赤壁之战。自然，这样一场惊天动地的战争，应该有奇文妙笔给予论赞。应该说，当时最有资格记述这场战役的人应是刘基，因为他既有文才，又亲身经历了这场战役。但是，刘基可能忙着帮朱元璋攻打江山，尚无暇操觚染翰，发摅文思。因此，这一任务最后落到了宋濂的身上。宋濂根据将士们口述、战场记录、战绩报告等，写成了《平江汉颂》一文，生动再现了鄱阳湖战役的经过和交战场面。文中写道：

七月癸酉，上躬擐甲胄，祃纛龙江，帅楼船数百，蔽江而上。陈虏大詟，解围而逃。丁亥，与我师遇鄱阳湖之康郎山。戊子，上分舟师为十二屯，命达、遇春、永忠突入虏阵。呼声动天地，矢锋雨集，炮声雷鞫，波涛起立，飞火照耀。百里之内，水色尽赤，焚溺死者动一二万，流尸如蚁，满望无际。己丑，焚伪平章舟，刘戮余二千。辛卯，复酣战，虏将张定边素号枭猛，上亲御之，将士皆死战，历一二时。遇春等左右夹击，杀士卒

---

[1]《明史纪事本末》卷三。

无算。张中矢百余，而退潜保鞋山，不敢吐气。我师亦移据湖口，扼彼喉衿。列栅南北江岸，置火筏中流，水陆严戒，以候其发。八月，虏食尽，遣舟五百艘掠粮都昌，又为我大将所获。壬戌，虏计穷，冒死突出，将上趋九江。上命诸将一时俱合，其大战如戊子，自辰达酉，督战益急。友谅中飞矢，毙于舟中。癸亥，降其众五万，上命释之，不戮一人，凯歌而旋。舳舻相衔，旌旗飞翻，不疾不徐，委蛇而来。万姓欢迎，俯伏道左，山川草木，皆有喜气。告庙饮至，行赏论功，赐遇春田若干，永忠田若干，其余将士赉金缯有差。

宋濂还从历史的角度对这场战役作了评析，他认为鄱阳湖之战比起赤壁之战、淝水之战更伟大，更值得大书特书。他说道：

臣稽在昔，曹操治水军八十万来攻孙权，而周瑜、黄盖败之于赤壁；符坚发长安戎卒六十余万、骑二十七万以侵晋，而谢玄、谢石败之于淝水。然赤壁不过一焚而走，淝水亦不过军乱而奔，初未尝大战也，史臣且书之以为千古美谈。矧今湖口之捷，血战累日，天地为之晦冥，日月为之无光，山河为之震荡，其神功骏烈，炳耀铿鍧，与天无极。较之二国，未足多让，而歌咏不作，非甚阙典欤？

最后，宋濂作长篇颂词一通，全诗如下：

天眷有德，实为哲皇。肆其神略，以靖寇攘。
义旆东指，罔敢弗恭。风烈虎啸，云游龙骧。
长淮既归，江左攸属。浙之东西，树侯置牧。
乃建国家，以奠南服。以怀中原，以控西蜀。
蠢尔小丑，敢仇大邦。集其凶顽，锋猬斧螗。
轻涉我疆，以跳以踉。亦既剪刘，僵骸覆江。
游齐六军，直倾其穴。释而勿诛，俾自惩刷。

阖胡不然，复豕而哇。翘其虫臂，当吾车辙。
皇用震怒，历告在廷。是决不悛，命将往征。
尔选舟师，尔整甲兵。漕尔糇粮，各罄尔诚。
摇光在申，夷则之月。祸牙江滨，皇秉巨钺。
以誓以戒，以速其发。纪律精明，飙火奋激。
旌旆扬扬，舻舰将将。矛戈洸洸，铠胄明明。
载怒载厉，载飞载扬。雄威所吞，已无荆湘。
既与虏逢，大呼冲击。药腾藜炮，星流火戟。
虐焰雷奔，巨轰雷劈。杀气冥蒙，不辨咫尺。
矢锋所贯，什伍联联。纵横交纽，命陨弗颠。
攒桅凑帆，筍束猬编。流尸塞川，舟行弗前。
虏魄既褫，扶创而逸。聚于湖奥，仅存喘息。
我方植栅，江之南北。火筏在流，掩蔽如翼。
越历四旬，飞走途穷。将冒万死，以绝其冲。
我师见之，千舻如龙。似兔之走，而鹰之从。
酣战六时，由辰达酉。仆姑一发，殪此酋首。
贯睛及颅，仆若枯柳。大憝既除，余不能丑。
递相告言，我诚不振。我革我顽，我归至仁。
谁谓培塿，可高嶙峋。再拜稽首，来降来臣。
皇曰俞哉，汝俘予受。宥汝弗刘，予汝父母。
汝冻予衣，汝饥予哺。昔何昏迷，今始撤蔀。
奏凯而旋，骑吹郁摇。形于乐歌，节以镯铙。
饮至于庙，颂赏于朝。帛堆其家，肉登其庖。
都人聚观，举手加额。或叹或谣，有声啧啧。
干戈相寻，匪一朝夕。自今升平，可坐而笑。
惟皇神武，动则克之。群策尽屈，四方式之。
惟皇宽慈，降则释之。义声动荡，畴能敌之。
惟皇明断，遇事即决。洞见千里，不隔一发。

所以西征，成此骏烈。小大毕朝，孰敢肆孽。

在昔赤壁，洎乎合淝。事以幸集，尚传策书。

况兹之功，俊伟赫熹。揆古无让，可无咏诗。

臣虽微贱，文字是职。对扬皇休，并献臣臆。

三代以还，用仁兴国。皇宜遵行，永作民极。

首先，颂词将朱元璋的军队描绘成天命有归的正义之师，将陈友谅的军队说成是"蠢尔小丑"，其挑衅的结果必然是自取灭亡。其次，颂词以生动形象的语言着力描绘战争激烈、惊险的场面以及敌军溃败、陈友谅战死的情景。比如，写战争场面的激烈惊险是"药腾藜炮，星流火戟""杀气冥蒙，不辨咫尺""流尸塞川，舟行弗前"；写敌军溃败、陈友谅战死的情景是"似兔之走，而鹰之从""贯睛及颅，仆若枯柳"。再次，颂词描述了战后庆典的场面。最后，颂词从历史的高度颂扬了鄱阳湖之战的神功骏烈，认为是役之功，超过了历史上的赤壁之战和淝水之战。总之，这首颂词深得《诗经》"颂"诗之体的精髓，体现了宋濂非凡的想象力和高超的叙事功力！

进筵讲经

朱元璋攻城略地，少不了刘基的计谋与策划，戎马之余，也少不了宋濂等儒臣给他讲授历史文化知识及治国之道。文献记载：

（至正二十二年）壬寅八月，上召先生及兴国孔克仁讲《春秋左氏传》毕，先生起曰："《春秋》乃孔子褒善贬恶之书，苟能遵行，则赏罚适中，天下可定也。"[①]

（至正二十四年）五月丙子，上朝罢退御白虎殿，阅《汉书》，侍臣宋

---

① 〔明〕郑楷：《宋濂行状》，载《宋濂全集》，第2350页。

濂、孔克仁等在侧。上顾谓濂等曰："汉之治道，不能纯乎三代者，其故何也？"[1]

至正二十四年（1364）十月，宋濂担任了起居注。起居注是负责侍从皇帝、记载皇帝言行的官。这样，宋濂跟朱元璋接触的机会更多了。朱元璋有不懂的地方随时向宋濂请教，宋濂有什么想法建议，也随时向朱元璋进谏。例如，《宋濂行状》中写道：

> 明年（至正二十五年）正月，上御端门，与先生论及黄石公《三略》，且口释之。先生进曰："《尚书》二《典》三《谟》，帝王大经大法，靡不毕具，愿陛下留意讲明之。"上曰："朕非不知《典》《谟》为治之道，但《三略》乃用兵攻取，时务所先耳。"上问帝王之学何书为要，濂请读真德秀《大学衍义》。上览而悦之，令左右大书，揭之两庑之壁，时睎观之。

又如：

> 尝侍上，语赏赉，先生曰："天下以人心为本，苟得人心，帑藏虽竭，无伤也。人心不固，虽有金帛，何补于国耶？"上诏丞相李公善长归江西军中所掠牛于其民，无牛者官给之，勿取其租。丞相退，上顾先生曰："向所言事当乎？"先生对曰："民富则君不至独贫，民贫则君何能独富？捐利于民，实兴邦之要道也。"

虽然朱元璋贵为人主，但毕竟宋濂大他18岁，故在宋濂面前，朱元璋有时也不免像小孩一般哭泣。《明太祖实录》记载道，有一次朱元璋在白虎殿看书，看完后退到白虎殿的西侧，然后走到戟门东，突然悲怆流涕。朱元璋回头对宋濂、孔克仁说："过去世道艰难，生活异常艰苦，我常常吃不饱、穿不暖，当时

---

[1] 《明太祖实录》。

父母都在，我却不能尽力奉养。如今赖祖宗之德，化家为国，但是父母都已不在。想到这里，悲痛难言。"于是，朱元璋命宋濂等录下朱元璋父母的忌日，每年烧香祭祀。

朱元璋出身于皖北的农民家庭，从小没受过什么教育，可以说大字也不识几个。然而，朱元璋有大志，且好学，故在儒臣们的熏陶和教导下，这位草泽英雄也学会了写诗。至正二十三年至二十四年（1363—1364），朱元璋写了两首诗赐给宋濂，对宋濂的人品和学问给予了高度的赞扬，诗云：

> 聪明心地实无欺，灿灿文章真可梯。
> 论道经邦谁解及，等闲肯与佞人齐？[1]

> 景濂家住金华东，满腹诗书宇宙中。
> 自古圣贤多礼乐，训今法度旧家风。[2]

前一首诗署款为"癸卯八月十一日"，癸卯为至正二十三年（1363）。八月上旬正是朱元璋率兵与陈友谅在鄱阳湖大战相持的阶段，史载朱元璋与儒臣夏煜等每日"草檄赋诗，意气弥壮"，从常理讲，即便朱元璋有闲情赋诗，至多也是针对眼前的战争场面拈题入诗，似乎不可能顾及远在应天的宋濂，更遑论写诗赞扬。但也许有这样一种可能，朱元璋出兵援救南昌已有一个多月，在应天的文武百官及朱元璋家属也无时不挂念这场战争，两地之间定有信使往来传递消息。宋濂有可能代朱标及臣僚给朱元璋写信。因此，朱元璋在鄱阳湖大战的空隙写诗赞扬宋濂也不是没有可能。如果是这样，那么这首标明"癸卯八月十一日"的御赐诗，显示了朱元璋何等的君王风度及其对宋濂的看重。

---

[1][2]《宋濂全集》，第2289页。

亲亲之谊

朱元璋四兄弟中，长兄很早就过世，留下一个儿子叫朱文正，与母亲相依为命。因为躲避战乱，母子俩与朱元璋失去了联系。后来听说朱元璋驻兵滁阳，母子俩就来投奔。朱元璋侍奉嫂子甚是恭谨，抚养朱文正也如同己子。①

朱文正长大后，广泛涉猎经史传记，而且作战勇敢，有才略。但是，此人阴森狡黠，强硬乖劣，大家都不敢招惹他。朱元璋有一次问他："你想要做什么官？"朱文正回答说："封爵赏赐如果不先给他人，而是徇私情的话，就难以服众。叔父要成就一番大业，作侄子的，何愁没有富贵享呢？"朱元璋听了他的话，认为朱文正很懂事，就更加喜欢他了。

至正二十一年（1361）三月，朱元璋改枢密院为大都督府，以朱文正为大都督。至正二十二年五月，南昌叛乱被平定后，朱元璋命朱文正、赵德胜、邓愈镇守南昌。次年三月，陈友谅趁朱元璋出兵援救安丰之际，率60万大军大举围攻南昌。在这场殊死保卫战中，朱文正的谋略和勇敢无疑起到了关键的作用。保卫战一直持续了85天，这为朱元璋的援救大军到来赢得了宝贵的时间，为鄱阳湖之战的最后胜利奠定了基础。

鄱阳湖之战后，朱元璋告庙祭祖，大行赏赐，常遇春、廖永忠、俞通海等人都受封分田。而朱文正未得任何赏赐，为此闷闷不乐，愤愤不平。从这里可看出朱文正以前对朱元璋所说的都是违心之辞。加上他守南昌时骄逸暴横，强夺民女，所用的床都以龙凤为饰，消息传到朱元璋耳朵里，朱元璋就派人去训斥了他一通。朱文正因此感到羞惭恐惧，想谋反投靠张士诚。所有的一切都逃不过朱元璋的耳目，江西按察使李饮冰向朱元璋弹劾了朱文正。朱元璋知道后，说："此子不才如此，非吾自行，无以定之。"②

至正二十五年（1365）正月二十五日，朱元璋亲自前往南昌，泊舟城下。

---

① 参见《明太祖实录》卷十六。

② 《资治通鉴后编》卷一百八十二。

朱元璋派人召朱文正来见。朱文正没想到朱元璋这么快就到南昌，仓促出来迎接。朱元璋哭着说道："汝何为若是?"于是，朱元璋载着朱文正一起回到南京。到了南京，许多大臣都交相弹劾朱文正，要求法办。朱文正罪状甚多，单凭谋反一条即可丢脑袋。杀与不杀，这着实让朱元璋感到为难。因为朱文正是他大哥的儿子、自己的侄儿，杀了朱文正，他将如何面对过世的大哥和在世的嫂子。但不杀，则又如何服众?

在此关键时刻，宋濂的话使朱元璋摆脱了两难境地。宋濂说："文正罪，固当死，陛下体亲亲之义，生之而置诸远地，则善矣。"①所谓"亲亲"，即《孟子·尽心章句上》中说的"亲亲而仁民"的意思。就是说，要实行仁政，只有从爱自己的亲人开始，然后由己及人，推己及物，亲民一体。如果连自己的亲人都不爱，即便有法，也是难以达到天伦之理的。

亲情与法制之间，宋濂选择了亲情。朱元璋接受了宋濂的建议，免去了朱文正的官职，将他贬谪到桐城。朱元璋对文武百官说："文正固有罪，然吾兄止有是子，若置之法，则伤恩也。"②因为有了理论的依据，朱元璋说这番话的时候自然底气十足，不再心虚了。

不过，朱文正几年以后还是被杀，那是后话。

归养金华

至正二十五年（1365）三月十五日，宋濂突然生起一场大病，一连六天未去上朝。朱元璋觉得奇怪，就问身边的儒臣冯翯："老宋起居，何久不见邪?"冯翯禀告道："宋濂病了，而且还病得不轻。"朱元璋忧形于色，说："宋起居纯饬之士，不参以分毫人伪。侍予五年，犹一日也，不知何以而有斯疾乎?"过了一日，又问道："病势稍损否?"冯翯回答说还是老样子。过了两天，朱元璋又问，冯翯回答还是依旧。朱元璋悲悯地说道："尔往传命，俾归养金华山中，父

---

① 〔明〕郑楷：《宋濂行状》，载《宋濂全集》，第2350页。
② 《资治通鉴后编》卷一百八十二。

子祖孙欢然同聚，疾必易愈。愈且速造朝，国家文翰，庶有赖哉。”二十四日，冯黼来到宋濂的官舍，宣读了圣旨。宋濂支撑着起来听旨。

第二天，宋濂到朱元璋处辞行。朱元璋命黄门内史拿出府库的黄金，扎上束帛赐宋濂。自此以后，问候的使者接连不断。当时正值朝廷有车禁，从相国以下到各等官员都不得备车，但朱元璋特地造了一种安车，让六个健壮的男丁抬杠，可谓优待之厚。二十八日，皇太子朱标因为宋濂是他的老师，又派人来问候，赐以丝帛、白金等礼品。三十日，宋濂启程上道。乡友王祎和苏伯衡作诗送行。

王祎《赠别宋先生东归》云：

> 忆从夫子游，岁月今两纪。
>
> 义惟师友兼，道实贤哲儗。
>
> 及兹客江东，三载接栖止。
>
> 辩理钟扣莛，论文车合轨。
>
> 晨昏奉周旋，骨肉同彼此。
>
> 琴音子期知，剑气张华指。
>
> 斯文已云坠，高谊庶兹倚。
>
> 君今荷君恩，予告旋田里。
>
> 虽云抱微疢，宁无动深喜。
>
> 高堂有严君，侯门多稚子。
>
> 初筵谐笑谈，中馈具甘旨。
>
> 以兹自怡愉，亦足忘药饵。
>
> 返岫瞩飞云，归海观流水。
>
> 物理谅皆然，人情讵能已。
>
> 绸缪念往昔，契阔慨今始。
>
> 怆焉惕中肠，临书泪盈纸。

苏伯衡《送宋起居还金华》诗云：

长揖谢宦途，还归戒征轴。

眷言幽贞庐，复在仙华麓。

就养望既盈，考槃愿亦足。

储清浚昔池，薙荒理旧竹。

兰佩纫春蒸，荷衣制秋绿。

沆瀣晨三咽，雕胡昼九曝。

从今猿与鹤，不复怨幽独。

四月十七日，宋濂抵达金华潜溪故居。第二天，宋濂不顾路途劳顿，挣扎着给朱元璋写了一通发自肺腑的谢表，并给太子朱标写了一封语重心长的信，劝勉他孝友恭敬，勤敏读书，毋怠惰，毋骄纵，进德修业，以副天下之望。朱元璋一遍遍地读宋濂的信，高兴极了。他立即把太子叫来训诫道："吾自幼极艰难，今尔曹冠服华丽，饮食甘美，安居深宫，不思勇于进修，是自乐也。宋起居之言有益。尔其味之。"①

因太子年纪尚小，不会回信，朱元璋就亲自给宋濂写了回信。信云：

书谕子师宋濂：六月初七日申时，笺与子书同至，文意恳切，奈子性理未通，不能答。若令回书，恐为空文耳。予以谕代之，勿望回札。曩者教吾子，以严相训，是不吝以圣人文法化俗，言教之是通，所守者稳，所用者节俭，是得体。昔者古人，今为我见。先生初疾，予欲留京师医养。予想身健尚思故乡，情犹不已，况先生在疾，父子夫妇处于异乡，汤药之奉，岂不伤情？是令先生东归，医养万全。去后国事匆匆，不能遣使，以致师书先至。然此子虽不能答来书之意，予谕亦在其中矣。乙巳岁吴王书。②

---

① 《明太祖实录》"乙巳三月癸未"条。

② 《宋濂全集》，第2286页。

信由侍臣抄写，署款六字、签名及外封九字均为朱元璋亲笔，此外，又让官局拿出文绮、白缯各一件，封好后让太子署名，特遣使者专程送至金华宋濂家里。宋濂拜读朱元璋亲自写的回信及所赐礼物，不禁感动万分。他在《恭题御赐书后》中写道："惟上深仁如天，厚泽如地，凡囿于两间者莫不同浴神化，鼓舞至德，以臣之微，亦获沾被宠荣如此之至。"

宋濂回乡养病的消息很快像春风一样传开，不久，远近乡邑的人都知道了。于是，邻里乡亲、地方乡绅以及宋濂的朋友、学生纷纷来到潜溪探望宋濂，当然也不乏乘机以文相求的。出于身体的原因，一些能推的文章，宋濂都推掉了，但有一篇文章他是不能推的，那就是乡人请宋濂为李文忠写一篇《武功记》。

李文忠（1339—1384），字世英①，小字保儿。他是朱元璋姐姐的儿子，早孤，朱元璋将其抚为义子。他不仅颖敏，还骁勇善战。朱元璋南下，李文忠攻城略地、过关斩将，立下赫赫战功。尤其值得一提的是，朱文忠率兵攻克婺州浦江时，下令严禁烧杀掠夺，郑氏义门避兵山谷中，李文忠召他们下山，而且出兵保护他们，这使得当地的老百姓都很感激他。朱元璋下浙东后，设立了浙东行省，管辖五府一州，在严州设指挥部。命义子李文忠为浙东行省右丞，统领军事，而命参知政事胡德济分治诸暨。至正二十五年（1365）二月一日，张士诚20万军队携叛将谢再兴，分道入攻建德、诸暨等地。李文忠指挥若定，身先士卒，最后以少胜多，击溃了张士诚军队的进攻，确保了一方的平安，受到朱元璋的嘉奖。

宋濂在应天任起居注期间，已经记录过李文忠的功绩，现在因乡人之请，特地查访，为李文忠写了《浙东行省右丞李公武功记》一文。文中将李文忠与唐朝的大将薛仁贵相比，认为两人都能身先士卒，但薛仁贵一定要两军实力相当才能取胜，而李文忠却以少胜多，可见李文忠比薛仁贵还胜上一筹。宋濂最后还作诗对李文忠的战绩进行了歌颂。

① 世英，一作思本。

乡友述略

戴良（1317—1383），字叔能，婺州浦江人，曾师事柳贯和黄溍，故与宋濂为同门，是宋濂最要好的朋友之一，小宋濂7岁。宋濂曾同戴良一道编辑过老师柳贯的文集，宋濂做道士时，还请戴良撰文为他壮行。他们不仅谈学论道，切磋学艺，在生活上也相互关心。一次戴良病倒，宋濂特地赶往探视，安慰劝勉，授之良方，直到戴良病愈才辞别，戴良有感于宋濂的关怀，写了一首《病中承宋编修见过》诗以致谢，诗云：

> 负疴南轩下，展转两涉旬。
> 药石不时验，众苦交我身。
> 常恐大化尽，无由见故人。
> 夫君一何厚，抱杖来江濆。
> 慰我仍戒我，眷恋已良勤。
> 继以习静言，益复知为亲。
> 我病既消除，君遂轻别分。
> 云山百里外，有语难为陈。
> 会合本不常，亦知当索群。
> 但我病中怀，愿得稍相因。
> 既已莫能遂，且复安吾神。①

朱元璋攻下金华后，戴良虽然担任郡学学正，但看上去总是郁郁寡欢，与周围的人格格不入。他经常回忆过去的时光，而把眼前的行为看成是一种"失脚"的行为。他有一种负罪感和忏悔情绪。可以从他在郡学中写的一些诗里窥见他的心态，如他的《郡斋度岁二首》中的一首写道：

---

① 《九灵山房集》卷二，影印文渊阁《四库全书》本。

失脚双溪路，今经两度春。

不堪飞雪夜，还作望乡人。

世事方如梦，生涯笑此身。

惟应两蓬鬓，不负岁华新。[①]

又如，他的《投王郡守二首》中的一首写道：

卒岁囊无褐，为儒坐有毡。

每因官俸薄，时动故人怜。

慷慨空前志，蹉跎已莫年。

争如归去好，家在白云边。[②]

"争如归去好，家在白云边"，这是他欲辞去郡学学正的托词。实际上，他"身在曹营心在汉"，在宋濂离开郡学去南京的第二年，他便接受了元廷的任命。

心态的不同，并不影响他们最初的感情。在宋濂离开郡学去南京的时候，戴良写下了《别宋潜溪》一诗，以表达他依依不舍的伤感之情：

昨宵郡斋宿，今旦赴行舟。

官程不敢违，可使须臾留。

掩泣别故交，强颜逐前俦。

未尝去乡邑，讵能千里游。

金陵古帝乡，雄跨东南州。

至今开甲第，奕奕居公侯。

冠盖若云拥，车马细川流。

厚禄不虚授，高才将见收。

---

① 《九灵山房集》卷二十二，影印文渊阁《四库全书》本。
② 《九灵山房集》卷三，影印文渊阁《四库全书》本。

如何独多念，去去怀百忧。①

宋濂到了南京后，戴良经常思念这位同门好友，担忧他的前途命运，希望他们的友情不因年岁的迁移而改变。他的《寄宋潜溪三首》中的一首写道：

孤鸿失俦侣，连翩洲渚湄。

自知羽翮短，不与同奋飞。

寄声奋飞者，当慎子所之。

烟波渺无从，云路迥难依。

云路多鹰隼，烟波有虞机。

戴良对朱元璋没有好感，对宋濂充满担忧之情。他的这种心态不能说没有一点现实依据，因为此前发生的一件事，不能不让人的心里蒙上阴影。明初金华人刘辰的《国初事迹》一书记载道：

在金华时，朱文忠用儒士屠性、孙履、许元、王天锡、王祎干预公事，闻于太祖。差人提取屠性等五人到京，命王祎、许元、王天锡发充书写，惟屠性、孙履诛之。

朱元璋居然仅仅因为几个文人"干预公事"而令两个文人脑袋落地，这实在是一种暴君行为，何况朱元璋当时还不是一国之君。如果做了一国之君，那还得了？文人"齐家、治国、平天下"，天经地义！"干预公事"何罪之有？即便"干预公事"有罪，那也不至于到被杀头的地步吧！在被举报的五个人中，王祎和屠性（诸暨人）都是黄溍的学生，是戴良的同门友，许元是许谦的儿子，也是他们的学友。另外两个里籍不明，但既然是在金华发生的事，估计这两人也是戴良等金华文人相识的朋友。才出来辅助朱元璋没几天，他们的朋友就落

---

① 《九灵山房集》卷二，影印文渊阁《四库全书》本。

得如此下场，戴良似乎已预感到朱元璋的不仁，加上前段时间在与朱元璋的接触中，他知道了朱元璋的底细——不过是一个草泽英雄，故当朋友们一个个投靠到朱元璋的幕下，坚定地走上反元的道路并极尽荣宠之时，戴良却与朋友们分道扬镳，走上了亲元仕元的道路。至正二十一年（1361），元廷以荐授戴良淮南江北等处行中书省儒学提举、中顺大夫。至正二十二年，戴良由金华道经杭州（张士诚政权控制之下），抵苏州上任。苏州名义上还属于元廷，实则是张士诚大周政权的所在地。

道路不同，分别日久，心意难通，要想保持昔日的友谊不是一件容易的事。从下面的戴良《寄宋景濂十首》（仅存六首）和宋濂的《寄答戴九灵古诗十首》中，可以看到两人为保持友情所做的努力，同时也可以看到两人间存在的差异。现录两人诗各三首如下：

戴良《寄宋景濂》：

结庐在穷巷，艺藿仍种葵。谓将究安宅，何意逢乱离。
三年去复还，邻里无一遗。我屋虽仅存，藿悴葵亦衰。
海田既遭变，井邑还日非。扶杖一行游，历览多所悲。
本不展市廛，悔之将何追。

庭前两杏树，常有好容色。年年遇雪霜，谁谓寒当易。
道丧涉千载，视友谊日薄。既贵乃忘贱，岁晏谁堪托。
厌此里中居，行行至吴国①。不见新相知，唯闻古时迹。
古有延陵子，施恩死逾博。一朝协心许，宝剑非所惜。
此事难再逢，吾行复何适？

穷居寡人力，绕屋荒草莽。纷纷集鸟雀，寂寂绝轮鞅。
病夫亦何为，呼儿具藤杖。时复林野中，被榛独来往。

---

① 吴国，一作徐国。

田父荷锄至，相与饮真赏。宁知雨露深，但说桑麻长。
人生适意尔，何事蹈时网。①

宋濂《寄答戴九灵古诗》：

攒眉入山林，已失山林性。玄造亦何为，使之仍遘病。
热中亦不舒，攻上风益劲。谨存气半丝，养此一朝命。
命岂复在吾，乘化共归尽。方州罗夹巷，百龄寓几姓。
大运既如斯，何须苦心竞。但我逆旅中，百感易交横。
交横复焉如，欢然且孤咏。

山中有玄麚，西行正骙骙。众草吐芳滋，朝夕乐我饥。
偃仰青石间，和鸣灵渚麋。伊谁施网罟，生致来轩墀。
赴蹈绝汤火，奋触无完肌。亦知天地间，久安岂其宜。
□恐栖长林，庶可免祸机。祸机既弗脱，死生一任之。
唯思石床前，有薇与云齐。即当谢羁绊，采采不知疲。
窘束势方固，安能遂吾私？

我固孱弱躯，久服章甫冠。世间纷扰徒，如何学神仙？
为恐寿命促，汲汲求长年。中开龙虎鼎，烹锻日月魂。
回复存一气，去入无穷门。日瞻九霄上，白鹤来翩翩。
刚飙吹弗休，跬步不可前。迅景若流火，颠发白被肩。
鬼啼丹台下，令人心鼻酸。禹书或饭牛，海风尝引船。
嬴刘有遗辙，皎若明镜然。吾身无百年，先后终凋残。
幸有一寸心，万世能长存。②

---

① 《九灵山房集补编》，影印文渊阁《四库全书》本。
② 〔明〕宋濂：《寄答戴九灵古诗十首》，载《宋濂全集》，第2192页。

从"三年去复还，邻里无一遗""厌此里中居，行行至吴国"等诗句来看，戴良的赠诗写于他依附张士诚三年之后，宋濂的回复也差不多在同一时间。在吴中的三年，戴良的心绪并没有好转，他对个人和元朝的前途命运都感到悲观，加上"视友谊日薄""不见新相知"，戴良更加惆怅。他很希望自己能像陶渊明一样离开政治，离开仕途，过上一种艺藿种葵、儿女绕膝、鸡黍桑麻的田园生活。戴良向他昔日的朋友倾诉自己的所见所闻、所思所感，表明他珍视他们之间的友谊，期望他们能在某一方面达成共识，而使友谊有进一步的发展。

"但我逆旅中，百感易交横"，宋濂读着戴良寄来的诗，可谓愁肠百转，感慨万分。他十分理解戴良的心情，他也希望隐遁山林，过上吸甘饮露似的神仙生活，但"攒眉入山林，已失山林性"，"窘束势方固，安能遂吾私"，"世间纷扰徒，如何学神仙"，社会的动乱、天下的纷争已容不得个人躲到山林里去学做神仙了。他走到现在，不是为了个人，而是为了天下的太平。

宋、戴两人的十首唱和诗，在当时的婺州友朋中竞相传诵。明郎瑛《七修类稿·诗文类·宋戴遗诗》写道："予尝见太史宋公濂诗四册，公亲书者也，大字如指顶，小字如芝麻，或行或楷，真有龙蟠凤舞之象，高可五寸，亦奇物也。惜为杭守张公取去。今学士集中之诗，不满二百，则知遗落多矣。予家又藏公与戴九灵寄答古诗各十首，考之《九灵集》中，止得其六，而公诗集皆无之。且书乃当时吴德基，而题跋则王华川（祎）、揭少监（汯）、胡仲申（翰）辈，而又装潢成轴，袭以文锦，安知又不为他人之取乎？苟或败坏，千古埋没，今特录置于稿，则又传递一番，彰者众矣，亦慊收藏者之情。"揭汯、胡翰的题跋今已不见，现录王祎的题跋于下，以见其时人对宋、戴两人十首唱和诗的看法：

　　　　古诗二十首，前十首戴君叔能以寄宋君景濂，后十首则景濂以答叔能者也。嗟乎，诗道之废久矣！十年以来，学士大夫往往诎于世故之艰难，溺于俗尚之鄙陋，其见诸诗，大抵感伤之言，委靡而气索；放肆之言，荒疏而志乖，尔雅之音遂无复作矣。二君素以古道相尚，是诗之倡酬，盖仿于苏、李，譬犹律品之相宣，规矩之互用。然其为言，或务简善，而其思远以切；或尚宏衍，而其情婉以周。鲍、谢之微旨，殆各有之。至其托物连类，抚事兴怀，则又俱有陈子昂、朱元晦《感兴》之遗音焉。嗟乎，诗道之废久矣！吾读二君之作，于是有慨夫古诗之绪未终绝也。孔子曰："诗可以观。"读乎其诗，则其所可观者可得而见矣。[1]

在两人的十首唱和诗之后，戴良还曾写诗给宋濂，请看他的《岁暮迟宋景濂》一诗：

> 忽忽岁欲暮，骎骎春已迫。出门尚谁思，悲歌迟来客。
> 客昔与我期，近在旦与夕。如何事多迕，月满且复魄。
> 悲风一夜起，落叶满长陌。女萝虽有托，近亦辞松柏。
> 万物会归尽，人岂无终极。而我与夫子，况皆年半百。
> 前途讵难知，元发早已白。若不数相过，蹉跎深足惜。[2]

"若不数相过，蹉跎深足惜"，戴良呼唤宋濂，但宋濂为"体制"中人，身不由己，即便有所回应，恐怕也只有无奈。

王祎[3]（1322—1374），字子充，婺州义乌人，曾师事柳贯和黄溍，小宋濂12岁，也是宋濂最要好的同门友之一。由于黄溍为王祎祖父王炎泽的学生，他们两人可能在年少的时候就已认识。宋濂曾为王祎的《华川后集》作序，序中写道：

> 子充少濂一十二岁，颇观其幼时所为文，幅程广而运化宏，光焰熠熠起诸公间，譬之构厦屋者，揣材甚夥而基绪亦以广矣。及齿逾弱龄，辄出游浙东西，复渡江涉淮，历齐鲁之墟，至燕代而休焉。所见乔岳长河，摩日月而荡云烟，精神翕然而与之冥会。故其为文，波浪涌而鱼龙张，风霆流而雨雹集；五采竞明，而十日并照。譬之台阁已建，楹础骈列；舳棱高

---

① 〔明〕王祎：《跋宋戴二君诗》，载《宋濂全集》，第2570页。
② 《九灵山房集》卷一，影印文渊阁《四库全书》本。
③ 王祎之名，正史及诸多文献均作"祎"，误。详见宋濂所作《送王子充字序》。

骞，而气象益以沉雄也……濂不敏，与子充同受业黄文献公之门，亦尝有志于文辞。海内作者无不得观之，每读子充之文，独心醉神融，若饮醇醪。子充亦以濂为知己，俾序后集之首简。

宋濂还在《华川书舍记》中说："子充弱冠时，濂见其文，辄曰：子充他日当以文知名。"正是同门知己，宋濂才将所作的《思媺人辞》寄予王祎，两人相互勉励，共同切磋。

宋濂之于王祎如此，王祎之于宋濂也一样。王祎为宋濂写过一篇小传，其中写道：

> 景濂状貌丰厚，美须髯，然目短视，寻丈之外不能辨人形，而雪边月下，蝇头之字，可读也。性疏旷，不喜事检饬，宾客不至，则累日不整冠。或携友生彷徉梅花间，轰笑竟日；或独卧长林下，看晴雪堕松，顶云出没岩扉间，悠然以自乐。世俗生产作业之事，皆不暇顾，而笃于伦品。处父子兄弟夫妇间，尽其道；与人交，任真无钩距，视人世百为变眩捭阖，谩若不知，知之亦弗与较，纵为人所卖，不复恤，而人亦无忍欺之者。用是咸称为有德之君子。①

所引不过百余字，即将宋濂的形貌、性格、性情刻画得惟妙惟肖，非相契相知厚且深者，也断不能描绘得如此传神。

宋濂的第一部文集《潜溪集》付梓，即请王祎为其作序。王祎从婺学源流的角度给予了高度评价：

> 吾友宋君景濂早受业立夫氏（吴莱），而私淑于吴氏（师道）、张氏（枢），且久游柳（贯）、黄（溍）二公之门。间又因许氏（谦）门人，以究夫道学之旨。其学渊源深，而封殖厚，故为文章富而不侈，核而不凿，衡

---

① 〔明〕王祎：《宋太史传》，载《王忠文公集》卷二十一，影印文渊阁《四库全书》本。

纵下上，靡不如意。其所推述，无非以明夫理，而未尝为无补之空言。苟即是以验其学术之何如，则知其能继乡邦之诸贤，而自立于不朽者远矣。景濂既不求用于世，而世亦未有以用之。其于文章尤自爱重，不轻以示人。以祎辱有同门之雅，特出其所著一编，俾为之序。

宋濂被征聘至南京后，王祎不久也被荐至南京，受到朱元璋的重用。至正二十一年（1361），朱元璋的军队平了江西，王祎进了一篇《平江西颂》，朱元璋阅后大喜，云："吾固知浙东有二儒者，卿与宋濂耳。学问之博，卿不如濂；才思之雄，濂不如卿。"①至正二十三年春，王祎授江南提举司校理。五月，也成为礼贤馆中受优待的一员。至正二十五年五月，除侍礼郎引进使，定议礼制。冬，迁起居注。至正二十六年七月，除同知南康府事。

宋濂的其他友人如胡翰、苏伯衡、张孟兼、许元等也都陆续得到朱元璋的任用。胡翰也被召至南京，时朱元璋正募金华百姓充军，胡翰从容进谏，云："金华人多业儒，鲜习兵，籍之，徒縻饷耳。"②朱元璋当即罢去，旋授胡翰为衢州儒学教授。许元也被荐至南京。在金华时，朱元璋就想访求许谦的后代，但未及见面。这次许元来见，朱元璋云："何相见之晚也。"③随即许元拜应天府学教授。后又奉命入傅皇太子及诸王。至正二十五年（1365）秋，应天府学改为国子学，许元任国子博士。至正二十六年五月，朱元璋发濠梁省陵墓，许元从行。八月，奉命进讲经史。至正二十七年十月，定国子学官制，擢许元为祭酒，明之有国子祭酒自许元始。"元为祭酒垂十年，出入两宫，最见礼遇。一切稽古礼文之事，至于人才进退，时政张弛，无不预议。"④国子学中，还有婺州人张孟兼和苏伯衡。张孟兼曾任国子学录，后升祠部主事。苏伯衡曾任国子学录和学正，后升翰林编修，以疾辞归。

---

① 《明史》卷二百八十九《王祎传》。
② 《明史》卷二百八十五《胡翰传》。
③ 《明儒言行录》卷一《许存仁传》。
④ 《金华征献略》卷五。

第五章 应天岁月（中）

回归应天

宋濂回到金华，转眼过去了半年。

至正二十五年（1365）十月开始，朱元璋向张士诚发起了由北至南的进攻。至正二十六年四月，朱元璋军队已扫平泰州、高邮、淮安、濠州、泗州等淮东张士诚的势力。八月一日，朱元璋决定改建应天城，在钟山之南建造新的宫殿。二日，命徐达、常遇春率师20万讨伐张士诚。作战的策略为先围剿湖州、杭州，然后再围攻平江。十一月十三日，李文忠攻下杭州。二十五日，兵围平江。十二月，朱元璋命人迎韩林儿于滁州，至瓜步，韩林儿被沉于江中。至此，停止使用龙凤年号，以第二年为吴元年。下令营建庙社，立宫室，祭告山川。

至正二十七年，即吴元年的四月一日，宋濂复自金华迁居浦江青萝山房。自从至正十九年三月十五日还金华潜溪故居后，到现在重新回归，一晃已过去八年。宋濂于是作《萝山迁居志》以记叙自己迁徙的经过。

宋濂在家养病、守孝，外界的形势如火如荼，一日千里。三月，朝廷设文武科取士。五月，初置翰林院。八月，应天城圜丘、方丘、社稷坛成。九月，朱亮祖率师讨方国珍。九月八日，明军攻破苏州，张士诚被俘自缢，大周政权灭亡。二十八日，朱元璋分封功臣。封李善长宣国公、徐达信国公、常遇春鄂国公，其他将士也赏赐不等。三十日，新宫建成。

张士诚灭亡后，剩下的敌人主要是元朝和方国珍了。十月，朱元璋召诸将讨论北征之计。朱元璋说："山东则王宣反侧，河南则扩廓跋扈，关陇则李思齐、张思道枭张猜忌，元祚将亡，中原涂炭。今将北伐，拯生民于水火，何以决胜？"常遇春说："以我百战之师，敌彼久逸之卒，直捣元都，破竹之势也。"朱元璋说："元建国百年，守备必固，悬军深入，馈饷不前，援兵四集，危道也。吾欲先取山东，撤彼屏蔽，移兵两河，破其藩篱，拔潼关而守之，扼其户槛。天下形胜入我掌握，然后进兵，元都势孤援绝，不战自克。鼓行而西，云中、九原、关陇可席卷也。"诸将听了都点头称善。

朱元璋命徐达为征虏大将军，常遇春为副将军，率师25万，由淮入河，北取中原。胡廷瑞为征南将军，何文辉为副将军，取福建。湖广行省平章杨璟、左丞周德兴、参政张彬取广西。命汤和、廖永忠合讨方国珍。至十二月，北征军攻下了忻州、益都、济南。方国珍投降。十二月十一日，李善长率百官劝朱元璋建国号，朱元璋推让再三才同意。二十二日，祭告上天。

至正二十八年（1368）正月四日，朱元璋在南京正式即皇帝位，国号大明。之所以取大明为国号，还是为了继续发挥明教的号召力。又定年号为洪武，立朱标为太子，李善长、徐达为左右丞相，其余功臣一律加官晋爵。一个新的时代开始了。

宋濂守孝期满后，于洪武元年（1368）回到南京。朱元璋此时刚登上皇位，宋濂的到来无疑使他如同见到救星一般。当时正值南征北伐，尤其是此次北伐，要推翻在中国已统治近百年的蒙元政权。因此，光靠军事行动还不够，还必须使北方老百姓明白大军北伐的道理，消除北方官僚对大明政权恐惧疑忌的心理，瓦解元军的士气。所以，宋濂到来后，朱元璋即命宋濂起草了一篇告北方官吏、百姓的檄文。檄文说：

> 自古帝王临御天下，皆中国居内以制夷狄，夷狄居外以奉中国，未闻以夷狄居中国治天下者也。自宋祚顷移，元以北狄入主中国，四海以内，罔不臣服，此岂人力，实乃天授。彼时君明臣良，足以纲维天下，然达人志士，尚有冠履倒置之叹。自是以后，元之臣子，不遵祖训，废坏纲常，

有如大德废长立幼，泰定以臣弑君，天历以弟鸩兄，至于弟收兄妻，子烝父妾，上下相习，恬不为怪，其于父子君臣夫妇长幼之伦，渎乱甚矣。夫人君者斯民之宗主，朝廷者天下之根本，礼义者御世之大防，其所为如彼，岂可为训于天下后世哉！

及其后嗣沉荒，失君臣之道，又加以宰相专权，宪台报怨，有司毒虐，于是人心离叛，天下兵起，使我中国之民，死者肝脑涂地，生者骨肉不相保，虽因人事所致，实天厌其德而弃之之时也。古云"胡虏无百年之运"，验之今日，信乎不谬。

当此之时，天运循环，中原气盛，亿兆之中，当降生圣人，驱逐胡虏，恢复中华，立纲陈纪，救济斯民。今一纪于兹，未闻有治世安民者，徒使尔等战战兢兢，处于朝秦暮楚之地，诚可矜闵。

方今河、洛、关、陕，虽有数雄：忘中国祖宗之姓，反就胡虏禽兽之名，以为美称，假元号以济私，持有众以要君，凭陵跋扈，遥制朝权，此河洛之徒也；或众少力微，阻兵据险，赇诱名爵，志在养力，以俟衅隙，此关陕之人也。二者其始皆以捕妖人为名，乃得兵权。及妖人已灭，兵权已得，志骄气盈，无复尊主庇民之意，互相吞噬，反为生民之巨害，皆非华夏之主也。

予本淮右布衣，因天下大乱，为众所推，率师渡江，居金陵形势之地，得长江天堑之险，今十有三年。西抵巴蜀，东连沧海，南控闽越，湖、湘、汉、沔，两淮、徐、邳，皆入版图，奄及南方，尽为我有。民稍安，食稍足，兵稍精，控弦执矢，目视我中原之民，久无所主，深用疚心。予恭承天命，罔敢自安，方欲遣兵北逐胡虏，拯生民于涂炭，复汉官之威仪。虑民人未知，反为我仇，挈家北走，陷溺尤深。故先谕告：兵至，民人勿避。予号令严肃，无秋毫之犯，归我者永安于中华，背我者自窜于塞外。盖我中国之民，天必命我中国之人以安之，夷狄何得而治哉！予恐中土久污膻腥，生民扰扰，故率群雄奋力廓清，志在逐胡虏，除暴乱，使民皆得其所，雪中国之耻，尔民其体之。

如蒙古、色目，虽非华夏族类，然同生天地之间，有能知礼义，愿为臣民者，与中夏之人抚养无异。故兹告谕，想宜知悉。

　　檄文不到1000字，但其蕴含的力量无比强大。因为这篇檄文唤醒了汉民族被征服被压迫的屈辱记忆和民族尊严，揭示了元朝政权的荒淫腐败，痛斥了蒙古族违背儒家伦理的陈俗陋习，斥责了元朝将帅拥兵自重、互相残杀的可恨现状，宣扬了大明军队所向披靡的声势和军威，提出了"驱逐胡虏，恢复中华"的口号以及怀柔安民的政策。因此，这檄文一出现，即发挥了巨大的作用，"北伐军所到之处，山东河南州县纷纷降附，名城如济南、益都、汴梁、河南府都不战而降。连蒙古、色目人也望风降附了，扩廓帖木儿的舅父老保投降了，外祖父梁王阿鲁温也投降了，汴梁守将过去守庐州的左君弼也不战而降。有的元朝守将知道抵挡不住，弃城逃走。北伐军因之得以顺利进军，在很短的时间内，取得巨大的胜利"[1]。

　　当然，由于时代的局限性，这篇檄文在今天看来也有不足之处。吴晗在《朱元璋传》中分析说：

　　　　他们把国内的少数民族都叫作"夷狄"，把中国只看成是汉族的中国，不是多民族共同缔造的中国；中国只能由汉人统治，少数民族的统治便是"冠履倒置"；而且硬说历史上从来没有少数民族统治中国的事实。从现在看来，这些观点都是落后的、陈旧的、反动的，也是不符合历史实际的。事实上，中国从来是一个多民族的国家，在漫长的历史时期，有的朝代的统治者是汉人，也有的朝代的统治者是少数民族；同时，在同一时期，曾经出现这种情况，较大地区统治者是汉人，其他某些地区统治者是少数民族，从社会发展阶段、生产技术和文化科学等方面来说，各民族之间确有先进和落后之分，但是，民族本身并没有什么上下高低之分，相同之点却都是一个阶级对另一个阶级的统治。由于长时期的大汉族主义作怪，刘基、宋濂这些人，忘记了自己国家的历史，也看不见蒙古贵族统治全国将近百

---

[1] 吴晗：《朱元璋传》，百花文艺出版社2000年版，第143页。

年，蒙古民族已经加入了中国各民族大家庭的历史，内夏外夷的偏见，在这篇檄文中充分地表达出来了。

天命论也被强调了，说元朝统一，"此岂人力，实乃天授"。是天命。红巾军起义，"天厌其德而弃之"。元朝又没有天命了。他自己则是"恭承天命"，统一全国的天命又归朱元璋了。把一个旧政权的被推翻和新政权的建立，都归结为天命，这种唯心思想，也是一千多年来儒家的中心思想。朱元璋是由农民起义起家的，正是农民的革命斗争的伟大力量，使他取得胜利，但是在天命论的掩饰下，这个伟大力量被一笔勾销了。人民群众的力量，革命斗争推动社会前进的力量被阉割了，取得革命胜利的原因只是朱元璋得了天命。

对于"大汉族主义"和"天命论"的观点，今天必须要批判，但不可否认，在宋濂起草的这篇檄文中，这两点正是檄文的灵魂所在，是克敌制胜的法宝，如果没有这两点，檄文要获得原先的那种效果，简直是不可能的。

北伐军以雷霆万钧之势，席卷中原，向大都挺进。到了闰七月十一日，徐达大会诸将于临清，布置进攻大都的方略。十四日，常遇春攻克德州。二十八日，攻克通州。这天晚上三鼓时分，元顺帝知道大势已去，率后妃、太子逃奔上都去了。

二十九日，朱元璋有感于历史的兴衰，与宋濂议论起历代帝王的长短，说："自古圣哲之君知天下之唯保也，故远声色，去奢靡，以图天下之安，是以天命眷顾，久而不厌。后世中主，当天下无事，侈心纵欲，鲜克有终。至如秦始皇、汉武帝好尚神仙，以求长生，疲精劳神，卒无所得。使移此心，以图治天下，安有不理？以朕观之，人君能清心寡欲，勤于政事，不作无益，以害有益，使民安田里，足衣食，熙皞皞而不自知，此即神仙也；功业垂于简册，声名流于后世，此即长生不死也。夫恍惚之事难凭，而幽怪之说易惑，在谨以所好尚耳。朕当夙夜兢业，以图天下之治安，其敢游心于此乎？"①

————————

① 《明太祖实录》"洪武元年七月丁卯"条。

秦始皇、汉武帝都是历史上了不起的帝王，朱元璋认为他们都还有不足之处，因此下决心要超过他们。宋濂听了，自然十分高兴，他对朱元璋说道："陛下此心，足以止千古之惑也。"①

八月一日，以应天为南京，开封为北京。二日，徐达攻入大都，封府库图籍。九日，定六部官制。宋濂好友刘基以御史中丞致仕。十五日，朱元璋幸北京。改大都路曰北平府。十一月二十六日，诏刘基还朝。

总裁《元史》（上）

宋濂归养金华结束后，于洪武元年（1368）回到南京，《明太祖实录》记载了是年闰七月朱元璋与宋濂的对话。是年十二月，朝廷下诏修《元史》，命宋濂、王祎为《元史》总裁，宋濂自称是从家乡启程去南京复命，如此说来，宋濂在闰七月后的某一天又出于什么原因回到了金华或浦江。

刘基于洪武元年八月九日致仕，在回老家青田的途中写了一首诗《客路》：

> 客路秋风里，扁舟夕照时。
> 渚鸿鱼复阵，江树井陉旗。
> 衰朽嗟谁与，愚蒙荷帝慈。
> 山中牧羊子，岁暮尔相期。

"牧羊子"是指葛洪《神仙传》中在金华得道成仙的黄初平，这里指代友人宋濂。如此看来，宋濂已早刘基回到金华，而且诗中的宋濂大有退隐在家的意思。是不是宋濂已先告老还乡了呢？"岁暮尔相期"，似乎宋濂和刘基的告老还乡有着事先的约定。但《明太祖实录》只记载了刘基的致仕，而未记载宋濂的致仕。因此，宋濂究竟是出于什么原因于洪武元年离开南京，至今还是一个不解之谜。

---

① 《明太祖实录》"洪武元年七月丁卯"条。

　　刘基回归青田才三个多月，朱元璋又于十一月二十六日诏刘基还朝。十二月，即下诏修《元史》，至于为什么要以宋濂、王祎为《元史》总裁，这很可能是刘基推荐的结果。宋濂博学老成，文章被誉为当时第一，故《元史》总裁之职，非其莫属。至于王祎，他是刘基的朋友，虽然年龄小宋濂12岁，但洪武元年（1368）王祎47岁，正是年富力强的时候，而且与宋濂同乡同门，这样的搭配是再好不过了。王祎的史学才能也很突出，他在27岁时，就曾撰有《国朝名臣列传》，增补苏天爵《元朝名臣事略》73人，凡120位元代名臣。后又续成吕祖谦的《大事记》，为《大事记续编》79卷。据《金华经籍志》，王祎尚撰有《通鉴纲目书法》57卷，故王祎在史学方面的才识和成就，为其他大臣所不及。

　　宋濂接到总裁《元史》的诏书后，即收拾行装，匆忙上道。学生义门郑渊前来送行，宋濂说："子非青年矣，予春秋亦渐高，行当俟汰而归，与子婆娑一丘一壑间，圣贤心学之秘，尚相与穷之！"①郑渊品味着老师的话，目送着老师的身影渐渐远去。

　　途经苏州，宋濂拜访了一位年逾古稀的元朝遗老周伯琦。周伯琦（1298—1369），字伯温，江西鄱阳人。祖父为宋咸淳进士，父亲仕元，曾官至翰林、集贤两院待制。自己曾从吴澄、邓文原、虞集等名儒游学，当过县主簿、太府监照磨、翰林国史院编修官、宣文阁授经郎、翰林学士承旨、鉴书博士、崇文监丞、广东宪佥、翰林待制、兵部侍郎、监察御史、浙西廉访使、江浙参政等职。因此，周伯琦熟悉元朝文物典章制度和人物掌故，又有修史经验，若他能参与《元史》的编纂，无疑再合适不过。可是，当宋濂拜谒的时候，周伯琦已卧病在床，而且归心似箭。原来，周伯琦在张士诚幕府任过伪职，守臣不让他回原籍。宋濂于是出面向守臣说明天子"优礼旧臣"的意思，让守臣放他回去。守臣同意了，把周伯琦送回鄱阳老家。归后不久，周伯琦就死了。后来，周伯琦门生谢徽也应召为《元史》编修官，周伯琦的儿子拿着谢徽写的行状请铭于宋濂，宋濂于是写了感人至深的墓志铭。

　　洪武二年（1369）二月一日，朱元璋正式下诏，命左丞相李善长为监修，

①〔明〕宋濂：《郑仲涵墓志铭》，载《宋濂全集》，第748页。

前起居注宋濂、漳州府通判王祎为总裁，山林遗逸之士汪克宽、胡翰、宋禧、陶凯、陈基、赵壎、曾鲁、高启、赵汸、张文海、徐尊生、黄篪、傅恕、王锜、傅著、谢徽等16人同为纂修官。开局于天界寺，取《元经世大典》诸书以资参考。这天，朱元璋亲自到场讲话，说："近克元都，得元十三朝实录。元虽亡国，事当记载，况史记成败，示劝惩，不可废也。"①又说：

> 自古有天下国家者，行事见于当时，是非公于后世。故一代之兴衰，必有一代之史以载之。元主中国殆将百年，其初君臣朴厚，政事简略，与民休戚，时号小康。然昧于先王之道，酣溺胡虏之俗，制度疏阔，礼乐无闻。至其季世，嗣君荒淫，权臣跋扈，兵戈四起，民命颠危。虽间有贤智之臣，言不见用，用不见信，天下遂至土崩。然其间君臣行事有善有否，贤人君子或隐或显，其言行亦多可称者。今命尔等修纂以备一代之史，务直书其事。毋溢美毋隐恶，庶合公论，以垂鉴戒。②

宋濂和王祎根据朱元璋的旨意及前代修史的经验，制定了《元史》编纂的《凡例》，共有五条，载于《元史》卷首。其文云：

> 本纪：按两汉本纪，事实与言辞并载，兼有《书》《春秋》之义。及唐本纪，则书法严谨，全仿乎《春秋》。今修《元史》，本纪准两汉史。
> 志：按历代史志，为法间有不同。至唐志，则悉以事实组织成篇，考核之际，学者惮之。惟近代《宋史》所志，条分件列，览者易见。今修《元史》，志准《宋史》。
> 表：按汉、唐史表所载为详，而《三国志》《五代史》则无之。唯辽、金史据所可考者作表，不计详略。今修《元史》，表准辽、金史。
> 列传：按史传之目，冠以后妃，尊也；次以宗室诸王，亲也；次以一代诸臣，善恶之总也；次以叛逆，成败之归也；次以四夷，王化之及也。

---

①② 《明太祖实录》卷四十三。

然诸臣之传，历代名目又自增减不同。今修《元史》，传准历代史而参酌之。

历代史书，纪、志、表、传之末，各有论赞之辞。今修《元史》，不作论赞，但据事直书，具文见意，使其善恶自见，准《春秋》及钦奉圣旨示意。

对于16名编纂官，有些是宋濂原来就熟识的，有些已有笔墨之缘，有些只闻其名而未曾识面。比如，胡翰（1307—1381），字仲申，金华人，是宋濂老师吴莱的学生，与宋濂可谓同门友。陈基（1314—1370），字敬初，临海人。他是黄溍的学生，与宋濂、王祎均为同门朋友。陈基年轻时随黄溍游大都，授经筵检讨，因直谏得罪元顺帝，差点丢了脑袋。后来避罪归里，不久到张士诚手下当了参谋。张士诚想称帝，陈基力谏劝阻，差点也丢了脑袋。赵汸（1319—1369），字子常，休宁人，精于《春秋》之学。宋濂初到南京时，即与赵汸有文字往来，并为他的《春秋属辞》作序。宋濂还有《寄赵徵君》诗一首。诗云："东山先生多病余，四十始至已白须。落花满庭无意扫，风高闭门长著书。先生自是天下士，呼吸冰霜归肺腑。吐出寒芒欲照人，百丈嵌岩落琼乳。前年去客王将军，将军白面正攻文。衣涵龙尾溪头月，屦染紫阳山顶云。忆昔歙州同聚夕，花阵酣红春脉脉。语浓但怪灯屡洄，不知海色东方白。三年不见情依黯，多为相思腰带减。城头寒鼓声纮纮，怪杀行云向风淡。"[1]诗中既描述了赵汸的刻苦自励，也写出了宋濂和赵汸在歙县的相聚之欢和别后的思念之情。曾鲁（1319—1373），字得之，新淦人。徐尊生尝说："南京有博学士二人，以笔为舌者宋景濂，以舌为笔者，曾得之也。"[2]高启（1336—1374），字季迪，长洲人。素负诗名，被称为吴中才子。张士诚在吴中时，很多文士都去依附，而高启却避居吴淞江之青丘，隐姓埋名，自号青丘子。

除16名纂修官外，还有一位叫操琬的人也参与过《元史》的编纂，只因有

---

① 《萝山集》卷五，抄本。
② 《明史》卷一百三十六《曾鲁传》。

疾辞去。操琰（1315—?），字公琬，乐平人。他曾与宋濂同年到杭州参加乡试，只是操琰中举，而宋濂名落孙山。宋濂在赠别诗中回忆了当年乡试的情景：

> 忆昔试艺时，年丁二十九。不谙精与粗，运笔若挥帚。
> 欲尽王霸言，自寅直窥酉。于时有操君，许子乃其友。
> 同自鄱阳来，怀玉期一售。风雅别正变，卦画参奇偶。
> 见者称双璧，光芒射窗牖。及至淡墨题，氏名列某某。
> 果符人所占，二榜皆冠首。顾予坎壈姿，甘在孙山后。
> 有司非冬烘，悬鉴定妍丑。终然采芑蘡，难可混稂莠。①

在诗中，宋濂还描述了《元史》编纂的情形：

> 帝曰元有史，是非尚纷糅。苟不亟刊修，何以示悠久？
> 宜简岩穴臣，学识当不苟。袞斧严义例，执笔来听受。
> 使者行四方，持檄尽搜取。非惟收誉髦，最欲尊黄耇。
> 余时奉诏来，君亦至钟阜。一见双眼明，不翅蒙发蔀。
> 大启金匮藏，一一共评剖。发凡及幽微，胜辨白与黝。

《元史》的编纂由礼部负责，地点设在天界寺。寺旧址在城中大市桥北，元朝时叫龙翔集庆寺，朱元璋下南京后改为天界寺。由于元朝的历史很短，涉及的历史人物时代较近，如何评价，如何定性，都是极敏感的话题，严禁外泄，况且所资取的图书文件，不是罕见的秘籍，就是宫廷机密，严禁携出。因此，天界寺周围有重兵把守，编纂人员不得随意进出。而且，编纂人员的一举一动也在严密的监控之下。有一次，朱元璋为犒劳编纂人员，让人送来了甘甜清凉的梨浆，大家都觉得非常解渴。第二天，王祎对宋濂说："得昨上所赐梨浆，吾

---

① 〔明〕宋濂：《予奉诏总裁元史而故人操公琬实与纂修寻以病归作诗序旧情见乎词矣》，载《宋濂全集》，第2189页。

渴济矣。"①没想到王祎的话，被朱元璋派来的宦官偷听到了，立即报告给朱元璋，朱元璋于是又派人送来了梨浆。这么一件小事也要报告给朱元璋，可见当时的监控有多么严密。也许正是这个原因，宋濂、王祎、陈基三人的集子里没有留下任何交往的记录。试想，如果宋濂、王祎与一个从张士诚幕下过来的文人亲密接触，虽然以前是同门，但鉴于这样的情势，可能对谁都不会有好处。因此，大家心照不宣，就事论事，才是最好的办法。

作为总裁，宋濂尽量听取他人的意见，而不是独断专行。例如，宋濂撰写了一篇《莫月鼎传》，传中记载了道士、湖州人莫月鼎呼风唤雨、斩妖除怪、治病救人的种种神异功能，拟将其放入《元史》"释老传"中。然而，史馆有人认为这篇文章"语涉怪神"，违背史学精神，不应放入，宋濂虚心听取了意见，将这篇抽出，另作《元莫月鼎传碑》行世。

六月二十五日，朝廷授宋濂翰林学士、中大夫、知制诰、兼修国史。授王祎为翰林待制。宋濂任翰林学士的诰文在次年正月下来，今录于下方：

> 翰林之职，掌制作而备顾问，必择能文有学之士居焉。起居注宋濂生于金华文献之邦，正学渊源，有自来矣。况侍朕岁久，深知其人，尝由儒台陈训东宫，记言右史。尔者总修《元史》，尤究心于笔削，朕甚嘉之。是用升擢，俾司代言。尔尚夙夜恭勤，务展所蕴，使文词通畅，治体昭明，庶副朕简拔之意。可授翰林学士，知制诰，兼修国史，宜令宋濂，准此。洪武三年正月□日。②

至八月十一日，经过六个月多的奋战，《元史》（前编）完成。凡纪38卷、志53卷、表6卷、传62卷。共计1306500余字，缮写120册，随表进呈。宋濂《进元史表》写道：

---

① 《国朝名世类苑》卷十五。
② 《明太祖赐翰林学士诰文》，载《宋濂全集》，第2281页。

伏以纪一代以为书，史法相沿于迁、固；考前王之成宪，周家有监于夏殷。盖因已往之废兴，堪作将来之法戒。惟元氏之有国，本朔漠以造家。用兵戈以争强，并部落者十世；逐水草而为食，擅雄长于一隅。逮至成吉思之时，大会斡难河之上，始尊位号，渐定教条。既近取于乃蛮，复远攻于回纥。渡黄河以蹴西夏，逾居庸以瞰中原。太宗继之，而金源为墟；世祖承之，而宋篆遂讫。立经陈纪，用夏变夷。肆宏远之规模，成混一之基业。爰及成、仁之主，见称愿治之君。唯祖训之式遵，思孙谋之是遗。自兹已降，聿号隆平。"丰亨豫大"之言，鼓倡于天历之世；离析涣奔之祸，驯致于至正之朝。嬖幸蛊惑于中，权奸蒙蔽于外。汉纲只因于疏阔，周纲遽见于陵迟。风宪皆无不捕之猫，将士尽成反噬之犬。由是群雄角逐，九域瓜分。风波徒沸于重溟，海岳竟归于真主（中谢）。

钦惟皇帝陛下，奉天承运，济世安民。建万世之丕图，绍百王之正统。大明出而爝火息，率土生辉；迅雷鸣而众响微，鸿音斯播。载念盛衰之故，即推忠厚之仁。金言实既亡而名亦随亡，独谓国可灭而史不当灭。特诏遗逸之士，欲求论议之公。文词勿至于艰深，事迹务令于明白。苟善恶了然在目，庶劝惩有益于人。此皆天语之叮咛，愈见圣心之广大。于是命翰林学士臣宋濂、待制臣王祎，协恭刊裁；儒士臣汪克宽、臣胡翰、臣宋禧、臣陶凯、臣陈基、臣赵壎、臣曾鲁、臣赵汸、臣张文海、臣徐尊生、臣黄篪、臣傅恕、臣王锜、臣傅著、臣谢徽、臣高启，分科修纂。

故上自太祖，下迄宁宗，靡不网罗，严加搜采。恐玩时而愒日，每继晷以焚膏。故于五六月之间，成此十一朝之史。况往牒舛讹之已甚，而它书参考之无凭。虽竭忠勤，难逃疏漏。若自元统以后，则其载籍无存。已遣使以旁求，俟续编而上进。愧其才识之有限，弗称三长；兼以纪述之未周，殊无寸补。臣某忝司钧轴，幸睹成书。信传信而疑传疑，仅克编摩于岁月；笔则笔而削则削，敢言褒贬于《春秋》。仰尘乙夜之览，期作千秋之鉴。所撰《元史》，纪三十八卷，志五十三卷，表六卷，传六十二卷，目录二卷，通计一百三十万六千五百余字，谨缮写成一百二十策，随表上进以闻。臣某下情无任激切屏营之至。臣某中（谢谨）言。

《元史》初编短短六个月就完成，朱元璋非常高兴，命誊写刊印，并赏赐汪克宽等16名馆臣白金各32两，文绮帛各4匹。而宋濂和王祎等加倍。

洪武二年（1369）完成的《元史》，记录了上自成吉思汗建国（1206），下迄元宁宗懿璘质班在位（1332），先后11朝，共126年的历史。然而，元顺帝一朝的历史，因为"史官职废""载籍无存"，只能暂付阙如。宋濂把情况报告给丞相，丞相上报给朱元璋。朱元璋说："史不可以不就也，宜遣使天下访求之。"①于是，宋濂与礼部尚书崔亮、主事黄肃一起拟定访书的体例，派欧阳佑、黄蚩等12人到各个行省，"靡不网罗，严加搜采"。宋濂有位朋友叫吕仲善，他被选拔到北平采访文献。吕仲善的朋友们都赋诗为他送行，宋濂则为他写了一篇《送吕仲善使北平采史序》。序中，宋濂谈到了吕仲善出使北平采史的意义，为他的远行壮举叫好，同时也为自己"发白神耗"不能远行而慨叹，但宋濂表示，作为史臣，修史之职义不容辞。序写道：

> 仲善行哉，采石室之遗余，询名贤之纪录，俾信史免于阙文，传诸来世，其不有望于仲善矣乎！仲善行哉，吊齐鲁之故墟，抚幽燕之陈迹，呼酒长歌，拔剑起舞，将又不在于仲善矣乎！然则仲善兹行亦壮矣。若予者，年逾六十，发白神耗，不能逐车尘马足之间，以摅写其中情，仰睎飞云，唯有慨然遐思而已。然而铺张上德，以昭布四方、垂诸无穷者，史臣之事也。庸敢备书之以为序，而区区离别之怀，有不暇计也。

《元史》的编纂暂告一段落。洪武元年（1368）十一月，朱元璋下令派使者到各地访求贤才。因此，从洪武二年正月始，就有一批在元朝有功名的文人陆陆续续被举荐到南京来。这里值得一提的有张以宁、许汝霖、杨维桢等人。

张以宁（1301—1370），字志道，福州古田人。泰定四年（1327）进士，授黄岩州判官，升六合县尹，历国子助教、翰林侍讲学士。洪武二年春，张以宁征聘至南京，得以与宋濂相见。张以宁在大都时，即读过宋濂的《潜溪集》，而

---

① 〔明〕宋濂：《送吕仲善使北平采史序》，载《宋濂全集》，第476页。

宋濂也从师友那儿闻知张以宁之名。此次相见，各人都拿出旧稿相互赠阅，倾心而谈，直到深夜也不感到疲倦。张以宁大宋濂9岁，说："吾生平甚不服人，观子之文，殆将心醉也。"①是年六月，张以宁奉命出使安南，想起宋濂所嘱的《潜溪后集序》还没有完成，就在出使的途中作好寄来。序中将宋濂的文章比于韩愈之文："先生之文，其进于韩氏之为乎？其言理直而不枝，其叙事赡而不芜，卤疏而极严缜，恣纵而甚精深，简质而自弘丽，敷腴而复顿挫。非有意于为艰，亦奚心于徇易？所向而合，靡事镵削，旁通释老，咸得其髓。"②张以宁还表示，希望退休后能与宋濂做邻居。不幸的是，张以宁次年得病而亡，宋濂应张以宁之子的请求，为其文集《翠屏集》作了序，生动回忆了两人交往的情景，并对张以宁的文章给予了极高的评价。

许汝霖（1309—?），字时用，嵊县人。至正十一年（1351）进士，累官国史编修，已而退居。张士诚据淮浙，罗致士大夫，许汝霖逃走，求之弗得。嵊县与金华相去不远，许汝霖与宋濂两人在年轻时已相互闻名。而且，两人曾一同到杭州参加乡试，因无人引见，失之交臂。后来，许汝霖中进士，擢诸暨判官，诸暨离金华更近，宋濂拟骑驴拜访，不想许汝霖又入行御史台，御史台为清严之地，不果前往。不久，宋濂避兵诸暨流子里，此地与嵊县相去没有几里地，只因兵荒马乱，山林中有盗匪出入，杀人越货，又不能见。洪武元年（1368）冬，宋濂听说朝廷要征召许汝霖去南京，使者敦促上道，急于星火，又不能见。随后，朝廷下诏宋濂去南京修《元史》，等宋濂准备行李，启程上道的时候，许汝霖到杭州已十多天了。宋濂到南京，住在护龙河上，正想打听许汝霖的住处，突然有一天，一位相貌伟岸的士大夫求见，宋濂问其姓名，对方回答说："我许时用也，子岂非景濂乎？"③宋濂惊喜得来不及作答，赶紧延请入座，向许汝霖叙说几番想见而不能见的缘故。许汝霖知宋濂向往之久，也相与倾倒。此后，两人在南京时相过从，十分相得。不到两个月，许汝霖来向宋濂告别，说自己是前朝进士，不宜在新朝做官，已经上奏获准归里，请宋濂赠言

---

① 〔明〕宋濂：《张侍讲翠屏集序》，载《宋濂全集》，第2027页。
② 〔明〕张以宁：《潜溪后集序》，载《宋濂全集》，第2489页。
③ 〔明〕宋濂：《送许时用还越中序》，载《宋濂全集》，第484页。

为别。宋濂于是作《送许时用还越中序》送行，并赋诗一首：

> 尊酒都门外，孤帆水驿飞。
>
> 青云诸老尽，白发几人归。
>
> 风雨鱼羹饭，烟霞鹤氅衣。
>
> 因君动高兴，予亦梦柴扉。①

宋濂修《元史》期间，大明王朝的天空中陨落了两颗巨星，一为宋濂好友、御史中丞章溢，一为开国名将、鄂国公常遇春。

章溢是当年和宋濂应召同赴南京的"四先生"之一。他们到南京后，同住青溪，同备顾问，朝夕相处达三四年之久。宋濂曾私下里想："生我者父母，知我之至者唯公而已。"②未想洪武二年（1369）夏天，章溢因老母去世，回家奔丧，终因悲戚过度，忧伤而死，年仅56岁。"不知公何为去予而遽死矣乎！有善执予相，孰知我瑕疵而攻之乎！"③当章溢之子来向宋濂求神道碑铭的时候，宋濂伤心得肝肠寸断，挥泪写下了章溢一生不平凡的事迹。"大书遗行勒坚珉，传千百载欺无谖。"④对于亡友，宋濂只能以文字寄托哀思，希望他的事迹能千载流传。

常遇春是开国元勋，封鄂国公，爵位仅次徐达，是年七月七日不幸在山西前线病故。噩耗传来，朱元璋震悼罢朝，举朝为之洒泪。八月一日，灵车过龙江，朱元璋亲自前往祭奠，痛哭而还。十月九日葬后，朱元璋对宋濂说："朕东抚高丽，西抵吐蕃，北际沙漠，南来交趾占城，莫不稽首奉命。计其开拓之功，以十分而言，王盖居其七八。朕今手录战伐次第以授尔，尚为文勒诸丰碑，以著王之功于无穷焉。"⑤宋濂接过朱元璋的手录，认认真真地写了一篇神道碑铭。

---

① 〔明〕宋濂：《送许时用还剡》，载《御选宋金元明四朝诗·御选明诗》卷五十，影印文渊阁《四库全书》本。

②③④ 〔明〕宋濂：《大明故资善大夫御史中丞兼太子赞善大夫章公神道碑铭》，载《宋濂全集》，第360页。

⑤ 〔明〕宋濂：《大明敕赐银青荣禄大夫……中书右丞相追封开平王谥忠武神道碑铭有序》，载《宋濂全集》，第348页。

宋濂以为常遇春之功，可与唐朝的尉迟恭相提并论。但常遇春"王爵之加，恩数优渥，揆之于唐，诚又过之"，可谓"君臣相遇，千载一时"，这既表彰了常遇春的功绩，又颂扬了朱元璋"垂念功臣之至"有过于唐太宗。宋濂的碑铭要高出他人一筹，这里可窥见一斑。

十月十三日，乾清宫的松树上结满了露珠，朱元璋一时兴起，让内侍折了一枝给文武大臣观看。大家见到松针上一颗颗光润晶莹、勃郁淋漓的露珠，都禁不住啧啧称赞，说是甘露降临。第二天，左丞相李善长率领百官向朱元璋称贺。朱元璋说："甘露之降，载在往牒，然休咎之征，当以类应，朕恶足以致斯？卿等尚明为朕言之。"①于是，群臣纷纷启奏，有的说是朱元璋"恭敬天地，辑和民人"的结果；有的说是朱元璋"诞宽民赋，众庶欢豫，底于敉宁，神应之臻"的结果；有的说是朱元璋"敬养耆老"的结果，"宜以制币策，告宗庙，颁于史馆，以永亿万年无疆之闻"。朱元璋对这些回答都不满意，郁郁不乐。

宋濂回来后，对"甘露吉祥说"进行了思考。他认为"彩霞成凤，卿云聚绣，赤乌飞翔，白兔俯伏，瑞莲并萼，嘉禾孕文"等所谓的"天瑞"现象，"皆天之所命，非人力所致而自致者"。朱元璋从临濠起兵，匹马渡江，"十五年间，遂成帝业"，要说天瑞，数不胜数。而朱元璋之所以能成帝业，在于"以得仁贤为瑞，以五风十雨为祥"。所以，他认为朱元璋"超绝之智，卓冠百王，为法万世"。想到这里，宋濂就写了一篇《天降甘露颂》。甘露事件，在今天看来完全是一场闹剧，但在看重自然现象与人事吉祥相对应的古代，这又是十分重要的政治事件。因此，宋濂的《天降甘露颂》看似闲文，实则寄寓了他很深的用意！

十一月二十一日，朱元璋上朝，时有翰林学士宋濂，翰林侍讲学士危素，翰林侍读学士詹同，翰林待制王祎，起居注魏观、吴琳列左右。朱元璋命御厨送来食物，给大臣们赐陈年黄酒。朱元璋屡屡劝饮，内侍在一旁斟酒监督，这下可苦了不会饮酒的宋濂，他一次次求饶。朱元璋笑着说："卿虽醉，无伤也。"②酒席总算结束，朱元璋复来雅兴，赋诗一首，并且在诗前冠上小序，然

---

① 〔明〕宋濂：《天降甘露颂》，载《宋濂全集》，第328页。
② 〔明〕宋濂：《应制冬日诗序》，载《宋濂全集》，第475页。

后命大臣们也作诗奉上。宋濂在酒力的作用下，反而异常清醒，结果第一个作好。接下来依次是王祎、魏观、吴琳等。朱元璋看了，心中大悦。老臣危素最后一个写好，诗的内容以百姓的疾苦为旨意，朱元璋说："素终老成，其有轸念苍生之意乎？"第二天，危素把诸大臣的诗集成卷，请宋濂作序于篇首。宋濂把这次饮酒赋诗活动与唐朝作了比较，认为"在唐中世，当夏日炎蒸，君臣相与赋诗，不过以日长为可爱，凉生殿阁为足矜"，因此后代多有讥刺。而朱元璋励精图治，"其于冬日沍寒之际，形诸篇翰，固不忘于听政"，大臣们献诗赓和，"复以逸豫为戒，忧勤为劝，而弗敢后者"，因此，同是君臣赋诗，"不可以同日而语也"。

总裁《元史》（下）

洪武二年（1369）十二月，杨维祯被朱元璋召至南京纂修礼乐之书，次年正月抵金陵。据说杨维祯之受聘，是因为宋濂的举荐，这是很有可能的。因为杨维祯是老师黄溍的朋友，前朝名进士，在东南一带有极高的文名。宋濂的文集《潜溪后集》付梓时，就请杨维祯作序，杨维祯在序中给予了很高的评价：

> 金华文章家显而在上者，自延祐来，凡四三人，人皆知之。而在下，人少知而吾独知者，曰圎谷陈樵氏、潜溪宋濂氏也。圎谷，吾已录其文而藏于家。潜溪又得其弟子郑涣，传之于私稿。二子之文夺于众者势，而取于吾者理，有可得而征者。潜溪自弱龄日记书数万言，又工辨裁，尝以《春秋》经术，就程试之文。试不售，则辄弃去，曰："吾文师古，则今不谐，吾宁不售进士第，毋宁以程试改吾文也。"此其学日古，文日老，非今场屋士之以声貌袭而为者比也。吾知潜溪诎于时者，不得如显者四三人，而四三人之信于后者，吾固未知得潜溪如乎否也？①

---

① 〔明〕杨维祯：《潜溪后集序》，载《宋濂全集》，第2493页。

　　然而，明嘉靖年间诸暨人骆问礼《续羊枣集》却记载了杨维桢在朱元璋面前贬损宋濂的话，其文云："杨维桢隐于松江，见太祖高皇帝。太祖曰：'有荐汝者宋濂，今在翰林院，可往见之。'对曰：'惜其人学不甚博。'明日以语濂，濂曰：'臣学信不及维桢。'"[1]这个材料是经不起分析的。杨维桢的德行确实不怎么样，比如他与黄溍是多年的朋友，黄溍后来到朝廷做官，杨维桢找到黄溍，希望他能在朝中引荐，出于种种原因，黄溍没有引荐成功。杨维桢听到风声，以为黄溍是避朋党之嫌而不举荐他，就作了《金华先生避朋党辨》攻击黄溍，这表明杨维桢为人不太厚道。但是，杨维桢再怎么不厚道，也不可能在新朝皇帝面前贬损举荐自己的人。联系杨维桢此前及以后对宋濂的评价，他绝对不可能以贬损别人来抬高自己。杨维桢死时还以墓志铭相托宋濂，足见他对宋濂的看重。除非有一种可能，就是杨维桢不愿在新朝做事，在朱元璋面前贬低人家，以此给朱元璋造成不好的印象，将他放归。如果是这样，他依然难逃损人利己之讥。

　　洪武三年（1370）二月一日，杨维桢为宋濂的《潜溪新集》作了一篇序。在序中，杨维桢说有一个客人拿着宋濂的集子对他说："某帙，宋子三十年山林之文也；某帙，宋子近著馆阁之文也。其气貌声音，随其显晦之地不同者，吾子当有以评之。"[2]杨维桢却不以为然，认为宋濂以圣人为师，以道为师，其所著文章，为"三十年之心印""石不能压之而钧，钧不能压之而斤者，万万口之定价也"，如果说，宋濂的文章过去是这样，现在是那样，那么宋濂就不成为宋濂了。因此，他不主张将宋濂的文章分为山林之文和馆阁之文，宋濂就是宋濂，是独特的一个。

　　二月二日，宋濂、王祎在东阁为朱元璋进讲《大学》第十章，当讲到"是故君子先慎乎德。有德此有人，有人此有土，有土此有财，有财此有用"这一节时，宋濂与王祎反复解释申说。朱元璋说："人者，国之本；德者，身之本，德厚则人归之，如就父母，人心既归，有土有财，自然之理也。若德不足以怀

---

　　[1] 《宋濂全集》，第2677页。
　　[2] 《宋濂全集》，第2500页。

众，虽有财，亦何用哉！"①

二月六日，下诏续修《元史》，仍以宋濂、王祎为总裁。这次编纂官除赵壎为第二次参加外，其余朱右、贝琼、朱廉、王廉、王彝、张孟兼、高逊志、李懋、张宣、李汶、张简、杜寅、俞寅、殷弼等14人都是新来的成员。比如，张孟兼、朱廉来自婺州，是宋濂的同门友。王彝、张简、张宣等来自吴中，是王祎在吴中的朋友。其中，王彝曾诋杨维桢为"人妖"。贝琼来自崇德（今浙江桐乡），元末领乡荐，客游江浙间，张士诚累征不就，隐居殳山。性坦率，不修边幅，笃志好学，博览经史。

洪武二年（1369）被派往北平、山东等地采访的吕仲善于洪武三年三月十三日回到南京，此外，被派往其他各省的使者也陆续回来。他们带回了大量的文献资料。比如，被派往北平、山东等地采访的吕仲善，光在北平采集的文献就有80帙之多，在山东采集的文献有40帙。所拓的拓片，大都的有400通，山东的有100通。有了大量的文献资料依傍，《元史》续编的编纂进度就大大加快了。

四月，杨维桢肺病发作，上奏辞归。宋濂此时在史馆，不能前去送行，便作了一首诗请人送去，诗云：

> 皓仙八十起商山，喜动天颜咫尺间。
>
> 一代辽金归宋史，百年礼乐上春官。
>
> 归心只忆鲈鱼鲙，野性宁随鸳鹭班？
>
> 不受君王五色诏，白衣宣至白衣还。②

杨维桢得诗，也和了一首：

> 一代春秋付托颛，龙门太史笔如椽。

---

① 《明太祖实录》"洪武三年二月辛酉"条。

② 〔明〕宋濂：《送杨廉夫还吴浙》，载《宋濂全集》，第2188页。

山河大统三分国，正朔中华一百年。

麒麟阁上登雄将，龙虎榜头收大贤。

试问阮公高隐传，谁填四十满中篇。①

杨维桢回去一个月，即去世。在临终前，杨维桢对弟子说："知我文最深者，唯金华宋景濂氏。我即死，非景濂不足铭我。尔其识之。"②卒后三月，杨维桢弟子奉杨维桢遗命请宋濂作墓志铭。宋濂在墓志铭中说："濂投分于君者颇久，相与论文，屡极玄奥。闻君之死，反袂拭涕久之。"宋濂还对杨维桢光芒四射的人生作了形象的描述："元之中世，有文章巨公起于浙河之间，曰铁崖君。声光殷殷，摩戛霄汉，吴越诸生多归之，殆犹山之宗岱，河之走海，如是者四十余年乃终。"

谚语云："苏湖熟，天下足。"朱元璋有一次问户部官员："天下民孰富？产孰优？"③户部官员回答说："以田税之多寡较之，惟浙西多富民巨室……"朱元璋说："富民多豪强，故元时此辈欺凌小民，武断乡曲，人受其害，益召之来，朕将勉谕之。"六月十三日，江浙诸郡的富民都集中在宫殿外。朱元璋向他们训谕道："汝等居田里，安享富税者，汝知之乎？古人有言：民生有欲，无主乃乱。使天下一日无主，则强凌弱，众暴寡，寡者不得自安，贫者不能自存矣……"大家都点头称谢。于是，朱元璋赐酒宴招待他们，把他们遣送回去。

当时有翰林学士宋濂、詹同以及翰林待制王祎、起居注陈敬等列在左右。朱元璋对诸大臣说："卿等知朕所以训谕民之意乎？"王祎说："自古帝王皆身兼君师之任。君以治民，师以教民，三代而下为人主者，知为治而不知为教。今陛下王天下为治之道已备，而又集凡民而训谕之，耳提面命，不啻严师之于弟子，此正古昔帝王教民之意。"④宋濂说："臣乡人浦江义门郑氏实来受训谕，为臣言陛下教之之旨甚至。今还，且将以所赐书重刻而摹之，使其乡里之民家有

---

① 《宋濂全集》，第2595页。

② 〔明〕宋濂：《元故奉训大夫江西等处儒学提举杨君墓志铭》，载《宋濂全集》，第679页。

③ 《明太祖实录》"洪武三年六月庚午"条。

④ 〔明〕王祎：《王忠文公集》卷七《送郑仲宗序》。

是书，以广宣圣意矣。"①

七月一日，《元史》续编完成，计53卷，即纪10卷、志5卷、表2卷、列传36卷，凡前编没有完备的，全都补充完整。前后二编加起来，共计212卷。宋濂率馆臣献上，朱元璋下诏刊刻。每人赏赐白金20两，文绮帛各2匹。

《元史》之完成，前后才用了13个月，这在中国史书的编纂史上是绝无仅有的奇迹！而这部史书之所以能在极短的时间里完成，与总裁宋濂和王祎高度的责任感与有效的领导是分不开的，其中尤以宋濂之功居多。宋濂学生郑楷在《宋濂行状》中写道：

> 时编摩之士皆山林布衣，发凡举例，一俾于先生。先生通练故事。笔其纲领及纪传之大者，同列敛手承命而已。逾年书成，先生之功居多。

《元史》编成后，编纂官中的大多数人留下来做官，而贝琼、赵埙、朱右、朱廉等乞还田里。在离别前的一天雨夜，贝琼来向宋濂辞行，到宋濂的住处，发现王祎、张孟兼也在，于是写了一首诗《京师雨夜呈宋景濂学士王子充待制张孟兼主事》，诗如下：

> 昨夜归心已到吴，秋风相趣理荒芜。
> 蓬蒿一亩扬雄宅，桑柘千家范蠡湖。
> 但觅丹砂扶老病，那能白发事驱驰。
> 题诗为谢京华客，秦驻山头一腐儒。②

留下来的编纂官中，王彝、高启与宋濂过从较密。王彝有一首《陪宋学士国子学夜坐次韵》，诗写道：

---

① 〔明〕王祎：《王忠文公集》卷七《送郑仲宗序》。
② 《清江诗集》卷八，影印文渊阁《四库全书》本。

　　华堂环璧水，微飙扇清灯。

　　荡漾回澜起，窈窕佳月升。

　　迹陪簪笔彦，心谐超世情。

　　露繁惬栖翮，林暗爽流萤。

　　眷兹悟物性，谅匪系王程。

　　宵中已忘寐，顾影素蛾并。①

　　高启有《会客成均，及玉兔泉煮茗，诸君联句不就，因戏呈宋学士》《雪夜宿翰林院呈危宋二院长》二诗，前一首写道：

　　白兔如嫌桂宫冷，走入杏花坛下井。

　　嫦娥无伴每相寻，水底亭亭落孤影。

　　曾捣秋风玉臼霜，至今泉味带天香。

　　玉堂仙翁欲饮客，鹿卢夜半响空廊。

　　斋灯明灭茶烟里，醉魂忽醒松风起。

　　只愁诗就失弥明，残雪满庭寒似水。②

　　《雪夜宿翰林院呈危宋二院长》云：

　　偶伴王摩诘，寒宵宿禁林。

　　院铃风外静，宫漏雪中沉。

　　绛蜡销吟烛，青绫拥赐衾。

　　明朝陪贺瑞，银阙晓光深。③

　　《明太祖实录》记载："（洪武三年秋七月）壬辰，翰林学士宋濂、待制王

---

　　①② 《宋濂全集》，第2619页。
　　③ 《大全集》卷十二，影印文渊阁《四库全书》本。

袆坐失朝降编修。"壬辰即七月六日，也就是《元史》完成后的第五天。按理，宋濂和王袆都是十分谨慎的人，怎么会发生这样的事呢？如果单是这么一件事，我们可能觉察不出什么，但如果联系之后发生在王袆身上的一连串事情，会觉得宋、王的降职也不是一件偶然的事。王袆于七月十五日离开南京，奉诏到西北招谕吐蕃。王袆的《庚戌七月十五日离南京作》透露出一些信息，诗写道：

> 秉笔侍銮坡，两载尝禁脔。
> 既纫金匮藏，亦掌丝纶演。
> 涣汗惭敷扬，直书愧褒贬。
> 才疏职匪任，性僻迹如懒。
> 方期竭鄙能，忽尔蒙严谴。
> 左迁责已轻，西迈程颇远。
> 得灾或无妄，止谤在不辨。
> 洪造本至仁，薄命信多蹇。
> 渡江心摇摇，恋阙情宛宛。
> 行矣复何言，赐环谅未晚。①

"左迁责已轻"，指的是降职翰林编修。"西迈程颇远"指的是奉诏出使西北。"得灾或无妄，止谤在不辨"，显然，出使西北并不是一件光荣的使命，而是有人在朱元璋面前毁谤的结果。王袆于次年十二月到达甘肃兰州，然尚未有所作为，朝廷即令其南还，让他改道出使云南，招降元梁王把匝剌瓦尔密。殊不知，他这一去便永不复还。洪武六年（1373）十二月二十四日，王袆被元使脱脱和元梁王杀害，时年52岁。对于王袆的死，有后人评道："国史称先生为人刚直，不肯苟附，以取谤毁。为起居注，遇事敢言无讳，尤为胡惟庸所忌，故黜之远夷以穷死。然后知忠鲠违物，直道祸身，古今一也，岂不痛哉！"②由

---

① 《王忠文公集》卷二，嘉庆刻本。
② 〔明〕吴宽：《群玉楼稿》卷三《皇明诏使王忠文先生祠墓记》。

此可以看出，宋濂和王祎的降职，都是胡惟庸捣的鬼。那么，胡惟庸何许人呢？

胡惟庸（？—1380），定远人，《明史》入奸臣传，以后宋濂一家发生的灾难都与此人有关，此是后话。洪武三年（1370）的时候，胡惟庸任参知政事，不久代汪广洋为左丞。参知政事属从二品官，品阶仅次于左右丞相、平章政事、左右丞，可"统领众职"。因此，胡惟庸如果要与宋濂、王祎作对，完全是有可能的。

另外，宋濂、王祎的降职与当时的右丞杨宪的专权不法也可能有关系。杨宪（1321—1370），字希武，太原阳曲人。此人"美姿仪，通经史，有才辩"，但"为人深刻意忌，有不足于己者，则以计中伤之"。洪武二年召为中书右丞，洪武三年七月，又迁中书左丞。"市权要宠，轻视同列，人莫敢与抗。"例如，杨宪与张昶同在中书，嫉妒张昶才能在自己之上，就想陷害他。张昶原在元朝做官，有一次他对杨宪说："我是元朝的官，现在勉强留在这里，我不能忘怀元朝的君主。而且我的妻子也在北方，不知道生死。"于是，杨宪就告发张昶，说他谋叛，张昶被杀。杨宪从此"益无所惮，专恣日盛，下视僚辈以为莫己及"。杨宪喜欢人家奉承拍马，所以那些迎合贪利的人多出其门下。杨宪原在山西任参政，自调入中书省后，将原先的旧吏统统斥去，改用自己的亲信。他制作了一个花押，叫"一统山河"，给僚属们看，那些会迎合他、对他说好话的人，就被超升提拔，否则即立刻罢去。有一天，翰林编修陈樛来拜访，杨宪拿出花押给他看，陈樛连忙称贺道："押字大贵，所谓只有天在上，更无山与齐者也。"杨宪听了很高兴，没过几天，就升陈樛为翰林待制。后来，又让人罗织汪广洋的罪状，弹劾他罢官归乡里。多行不义必自毙，杨宪罪行为刘基揭发，伏诛。有这样妒贤嫉能的小人高高在上，宋濂和王祎受到降职的处分也就很自然了。①

天下初定，百废待兴，与全国各省县所需的官员数量相比，人才的储备显得极度匮乏。洪武三年（1370）五月，颁诏天下，设科取士。八月，南京周围的三州十七府考生会集在京城，准备参加乡试。朱元璋命御史中丞刘基、治书侍御史秦裕伯主持此事，让翰林侍读学士詹同、弘文馆学士睢稼、起居注乐韶

---

① 参见《明太祖实录》卷五十四"洪武三年七月丙辰"条。

凤、尚宝臣魏潜、国史编修宋濂等辅佐其事。考试的头一天晚上，宋濂与其他考官一同来到考场，到了后半夜才开始命题，等到天亮，才将所出的题目给监考官。宋濂出的是一道关于儒吏之分的题目。

问：儒、吏之分，古无有也，盖儒守道艺，吏习法律，法律固不出乎道艺之外也，奈何后世岐而二之？岐而为二，果始于何时欤？

然而儒之与吏，各以才显者亦众矣。以儒言之，有以明经为郎，出守河南而民以殷富者；有以明经入仕，刺举无所避，而加光禄大夫者。以吏言之，有以治狱才高，而举为侍御史者；有以治律令而升，封为博阳侯者。其果何修而致此欤？岂皆以儒术缘饰吏事者欤？

世道日降，事浸非古。为儒者不以明体适用为学，而留情于章句文辞之间。峨冠博带，论议衮衮，非不可也。及授之以政，则迂阔于事，为群吏之所卖。为吏者不以致君泽民为务，而溺志于簿书期会之末，承顺以为恭，奔走而效劳，非不能也，及察其所为，则黩货舞法，为民之大蠹。古之为儒、为吏者，其果若是欤？诚使儒而不迂，吏而不奸，皆良材也，不知何以择而用之欤？

方今圣天子，提三尺剑，平定天下，如汉高帝；发政施仁，孜孜图治，过唐太宗。且以吏弊未除，而为生民之害，乃征四方布衣之士，毕升于朝，命铨曹选而官之。高者擢守令，次亦不失为州县之佐。圣德至渥，度越前代。其所以然者，欲使儒术革吏弊，而臻夫太平之治也。古语有之："法如牛毛，弊如蜂午。"革之之道，果何先而何后？孰缓而孰急欤？

考之《周礼》，士多而府吏少。今世之吏，数倍于前，事繁政紊，案牍纷然，所以其弊为滋甚，刘炫所谓老吏抱案而没者也。其可减去太甚，而收良吏之绩欤？稽之汉世，以四科取士，若曰某以某才堪任某职，初不专于一涂。所以去弊兴利，具有其道，董子所谓量才授官、录德定位者也。其可行之于今而收贤儒之效欤？

诸君子读往圣之书，负真儒之学，生平立志，耻与俗吏为伍，其必讲之有素矣，当斟酌古今之宜，逐问以对，毋誉纸上之陈言。一则曰在得人，二则曰在得人。①

宋濂出的这道乡试题目现实针对性很强，因为国家既需要有思想文化领域的儒者，也需要有从事考功文书之类具体事务的官吏，但是儒者往往"迂阔于事"，吏者易于"黩货舞法"，这两者的关系应该如何处理，如何避免两者的弊端，如何从历史中吸取教训等，都是需要尽快解决的问题。从题目中，可以看出宋濂对历史的思考和现实的关切。

此次参加乡试的有133人，选中的有一半以上。

十一月，北伐军班师回南京。朱元璋决定要论功大封功臣，宋濂博古通今，为人平和公允，又熟悉功臣的事迹，故朱元璋召宋濂来议定等级。宋濂与朱元璋等在大本堂反复商讨，通宵达旦。宋濂"据汉唐以来故实，量其中而奏之，曰'此可法''彼不可法'，皆付于理乃已"②。最后的结果，晋李善长韩国公、徐达魏国公，封李文忠曹国公、冯胜宋国公、邓愈卫国公、常遇春子茂郑国公、汤和等侯者28人。

十二月九日，诏敕翰林侍读学士魏观为国子祭酒，宋濂为国子司业。诰文要到次年二月发布，其云：

> 国子学职，专教育人材，以备国家之用。必选明经有德者为之师，则模范正而学业进矣。翰林国史院编修宋濂，学足以明道，文足以垂世。当朕创业之始，即入青官，训我储贰，则温文之资，实由辅导，继擢左史，掌我记注，则日侍左右，谏正为多。朕以前元纪传未及纂修，爰求其人，非汝弗称，故特俾居翰苑，以任总裁。尔果能自迁、固之踪，成一代之史，朕用嘉焉。兹特命司成均之业，尔尚推明师道，以训诲诸生，必使见诸实用，则为称职矣。往其钦哉！可授奉议大夫、国子司业，宜令宋濂。准此。洪武四年二月□日。③

---

① 〔明〕宋濂：《京畿乡试策问》，载《宋濂全集》，第544页。
② 〔明〕郑楷：《宋濂行状》，载《宋濂全集》，第2350页。
③ 《明太祖赐国子司业诰文》，载《宋濂全集》，第2281页。

国子监是全国最高的读书机构。来读书的都是京城高官的子弟以及从全国挑选来的优秀学生。宋濂在郑义门教书多年，又曾为太子师、君王师，颇有教书的经验，加上文章写得好，学生们都愿意听宋濂讲课。"学者帖帖遵度，惟恐不得为先生弟子。"[1]

贬谪安远

洪武四年（1371）二月会试。所谓会试，即前一年八月乡试中举的考生集中到京城考试。考生来自河南、陕西、北平、山西、山东、江西、湖广、浙江、广东、广西、福建等11个行省及高丽（今朝鲜），有200人，可谓俊秀咸集。其先，右丞相汪广洋，左丞相胡惟庸，礼部尚书陶凯、杨训文向太子所住的东宫禀报，然后入内上奏。朱元璋于是下诏以陶凯与翰林侍学士潘庭坚为主司，以翰林侍读学士詹同、国子司业宋濂、前贡士鲍恂等为考试官。朱元璋将他们召到内廷，强调了取舍的标准。陶凯等退出，与各考试官商量实施的办法，大家反复商量，充分讨论，希望能符合主上的意思。商讨的结果是，决定分经考试，互相参定，使无遗憾。然后进于主司，主司再通观遍览，给出等级。即便这样，还担心有遗珠之叹，对于那些落选的考生，又重新检查他们的试卷，看是否有不该落选而落选的。白天已经竭尽心力，晚上烛光摇曳，灯影婆娑，直至深夜，依然不敢自宁。最后的结果是，有120人中选，落选的有80人。

这次考试的状元叫吴祐，字伯宗，后以字行，金溪人，他是明朝第一个状元。会试考试官即为宋濂和鲍恂。廷试时，朱元璋对他的回答很满意，赐状元及第。朱元璋很高兴，授他为承直郎、礼部员外郎，与修《大明日历》。说来也奇，前一年江西乡试，南昌府判官王黻做了一个梦，说江西有个考生中了状元回来，官员和百姓都前往迎接。

金榜题名后，主考官与考生之间便有了师生的名分和情谊。吴伯宗早知宋濂的大名，此次能得宋濂为主考官，他感到很幸运，非常希望利用拜见宋濂的

---

[1] 〔明〕郑楷：《宋濂行状》，载《宋濂全集》，第2350页。

机会，为他父亲的文集作一篇序。吴伯宗的父亲叫吴仪，人称东吴先生。吴仪早年曾从元朝进士江存礼、谢升孙游，后又拜"儒林四杰"虞集为师。吴氏一系，有科第的传统。吴氏先祖吴郁为象山陆九渊的弟子，从郁一系下来到吴仪祖父辈，有四人登科第。当时宋濂正忙着应付考试的事，无暇为之。后来，吴伯宗父亲去世，吴伯宗又持行状请宋濂为墓志铭，宋濂在考察了吴氏一门家学相仍、科第相望、奕叶联辉的世系后，发出了"山厚则木繁，海深则川聚，其亦理势之必然耶"①的感叹。其所作铭有云："吴氏之裔何蝉联兮，科名接武代多贤兮。"

吴伯宗曾历官国子助教、翰林典籍、翰林检讨、武英殿大学士等职，"为人温厚，然内刚不苟婟婀"，因此仕途并不是很顺利。

十八日，会试结束。十九日，廷试。二十日，午门外唱名公布，即日谢恩，到青宫登记授官。孝友得为平乡丞。二十四日，锡宴中书堂。宋濂喝完酒出来，有人在一边叫道："君非宋学士邪？"②宋濂说："然。"问："子为谁？"答："我叶爱同也。"宋濂问他为什么改名，又问起他的父亲。他父亲去世已六年了。宋濂为之悲喜交集。

按过去，乡试要三年一次。但由于开国人才短缺，朝廷求贤若渴，洪武四年（1371）初下诏从这年开始连举三年，之后再三年一举。所以，到了八月，乡试又开始了。京城的乡试，主要由京城有名望的大儒主持。朱元璋亲自选兵部尚书吴琳、国子司业宋濂主持。中书右丞相汪广洋、左丞相胡惟庸又选"廉慎而通文艺者"，为受卷、誊录、对读、弥封等官。

宋濂曾多次参加元朝的科举，但都名落孙山，因此，他对科举考试有很深的体会。他说：

> 夫自历代以来，为之士者，焚膏继晷，矻矻穷年，欲徼科目，以为身荣，奈何有终身而不沾一命者。设得之，秋发缤纷，而有弗获禄食者。其

---

① 〔明〕宋濂：《故东吴先生吴公墓碣铭》，载《宋濂全集》，第416页。
② 〔明〕宋濂：《题叶赞玉墓铭后》，载《宋濂全集》，第553页。

间幸无二者之累，拘于岁月，又有不能改合入官者，何其艰哉！今我皇上求治之切，一艺一才，无不庸擢上第者，固不限资序而爵之。或见遗于南宫，亦俾其与有禄食。寒酸之士，一旦遭逢盛际，纡朱拖紫，秉笏垂绅，光显尊荣，照耀耳目。此皇恩之滂沛酝郁，诚历代之所无有，为之士者，动静云为之间，曷思所以致此哉！其尸位素餐而不知报国者，妄也；违道干誉而不务恤民者，殆也；贪墨败类，丧名检而斁风教者，非人也。[①]

是年三月，朱元璋命新录取的进士到孔庙前脱去平民的衣服，换上官服，然后行释菜礼。宋濂对孔子庙的种种不合古礼的地方早有看法，但由于以前自己不在国子学任官，也不便说什么。自八月任国子司业后，他决定要对孔子庙学不合古礼的地方做一番改革。为此，宋濂先写了一篇《孔子庙堂议》[②]。这篇文章可能先在国子学生中或宋濂的友朋中传阅，不想后来传到了朱元璋那里。朱元璋看了很不高兴，认为宋濂写成文章后，"不以时奏"，就将宋濂贬到了江西的安远任知县，把魏观贬到了龙南（今江西龙南）任知县。朱元璋将魏观和宋濂贬谪仅仅是因为"不以时奏"吗？其中的原因可能没那么简单。我们先来看一看这篇文章的主要内容，宋濂在文章中列举了孔子庙学不合古礼的地方，主要有：

（一）祭祀的时候，主人应立于正堂台阶的东侧，西面，而现在迁神于南面，行礼者在北面，"则非神道尚右之义"。

（二）古代用木制的神位，而现在却用泥土捏成的肖像，"则失神而明之之义矣"。

（三）古代祭祀时，用"郁"与"邑臭"两种香草合用烧香，结束后，用"萧"与"膻芗"合用烧香，而现在仅用薰芗替代。"庸非简乎？"

（四）古代祭祀，大庭中都有火炬照明，国君一百，公爵为五十，其余

---

① 〔明〕宋濂：《辛亥京畿乡闱纪录序》，载《宋濂全集》，第722页。
② 参见《宋濂全集》，第19页。

三十，而现在一概以火炬代替。"庸非渎乎？"

（五）孔庙祀先圣先师，当有一定的次序和规定，不应杂置妄列，而像"荀况之言性恶，扬雄之事王莽，王弼之宗庄老，贾逵之忽细行，杜预之建短丧，马融之党附势家，亦厕其中，吾不知其为何说也"。

（六）颜回、曾参、孔伋，属于子辈，却配享堂上；颜路、曾点、孔鲤，属于父辈，却列祀两庑间；张载为二程的表叔，却坐其下。"颠倒彝伦，莫此为甚，吾又不知其为何说也。"

（七）今孔庙使用大晟乐，乃"先儒所谓乱世之音者也，其可乎哉"？

（八）古时祭祀有三献，每献之后都要饮食供神的酒肉，以求神赐福，即所谓主人、主妇及宾之义。"今惮其烦，唯初献者得行之，其可乎哉？"

宋濂在列举了上述违背古礼的种种事例后，禁不住发了一通感慨："呜呼，学校者，礼之所自出，犹河渎之宗瀛海也，犹山岳之祖昆仑也，今乃舛缪若是，则其他可知矣。礼固非士、庶人之所敢议，有人心者孰能默默以自安乎？"

按理，宋濂从维护国家礼教的角度出发，指出国子学祭祀中不妥的地方，应该说是一件好事。但朱元璋为什么要大发雷霆呢？朱元璋曾于洪武元年（1368）二月以太牢祀先师孔子于国学，洪武四年三月又命新进士去国子学行释菜礼。而现在宋濂指出孔庙的种种不是，这不是让朱元璋难堪吗？为什么以前不说，偏偏等朱元璋去了多次以后再来"事后诸葛亮"呢？难怪朱元璋老大不高兴，说宋濂考祀孔子庙学"不以时奏"了。

不过，朱元璋的怒气很快过去，毕竟朱元璋少不了宋濂。因此，没过几个月，朱元璋就将宋濂和魏观二人召回。

宋濂去安远的路上，写过一篇文章《楚客对》，文中说："宋子泛舟西山，夜泊彭蠡，褰篷而坐。"[1]这是宋濂遭贬的一个内证。

---

① 《宋濂全集》，第543页。

召回任职

洪武五年（1372）二月，宋濂被召回任礼部主事。

二月，兵部郎中刘崧请宋濂为其诗集作序。刘崧（1321—1381），初名楚，字子高，泰和（今属江西）人。崧，一作嵩。元末举于乡。洪武三年，以经明行修举，改现名。授兵部职方司郎中。《明史》称他"家贫力学，寒无炉火，手皲裂，而钞录不辍"，7岁能诗，日课一首，所积达千余首。刘崧与江西辛敬、万石、周浈、杨士弘、郑大同游，号称西江派。宋濂认为做一个好的诗人要具备五个条件，即天赋、学习古人、师友切磋、多吟咏、江山之助，而宋濂认为刘崧即是具备了这五美之人。宋濂说刘崧之诗"缓急丰约，隐显出没，皆中乎绳尺。至其所自得，则能随物赋形，高下洪纤，变化有不可测，置之古人篇章中，几无可辨者"[1]。宋濂说自己不善写诗，但其"知诗决不在诸贤后"，即便孟郊、韩愈复生，也不能易其言。刘崧也作了一首诗赠宋濂：

> 我有尘外想，长悬山水间。昨逢金华客，因问青萝山。
> 青萝几升仞，翠色净如洗。江山见数峰，分明紫霞里。
> 缅慕宋夫子，高栖在丘樊。扣舷沿桂潋，翻帙上松门。
> 幽寻岭涧淙，静坐看庭绿。著书三径荒，饮水一瓢足。
> 昔在山中住，声名天下闻。一朝被征起，长笑下秋云。
> 官联玉堂署，诏入金銮殿。《元史》公是非，雄文掞雷电。
> 今年谢山县，稽礼移春官。并结芙蓉绶，仍飡首蓿盘。
> 翩翩霞上鸾，皎皎雪中鹤。振佩朝天衢，回车睇云壑。
> 自从出山远，芳草满岩扃。弟子感时雨，里人瞻德星。
> 岂无京华乐，祇念山房好。恒恐归来迟，青萝笑人老。

---

[1] 〔明〕宋濂：《刘兵部诗集序》，载《宋濂全集》，第608页。

仙岩勘灵笈，禹穴探古辞。此意在千载，世人安得知。①

　　洪武五年（1372）六月，句容张观的菜园里生了一个双实同蒂、圆如合璧的西瓜。有人把它献到朝廷。六月二十八日，宋濂与汪广洋、胡惟庸、沐英、张以宁侍朱元璋于武楼。朱元璋见到这个姿态奇异的瓜，十分高兴，就问诸大臣："征之往牒，其事云何？"②丞相奏道："汉元和中，嘉瓜生于郡国。唐汴州亦献嘉瓜。祯祥之应，有自来矣。陛下励精图治，超汉轶唐，故天锡之珍符，太平有象，实见于兹。"第二天，朱元璋让人把这个嘉瓜作为祭品供奉到太庙。

　　宋濂认为西瓜原产于西域一带，当时朱元璋派兵西征，甘肃、西凉诸郡被攻下，产瓜之地也入版图，西域36国也都来朝贡，上天显瑞，难道不在这里吗？于是，宋濂根据古书同类事件的记载，写了一篇《嘉瓜颂》，借此歌颂"王化自迩，远无不服"的功绩。

　　九月十五日，宋濂带着儿子宋璲去国子学拜访同门乡友张孟兼，时张孟兼任国子学录。他们点着灯聊天。张孟兼命侍史汲玉兔泉煮水沏茶。不久，晋府参军熊鼎、兵部郎中刘崧、虞部周子谅纷纷来到。众人一起谈诗，谈到会心之处，则击掌大笑。太常吕仲善听说宋濂等在张孟兼这里，也高兴地加入进来。品茶完后，张孟兼拿出新作的《玉兔泉铭》朗诵起来。

　　玉兔泉在国子学东廊前，此泉清美甘洌，为南京城中第一，文人经常在此品茗联句。据说此泉为宋奸相秦桧所凿。秦桧未仕前，有一天夜晚看到一只兔钻入地下，于是让人掘地一丈左右，得泉水。秦桧做官后，就在井边设护栏，而且在边上立了一块石块，用篆书镌上"玉兔泉"三个字。秦桧因为投降卖国，杀害岳飞，所以为千夫所指，遭万世唾骂。文人想到如此甘美的泉水为秦桧之名所污，都愤愤不平。陶宗仪在《书史会要》一书中称秦桧"所书'玉兔泉'三字亦有可观，虽以一艺之小善，莫掩万年之遗臭，姑存之以为奸臣逆贼惩"。张孟兼的《玉兔泉铭》正是为玉兔泉雪冤而作。刘基也作有《后玉兔泉铭》，并

---

① 《槎翁诗集》卷二，影印文澜阁《四库全书》本。
② 〔明〕宋濂：《嘉瓜颂》，载《宋濂全集》，第561页。

有序。序中称"金华张孟兼悯泉之芳洁，以奸久所污而铭以雪其冤，爱物之良心也"。

张孟兼朗诵完后，对大家说道："今夕何夕，胜友如云，不可无以为娱，请举泉联诗，何如？"大家说："然。"宋濂年龄最大，就率先出第一句，其余的依次按年龄联诗。大家你一句，我一句，争奇斗胜，精彩纷呈，难以休止。到了二鼓时分，联诗结束。现将联诗移录于此：

> 成均地何灵，圣泽资灌沃。濂 兔奔兆奇征，井渫发新斸。鼎 自非三窟深，孰湛一川绿？孟兼 储精本从金，生色绝胜玉。子谅 霜毛蘸寒饮，雪甤翻夜浴。松 酿冽补酒经，沐丹验仙箓。仲善 杵春蟾宫弃，珠喷鳣堂触。璲 孚月生阴精，观天漏晴旭。濂 冰澄毛骨竖，鉴澈须眉烛。鼎 巍名徒自奇，桧行秒难赎。孟兼 虽涵东敦狡，难洗上蔡辱。子谅 引满瓶未赢，探幽绠频续。松 流罂渗银床，出窦溅琼粟。仲善 醉沃目晕花，冻汲指连瘃。璲 濡毫乃自润，照影从人欲。濂 光沉天上魄，祥启地中躅。鼎 摛辞挹余清，盥荐侑嘉告。子谅 剑刺非二师，池移岂身毒？孟兼 燕支愧瑶陈，盐卤鄙富蜀。松 不动疑洼雪，频摇笑风矗。仲善 天光一眼开，支影片鳞束。璲 剧咽觉瘆瘲，蹶足想彳亍。濂 膴沸虎爪跑，斛吸猿臂白。鼎 洁士濯冠缨，渴卒卸刀鞫。子谅 精当昂君降，液或井宿毒。孟兼 谁知钟宿分，脉与伊洛属。松 锡名尔固嘉，战句吾何局。仲善 联将指鼎比，疾胜击钵促。璲 惊风落灯烬，斜月坠檐曲。濂 灵源讵能穷？短咏聊可录。

吟罢，大家拥衾而睡。等到鸡叫的时候，屋外也风雨凄迷。因各自都有公事，大家或早或晚起床而去。宋濂也骑着驴去上朝了。

第二天，张孟兼让宋璲用小楷将所联诗抄在《玉兔泉铭》之后，请宋濂作一篇序。对于此次雅集，宋濂觉得甚是难得，他感慨道："於戏！人事聚散，如风中飞花，其回旋飘泊，曷尝有一定之迹？今幸得与二三君子岸帻咏诗，辗然而一笑，岂非天哉！然此七人之中，楚产者太半，独予父子与孟兼居越西，相距仅半舍。他时或后先投簪而归，支九节筇访孟兼白石山房溯咏，诸贤立霄汉上，欲一见不可得，取此卷阅之，恍如聚首成均时，宁不有慰于寂寥之乡也邪！"①

十二月，朱元璋擢宋濂为太子赞善大夫。其诰文云：

> 朕以太子为天下之本，其东宫官属，必选文学行能之士以居其任焉。承事郎礼部主事宋濂，尔以纯谨之资，老成之学，执笔柱下，视草词林，继司业乎胄监，复考礼于仪曹，皆称其职。况辅导东宫，历年已久，擢为赞善，孰曰不宜？尔尚守职，惟恭思尽忠益之道，而辅赞之，庶称朕委任之意。可授奉议大夫太子赞善，宜令宋濂。准此。洪武五年。②

是年，宋禧写了一首感情真挚、情意绵绵的诗寄宋濂。诗中回忆修《元史》诗，他负责的《外国传》多承宋濂笔削修饰。他生病时，宋濂早晚问候。别后，只要有人去宋禧故里，宋濂总是带信问候。诗云：

> 相处才数月，相违已三年。人来即问讯，矫首玉堂仙。
> 尺书固邈邈，寸心每悬悬。孰谓金兰契，而如萍梗然。
> 忆昨被殊渥，草茅倏牵连。平生坐环堵，岂意乘官船。
> 修史与末役，乏才愧群贤。强述外国传，荒疏仅成篇。
> 赖有班马手，笔削容巨编。素餐窃恐惧，衰疾频缠绵。
> 小儿聚药裹，空床重艾烟。旅邸命如线，仁人俱见怜。
> 同舍既足藉，同姓尤惓惓。早晚辱安慰，残喘聊自延。
> 凉风送越柁，而得归园田。当时十八士，去留各有缘。
> 中秋佛寺里，明月照离筵。后夜复叙别，惨戚灯影前。
> 赠言诺教诲，有暇寄江边。缥帙已拜惠，所获尚未全。
> 去年撄宁叟，往还情为传。我亦荐行迈，南闽涉山川。

---

① 〔明〕宋濂：《玉兔泉联句引》，载《宋濂全集》，第677页。
② 《明太祖赐太子赞善大夫诰文》，载《宋濂全集》，第2282页。

考艺非所任，冒往谁舍旃。知己谅兴闵，疲驽讵胜鞭。

鬖发日已短，贫病无由瘳。策杖山野间，静旷庶相便。

击壤或歌咏，忘忧临涧泉。缅怀青云彦，文会滥随肩。

作诗谢畴昔，一一莫能专。诸公倘垂爱，契阔宁我愆。①

　　洪武六年（1373）正月四日，朱元璋在武楼便阁召见御史中丞陈宁、太子赞善宋濂，赐座左右。朱元璋与两位大臣谈起了天地间出现的一些吉祥的现象。朱元璋命内侍取出宫中所储的膏露，用翠绿色的罂缶盛储，跪进上前。膏露看上去玉洁珠圆，世所未睹。朱元璋令内侍又取来煮器，用金杓舀水二升，将水烧开。朱元璋从龙帐中起身，亲自打开罂瓶，将膏露倒入沸水中，膏露顷刻融化，与水混为一体。朱元璋用金杓舀浆，倒入两名内侍张开的纱布中粗粗过滤。待渣滓过滤完毕，重新又用绛纱囊再过滤一番。朱元璋先尝一爵，然后分赐陈宁和宋濂品尝。朱元璋说："此天地至和所凝也。卿等服之，去沉疴而衍遐龄。"②宋濂等尝后，感觉其味甘甜如饴而不腻，其气清于兰而不艳。"一入口间，神观殊觉爽越，飘飘然欲御风而行。"从朱元璋处出来，陈宁对宋濂说："唐之李白召对金銮殿，玄宗调羹以赐，方策尚载之以示后世。矧今圣天子亲挹天乳，以沃近侍微臣，共享二气祯祥。此玄黄覆持之恩，不可忘也，宜发为声诗，以彰君之赐。"宋濂认为，朱元璋赐甘露于臣，可比之于黄帝赐甘露于百僚，非唐玄宗所能比。于是，宋濂作诗一首。其他大臣也纷纷唱和。录成一卷，宋濂作诗序，冠于卷首。

　　是年二月，朱元璋召群臣侍坐。朱元璋让宋濂为在座的群臣讲析真德秀《大学衍义》中司马迁论黄老事。《大学衍义》卷十三有云："司马迁曰：世之学老子者则绌儒学，儒学亦绌老子，道不同不相为谋。"真德秀有疏云："或又谓文帝用黄老而天下安，武帝用儒术而海内耗，则儒术果不逮黄老矣。曰：非也。清静慈俭，老氏之所长，而文帝用之，故其效如此，然亦富之，而未及教也。

①〔明〕宋禧：《寄宋景濂先生三十韵》，载《庸庵集》卷一，影印文渊阁《四库全书》本。

②〔明〕宋濂：《御赐甘露浆诗序》，载《宋濂全集》，第1019页。

使其用孔子之道，则其成功，岂止是哉。若武帝之于儒术，特崇其名而已，而所以斁耗生民者，则神仙刑名兵家之罪，儒术何与焉。臣不得以不辩。"宋濂对此阐述道：

汉武尝神仙之学，好四夷之功，民力既竭，重刑罚以震服之。臣以为人主能以义理养性，则邪说不能侵，兴学校教民，则祸乱无从而作矣。刑罚非所先也。[1]

开国之君应该像汉初那样推行黄老之道，还是像后来的汉武帝那样推行儒术？朱元璋对这个问题确实感到困惑。汉武帝所开创的帝业为后来的帝王所向往，但仍免不了受到儒者的批评，主要的一点是他在推崇儒术的同时，又重刑罚，像司马迁遭受酷刑即为一例。因此，宋濂所说的"刑罚非所先也"是有寓意的。因为在刑罚这一点上，朱元璋有过之而无不及。

朱元璋是个聪明人，自然明白宋濂话中的弦外之音，面对众大臣，他表白道："朕之为君，上畏天地，下畏兆民，兢兢业业，不敢自逸。"[2]宋濂于是鼓励道：

陛下此心，古先哲王之心也。《书》曰：予临兆民，凛乎若朽索之御六马。为人上者，奈何不敬？正谓此尔。愿陛下慎终如始，天下幸甚！[3]

是年正月，突然传来了义门弟子郑渊去世的消息。自与郑渊别后，宋濂曾寄诗给郑渊，以表达他对郑渊及义门父老的思念。

洪武五年（1372），郑渊"忽不远千里来见，且申前言"，然而，宋濂"诺之而未及践"，一别竟成永诀。"仲涵之子楷，自为状来求冢上之铭，其词缠绵悲怆，尤足以动予之哀思，每一读之，泪潸然下，所以久而不能成文。"过了很久，宋濂写成《郑仲涵墓志铭》，铭曰：

[1][2][3]〔明〕郑楷：《宋濂行状》，载《宋濂全集》，第2350页。

质珪璋兮缔绣文，既娉丽兮又粟温。宜参雅乐兮献明庭，胡沦岩穴兮铲其英。匪进则退兮道之常，保家肥兮誉弥章。民同胞兮势弗殊，使我心恻兮轸寒与饥。少微煌煌兮云掩之，阴云英英兮又不能霖。前何古兮后何今，思美人兮涕泗沾襟。[1]

二月，朝廷暂停科举，朱元璋命有司举贤才。又选择年少俊异者张唯、王辉等为翰林编修，入禁中文华堂肄业，命宋濂充当他们的老师。

洪武六年（1373）七月三十日，朝廷授宋濂为翰林侍讲学士、知制诰，仍兼太子赞善。其父宋文昭赠中顺大夫、礼部侍郎，母陈氏赠淑人。九月，下诰文。诰文云：

翰林之职，掌制作而备顾问，必择能文有学之士居焉。奉议大夫、太子赞善大夫宋濂以旧德之士，纯正之辞，事朕十有四年。其居左史，职词林，佐成均，近侍于帷幄，黼黻于治道，论思于讲筵，所禅多矣。比任赞善之职，尤多辅导之功，兹俾复翰苑之清华，修我朝之实录，尔尚夙夜恭勤，务展所蕴，使文词通畅，治体宣明，庶副朕简任之意。可授翰林侍讲学士、中顺大夫、知制诰、同修国史兼太子赞善大夫，宜令宋濂，准此。洪武六年九月□日。

编修典册

一、《大明日历》

洪武六年（1373）八月十六日，朱元璋下诏编纂《大明日历》。九月四日，正式开局于西华门。关于是书的编纂缘起，《明太祖实录》记载道："翰林学士承旨兼吏部尚书詹同等言：'自上起兵渡江以来，征讨平定之迹，礼乐治道之

---

① 《宋濂全集》，第748页。

详，虽有记载而未成书，乞编《日历》藏之金匮，传于后世。'上从其请。命同与侍讲学士宋濂为总裁官，侍讲学士乐韶凤为催纂官，礼部员外郎吴伯宗，儒士朱右、赵壎、朱廉、徐一夔、孙作、徐尊生同纂修，乡贡进士黄昶、国子生陈孟旸等誊写。"

上述编纂人员中，赵壎、徐尊生、朱廉、朱右曾参与《元史》的编纂。吴伯宗为开科第一位状元。乐韶凤（？—1380），字舜仪，全椒人。博学能文章，朱元璋下和阳时来投奔。洪武三年，授起居注。洪武六年，授兵部尚书，后改侍讲学士。孙作（约1340—1424），字大雅，江阴人。为文醇正典雅。尝著书12篇，号东家子。宋濂为之作《东家子传》。黄昶和陈孟旸原先为国子学学生，都曾从宋濂受业。值得一提的是，黄昶还是宋濂老师黄潛的曾孙，他是以《春秋》中浙江行省乡试第17名，肄业国子学。《大明日历》完稿的时候，需要两名誊写员，于是从国子学中选得"俊秀有文者"两名作誊写员，其中之一即为黄昶。

十月二十六日，黄昶来到。宋濂将黄昶引到朱元璋住的西苑，朱元璋慰问良久，且说："尔何人之裔邪？"宋濂代他回答道："文献公潛，昶之从曾祖也。"朱元璋十分高兴。宋濂又带着黄昶到大本堂见了太子，太子对他也劝勉有加。不久，朱元璋还命侍臣拿出宫中所用的绮裘革履赏赐给黄昶。十一月十五日，朱元璋召御史中丞刘基、吏部尚书詹同及宋濂宴于乾清宫便阁。宴毕，詹同、宋濂等带着酒意回到西华门《大明日历》编纂处，詹同爱黄昶有俊才，一时诗兴大发，挥毫写了一首诗赠黄昶，字大如斗。不久，又传来圣旨，召宋濂等赴右顺门。这时，朱元璋正步行而至，詹同酒意未消。朱元璋对詹同说："卿醉未醒邪？"詹同说："臣虽醉，犹能赋诗赠黄秀才。"朱元璋说："诗何在？"詹同说："在史馆中。"朱元璋说："濂宜呕取之。"宋濂取来詹同的诗交给朱元璋，朱元璋笑着对宋濂说："朕即和同诗，卿当为朕书之。"宋濂记下了朱元璋的诗，回史馆后，就将朱元璋赐的诗交给了黄昶，并叙述了朱元璋赐诗的经过。后来，宋濂作了一篇《恭题御和诗后》，称赞朱元璋"俯和侍臣之诗，岂非乐育菁莪，以开万世太平之基者欤"。黄昶正逢盛际，得赐御诗，宋濂对他给予了谆谆劝勉！

与《元史》一样，《大明日历》的编纂事关朝廷机密，故编纂有严格的纪律要求。宋濂在文章中写道："九月四日开史馆禁中，日轮寺人守阍，太官进膳羞，其事甚严且秘。臣等昧爽而入，至日曛始出，复会宿于词林，虞有宣泄，盖不敢不慎也。"洪武六年（1373）十二月二十一日，全书初稿完成，计100卷，10万多字。"凡戒饬之谆复、征伐之次第、礼乐之沿革、刑政之设施、群臣之功过、四夷之朝贡，莫不具载。"洪武七年以后的事，则递修以藏。

二、《皇明宝训》

《大明日历》藏于宫中，外界不得浏览，故宋濂等建议在《大明日历》的基础上，编纂一部类似于唐代《贞观政要》的书，使得人人都能得而览之。于是，编纂官们在《大明日历》的基础上辑成40类，编成《皇明宝训》5卷，共45500多字。洪武七年（1374）五月十八日，《大明日历》净本完成，计100册。朱元璋说："此千万世事迹，皆汝等力也。"①

是年，清江人刘永之被征至南京。刘永之父应奇，知归州。刘永之少随父宦游，治《春秋》学，能文辞，家富于赀。至正年间，四方兵起，刘永之日与郡士杨伯谦、彭声之、梁孟敬辈讲论风雅，当世翕然宗之。听说刘永之来到，金陵的士大夫们"无不愿见之求文"，宋濂称其辞章翰墨双绝，"慕艳之心为尤切"。刘永之耳背，故上奏辞归。宋濂为此赋诗两首，诗云：

> 自从太乙夜然藜，笔下虹光贯壁奎。
> 多少荐绅求识面，江南文价为君低。

> 相逢未久还相别，恨不随君结草堂。
> 大秀峰前双凤下，共听法乐奏琳琅。

刘永之则作《酬别宋赞善大夫景濂四首》，其中两首云：

---

① 〔明〕陶凯：《故晋相府长史朱公行状》，载〔明〕朱存理：《珊瑚木难》卷五，影印文渊阁《四库全书》本。

诸老风流邈不闻，独携健笔继清芬。

南宫新赐郎官佩，东观长留太史文。

大秀千峰菡萏开，玉梁高接九仙台。

预从山顶结茅屋，待得先生跨鹿来。①

除刘永之外，这一年被朝廷征聘至京的，还有一位大学问家陶宗仪。陶宗仪（1329—约1412），字九成，号南村。陶宗仪年轻时曾参加科举，不中，即弃去。此后专意古学，于书无所不窥。曾出游浙东，师事张翥、李孝光、杜本等。元末，寓居松江，教授弟子以自给。浙帅泰不华、南台御史丑闾举为行人，又辟为教官，皆辞去不就。张士诚据吴，署为军谘，亦不赴。洪武六年（1373），陶宗仪被守令荐至京师，朝廷欲官之，他以病固辞。洪武末年，有司聘为教官。洪武二十九年，率弟子赴礼部试，读《大诰》，赐钞归，久之卒。所著有《南村辍耕录》30卷、《南村诗集》4卷、《书史会要》9卷、《补遗》1卷、《沧浪棹歌》1卷、《四书备遗》2卷（佚），另编有《说郛》100卷、《草莽私乘》1卷、《古刻丛钞》1卷、《游志续编》1卷等。

陶宗仪在元末明初有很高的声誉，翰林学士宋濂在为陶宗仪撰的两篇文章中，对陶宗仪的为学和为人都给予了很高的评价。其在《书史会要序》中写道："（九成）积学能文辞，尝览杂传记一千余家，多士林所未见者，因仿曾慥《类说》，作《说郛》若干卷，曾所编者则略去之，君子谓其尤精博云。"又在《送陶九成辞官归华亭序》中写道："天台陶宗仪九成，有学之士也。侨居华亭之泗泾，饮水著书，多至一百余卷。"时陶宗仪有两个弟弟已在明朝做官，故当陶宗仪也被荐至朝廷的时候，他以"一家不可以俱仕，恐妨进贤之路"的理由辞荐归隐。为此，宋濂在文中对他的高风亮节给予了很高的评价，认为陶宗仪的"不仕"，其功劳比起那些在仕途上碌碌无为、不知教化的官吏要大。

《大明日历》初稿于洪武六年（1373）十二月完成后，朝廷拟对编纂人员赏

---

① 《宋濂全集》，第2603页。

赐加官。然而，新年的第一天，淳安徐尊生便提出辞呈，请求回归故里，犹如当年修完礼书辞归一样。对于他的辞归，宋濂不禁感触万分。

作为开国文臣，宋濂十分希望隐于山林草泽的贤才能出来为国家效劳，发挥其所长，但在新旧交替之际，宋濂也十分理解并尊重一些文士的选择，诸如杨维桢、许时用、陶宗仪等被征至朝廷后辞归，宋濂都是给予理解并赋诗饯行。徐尊生曾参与《元史》和礼书的编纂，宋濂对其史学才能颇为了解。因此，当朝廷下诏纂修《大明日历》时，宋濂即"以大年知本末义例，可以观会通，而无首尾衡决之患"上奏朝廷，征聘徐尊生至京。《大明日历》修成，徐尊生提出辞归，宋濂虽感惋惜，但还是很乐意撰文为其送行。宋濂在《送徐大年还淳安》一文中对徐尊生的选择和功绩给予了很高的评价。宋濂说道：

> 呜呼，使大年初受命为一县令长，不过簿书期会尔，招徕抚绥尔，又其大者，教化行百里尔。一旦白身召入史馆，大书特书，使圣天子宏模骏烈，炟赫万古，与天无极，此其功与试宰者，孰重孰轻？虽不仕，犹仕也。藉令自兹终老山林，可谓无负于国，亦可谓无负于学。①

宋濂认为徐尊生因为参与了《元史》《大明日历》等史书的修撰，其功绩不亚于那些朝臣命官。他虽然不仕，但实际上已经出仕了。即便是终老山林，也无负于国，无负于学。

但在徐尊生辞归问题上，外界有两种议论令宋濂十分反感。一种议论说他的辞归是洁身而退，一种议论说他恃才不售。对于这两种议论，宋濂都给予了有力的驳斥。宋濂说道：

> 世之好议论者，见其辞禄而归，摇唇鼓喙，诩诩相夸奖，不曰洁身而自高，则曰独善以固穷。夫士遭不愿治之世，披腹呈琅玕，无有举目盻之者，故不得已引退。今当尧舜在上、夔龙满朝之时，以此疑大年者，谓之

---

① 《宋濂全集》，第755页。

证。士不学则已，学则必期世用。有如大贾行废举术，宝货填溢市区，乃振铎号诸人曰，我不售，我不售。万万无有此理。以此窥大年者，谓之矫。矫与诬，要皆非知其心者。

当然，对于外界的议论，最好的反击还在于徐尊生自己。宋濂认为，徐尊生"春秋犹未高，沉疴容有却药之时"，现在回去归养，待病好后，"行当杖策造朝门，尽展所蕴，以惊动世俗"，只有这样，才能"使向之疑有窥者，瞠目不敢吐气一辞，则出、处两无憾"。否则的话，"长往山林而弗思返，日与猿鹤为友，餐霞云而漱泉石，高固高矣，如不仕无义何"。从宋濂的话里，我们看到了一位忧国忧民的长辈对有才学的后辈的殷殷期望之情。

三、《大明律》

朱元璋治理天下，自然少不了法律。早在吴元年（1367）十月，他就命李善长、杨宪、刘基等20人为议律官，起草律令。朱元璋还诏谕他们："日具刑名条目以上，吾亲酌议焉。"①书成后，恐百姓不能周知，命大理卿周桢等"取所定律令自礼乐制度、钱粮选法之外，凡民间所行事，宜类聚成编，训释其义，颁之郡县，名曰《律令直解》"。②

洪武六年（1373）十一月，朱元璋又下诏修《大明律》，命刑部尚书刘惟谦为总纂官。宋濂因负责纂修《大明日历》和《皇明宝训》，无暇与修《大明律》。不过，宋濂文集中有一篇《进大明律表》，是他代刘惟谦而撰的。由此看来，宋濂对《大明律》的编纂过程是十分清楚的，刘惟谦有可能在许多方面都征询过宋濂的意见。刘惟谦受命后，在以往律令的基础上起草《大明律》。每奏一篇，命书于宫中墙上，明太祖亲加裁酌。洪武七年二月，《大明律》修成，篇目一准唐律，共606条，分为30卷。宋濂撰表以进，命颁行天下。

宋濂在《进大明律表》中云：

> 洪惟皇帝陛下，受上天亿兆君师之命，登大宝位，保乂臣民，孳孳弗

---

① ② 《明史》卷九十三《刑法志一》。

怠。其训迪群臣，谆复数千言，唯恐其有犯。慈爱仁厚之意，每见于言外，是大舜惟刑之恤之义也。矜悯愚民无知，陷于罪戾，法司奏谳，辄恻然弗自宁，多所宽宥，是神禹见罪而泣之心也。唯贪墨之吏承踵元弊，不异白粲中之沙砾，禾黍中之稂莠，乃不得已假峻法以绳之。是以临御以来，屡诏大臣更定新律，至五六而弗倦者，凡欲生斯民也。今又特敕刑部尚书臣刘惟谦重会众律，以协厥中，而近代比例之繁，奸吏可资为出入者，咸痛革之。每一篇成，辄缮书上奏，揭于西庑之壁，亲御翰墨，为之裁定。由是仰见陛下仁民爱物之心，与虞夏帝王同一哀矜也。

虽然《大明律》不由宋濂负责纂修，但从《进大明律表》一文可以看出宋濂的法制思想。宋濂认为人"不能无欲"，但欲望如果不能很好地加以克制，就有可能会出现"强暴纵其侵陵，柔懦无以自立"的现象。因此，必须设立刑法，"欲使恶者知惧而善者获宁"，"所以禁暴止邪，养育群生者也"。如果对那些违法之徒不加以惩罚，即便是"尧舜不能以为治矣"。但宋濂也反对滥用刑法，他引用《易经》"君子以明慎用刑，而不留狱"和《书经》"刑期于无刑"的话来表明实施法律的最高境界就是"无刑"，就是要"言辟以止辟"。只有这样，才能体现"好生之德"，才能"洽于民心"，从而达到"雍熙之治"。

四、《洪武圣政记》

洪武八年（1375）正月，宋濂与僚属编集《洪武圣政记》2卷，宋濂还为此书作序。序有云："臣备位词林，以文字为职业，亲见盛德大业，日新月著，于是与僚属谋，取其有关政要者，编集成书，列为上下卷，凡七类，合若干条，名曰《洪武圣政记》。"然而，此书至明成化年间即已不传，《四库全书总目》引明梅纯《损斋备忘录》云：

本朝文章近臣，在洪武初，则学士宋濂，其所记当时盛美，有《洪武圣政记》。自永乐以后，则少师杨士奇，有《三朝圣谕录》。至天顺改元，则少保李贤，有《天顺日录》《二录》。皆近有印本，而《圣政记》独亡，仅见其序文，惜哉。

然四库馆臣编《四库全书》时，却见有《洪武圣政记》2卷，书中标题分严祀事、正大本、肃军政、绝幸位、定民志、新旧俗六部分。"新旧俗"下又分申禁令、核实效、育人才、优前代、正礼乐之失、去海岳之封、严宫闱之法、厉忠节之训、刬积岁之弊九子目，故四库馆臣为此书撰写提要，入于"杂史类存目"。提要在引梅纯之语后按云："据其所云，则此书在成化间已无传本，不知何以得存于今。然勘验文义，实非赝托。或纯偶未见，遽以为佚软。然是书之不行于明代，亦可见矣。"

《金华丛书》收有《洪武圣政记》2卷，内中标题正与《四库全书总目》著录相同，盖四库馆臣所见者即此一书。然观书中所载内容，有宋濂作序之后所发生事者，如"育人才"条有云："八年春三月，命御史台官选国子生分教北方，上谕之曰……"按宋濂《洪武圣政记序》作于洪武八年（1375）正月，序中称此书已完成，何以有后两月的事夹杂其中？莫非序撰写在前，书完成在后？然此书不过7000余字，不似皇皇巨著，似不必在书稿完成前撰序。又"育人才"一条文字与明夏良胜《中庸衍义》所载几乎完全相同，故今所存《洪武圣政记》很有可能是杂取诸书"赝托"而成。

虽然如此，通过宋濂作的《洪武圣政记序》还可窥见此书的大概，文中有云：

洪惟皇上，以布衣受天命，盖与高帝同。虽当开拓土疆之际，停戈讲艺，息马论道，夜以继日，无一时之宁。迨夫正天位，朝万国，孳孳图治，恒若不足。于是纲举于上，目备于下，诚有非高帝所可及。是故郊庙以及百神之祭，礼文咸秩，则祀事严矣。御极之日，即立储位以正青宫，则大本定矣。众建诸王，列封功臣，则大分昭矣。兵戎之众，自京师达于郡府，率皆设卫，权一出于朝廷而为将者不得私，而军政肃矣。中外官有定制，一革冗滥之弊，而幸位绝矣。冠服有别，防范有严，而民志自定，无僭侈矣。他如申禁令，核实效，育人才，优前代，正礼仪之失，去海岳之封，严宫壸之法，励忠节之训，刬积岁之弊，如斯之类，不一而足。或前王所未得，或行之有未至者，皆焕然有条，可以垂法后世。此其故何哉？盖自近代以来，习俗圮坏，殆将百年，而天生大有为之君，首出庶物，一新旧染之俗，与民更始。是故睿思所断，动契典则。度越千古，咸无与让。此正所谓锡勇智而正万邦也。

"刻之于琬琰，传之于圣子神孙者，将与天地相为无穷"，"诒厥孙谋，以燕翼子"，很显然，宋濂编集此书的目的是宣扬朱元璋的政绩，为后世子孙提供治国的榜样。因此，"此书实际上是对洪武初期的治国之策作了总结。序文中所说明太祖施政成功之处，超过前代帝王之处，有些确是事实，有些则不然。如各地设卫、军权收归朝廷，严宫壸之法、禁后妃及太监干政，等等，是明太祖成功的举措，或在一定时期内收到了良好的效果。分封诸王却只能说是明太祖的失策"①。

裁定礼乐

《明史》称宋濂"虽白首侍从，其勋业、爵位不逮基，而一代礼乐制作，濂所裁定者居多"，这是合乎实际的评价。宋濂自幼学习"四书""五经"，于古代礼乐曾作过深入的探究。譬如，他年轻时即向老师柳贯请教尺法，尺法是礼法中的一种，可见他对礼的关注到了何等细微的地步。明代开国，百废待兴，礼乐制度等文化建设的重任自然落到宋濂等文臣的身上。宋濂也正好借此发挥所长，学以致用。

洪武二年（1369），朱元璋下诏儒臣修礼书，次年书成，赐名《大明集礼》。时宋濂正主修《元史》，无暇与修礼书。或许《大明集礼》有未备之处，朱元璋"又屡敕议礼臣李善长、傅瓛、宋濂、詹同、陶安、刘基、魏观、崔亮、牛谅、陶凯、朱升、乐韶凤、李原名等，编辑成集"②。

洪武六年（1373）九月，朱元璋命宋濂和礼部尚书牛谅制定封赠、授官的

---

① 王春南、赵映林：《宋濂、方孝孺评传》，南京大学出版社1998年版，第100页。
② 《明史》卷四十七《礼志一》。

诰命制度。宋、牛两人查考了唐宋有关诰命的规定，提出了诰命的书写、用玺、防伪和诰轴用材的具体方案，为朱元璋所采纳。①

洪武七年（1374）六月二十四日，宋濂与詹同奉旨议三献之礼，即祭祀时所谓的初献、亚献、终献之礼，曰："上行初献礼，奠玉帛，将毕，分献官行初献礼，终献皆如之。"②朱元璋采纳了他们的建议。同年九月，贵妃孙氏去世。孙氏无子，朱元璋命吴王橚主丧事，服丧三年。东宫诸王皆服孝一年。朱元璋敕礼部官定丧期之制。礼部尚书牛谅等上奏说："《周礼》《仪礼》：父在，为母服期年，若庶母，则无服。"朱元璋说："父母之恩，一也，而丧低昂若是，其不近于人情，甚矣。"③朱元璋还对宋濂等说：

养生送死，圣王之大政，讳凶忌疾，衰世之陋俗。三代丧礼节文尤详，而散失于衰周，厄于暴秦，汉唐以降莫能议此，夫人情有无穷之变，而礼为适变之宜。得人心之所安，即天理之所在，尔等其考定丧礼。④

于是，宋濂等受命考定历史上论服母丧的凡42人。愿服三年的28人，服一年的14人。朱元璋说："三年之丧，天下通丧，人情所安，即天理所在。"⑤于是，服孝三年乃成定制。子为父母、庶子为其母都要斩衰三年，适子、众子为庶母皆齐衰。书成后，朱元璋亲自为书作序，名之曰《孝慈录》，颁行天下。

洪武九年（1376）正月，朱元璋就命宋濂和王府长史朱右等定王国所用礼。宋濂等上奏："王初之国所过州县，文武官迎接，便服，行四拜礼。王至国，冕服，国内文武官朝服，行八拜礼迎接。诏赦，王冕服，文武官朝服……"⑥

洪武九年（1376）五月十日，晋王妃谢氏去世，朱元璋命议丧服之制。宋濂又参酌唐、宋之制，制定了丧服的等级，"皇帝及中宫服大功，诸妃皆服小

---

① 参见《明太祖实录》卷八十五。
② 《明太祖实录》"洪武七年六月戊午"条。
③④ 《明太祖实录》"洪武七年十一月壬戌朔"条。
⑤ 《历代通鉴辑览》，载《宋濂全集》，第2271页。
⑥ 《明太祖实录》"洪武九年正月乙丑"条。

功，南昌皇妃服大功，东宫、公主、亲王等皆服小功，晋王服齐衰期，靖江王妃小功，王妃服缌麻，辍朝三日。既成服，皇帝素服入丧次，十五举音。百官奉慰，皇帝出次释服，服常服"①。十二日，朱元璋命宋濂考丧期是否当废郊社之礼，宋濂考证古代礼制的沿革后说："夫郊社之礼，国之大事，圣人所重，虽有三年之丧，亦不敢废，示有尊也。"②朱元璋表示赞同。

宋濂曾因作《孔子庙堂议》而遭贬，但文中提出的毁像之说在明嘉靖时得以实行。大学士张璁主张毁像，编修徐阶反对，结果遭谪。"编修徐阶疏陈易号毁像之不可。帝怒，谪阶官。"这是宋濂生前没有想到的。

除裁定礼制外，宋濂在乐制方面的劳绩也值得一提。《明史》记载道："洪武元年，学士宋濂等奏定诸王国祭祀礼乐，用清字。"③"初，洪武时，司业宋濂请去像设主，礼仪乐章多所更定。"④"明兴，太祖锐志雅乐。是时，儒臣冷谦、陶凯、詹同、宋濂、乐韶凤辈皆知声律，相与究切厘定。"⑤就声律而论，有必要介绍《洪武正韵》一书。

朱元璋在文臣们的教导和熏陶下，不仅学会了写诗，而且还对韵律之学产生了兴趣。闲暇之时，他就翻翻韵书，以此来提高自己的作诗水平。但朱元璋发现他所阅的韵书存在许多问题，"比类失伦，声音乖舛"，"有独用当并为通用者，如东冬、清青之类，亦有一韵当析为二韵，如虞模、麻遮之属。如斯之类，不可枚举"。因此，他下诏重编韵书。于是，翰林侍讲学士乐韶凤、宋濂，待制王僎，修撰李叔允，编修朱右、赵壎、朱廉，典簿瞿庄、邹孟达，典籍答禄与权、孙蕡等奉诏重修。书成稿后，又请左御史大夫汪广洋、右御史大夫陈宁、御史中丞臣刘基、湖广行省参知政事陶凯评定，"凡六誊稿"，于洪武八年（1375）三月二十八日完成，朱元璋赐名曰《洪武正韵》。

《洪武正韵》全书16卷，注释以毛晃父子的《增修互注礼部韵略》为底本，

---

① 《明史》卷五十九《礼志十三》。
② 《明太祖实录》"洪武九年五月乙丑"条。
③ 《明史》卷五十二《礼志六》。
④ 《明史》卷四十九《礼志四》。
⑤ 《明史》卷六十一《乐志一》。

稍以他书损益之；分韵归字，一以中原雅音为定。平上去三声各为22韵，入声十韵，共76韵，70多万字。其韵目如下：

一东　一董　一送　一屋

二支　二纸　二置

三齐　三荠　三霁

四鱼　四语　四御

五模　五姥　五暮

六皆　六解　六泰

七灰　七贿　七队

八真　八轸　八震　二质

九寒　九旱　九翰　三曷

十删　十产　十谏　四辖

十一先　十一铣　十一霰　五屑

十二萧　十二筱　十二啸

十三爻　十三巧　十三效

十四歌　十四哿　十四个

十五麻　十五马　十五祸

十六遮　十六者　十六蔗

十七阳　十七养　十七漾　六药

十八庚　十八梗　十八敬　七陌

十九尤　十九有　十九宥

二十侵　二十寝　二十沁　八缉

廿一覃　廿一感　廿一勘　九合

然而，朱元璋对新编的韵书并不满意，此后又屡次下诏修订，故《洪武正韵》在历史上的影响不是很大。但《洪武正韵》对朝鲜和日本的影响相当大，如朝鲜李朝在端宗三年（1455）完成的《洪武正韵译训》，即是用他们创制的朝鲜民族文字——训民正音来对译《洪武正韵》的成果。当时的朝鲜人普遍认为《洪武正韵》是中国最标准的韵书。

几欲燔砚

宋濂未出山时，上门求文的人已很多，但毕竟限于家乡一带，那时他年纪轻，精力充沛，所以还好对付。但是，到了明朝建立以后，宋濂被朱元璋推为"文章之首臣"，他的文名更是如日中天。一个人文名高了以后，往往就身不由己了，不得不写自己不想写的东西，朝廷的、大臣的、乡里的、方外的、国外的、认识或不认识的人都以得到宋濂的文章为荣。《明史》宋濂本传这样写道：

> 在朝，郊社宗庙山川百神之典，朝会宴享律历衣冠之制，四裔贡赋赏劳之仪，旁及元勋巨卿碑记刻石之辞，咸以委濂，屡推为开国文臣之首。士大夫造门乞文者，后先相踵。外国贡使亦知其名，数问宋先生起居无恙否。高丽、安南、日本至出兼金购文集。四方学者悉称为"太史公"，不以姓氏。虽白首侍从，其勋业、爵位不逮基，而一代礼乐制作，濂所裁定者居多。

从儒家的修养来说，用"温、良、恭、俭、让"几个字评价宋濂的为人是毫不为过的。从佛家的修养来说，宋濂又有菩萨心肠。所以，对于人家要他写的文章，他总是有求必应，而不让人失望。如果一时不能满足对方要求，宋濂也总是惦记着日后补上。他曾在一篇文章中写道：

> 予因自念壮龄之时从黄文献公（溍）游，宾朋满座，笑谈方款洽，忽有以文辞为请者，公辄戟手大骂，视之若仇雠。或介尺牍至者，细裂之，内口中嚼至无字而后方吐。时公年逾六十矣。予颇以谓人知受公之文故求之，一操觚间固可成章，何必盛怒以至于斯？口虽不敢言，而心中未尝不

疑分之隩也。以此自惩，凡遇求文，必欣然应之，不如其志不已也。①

不从老师处吸取点教训，反腹诽老师的不是，宋濂有苦头吃了：一年365天，他几乎天天都在写文章，而大部分都是奉命文章、请托文章。因此，宋濂几乎成了一架写作的机器。从明朝开国时宋濂59岁到洪武十年（1377）宋濂68岁退休，他大部分时间都耗在了这些奉命酬应的文章上面。即使退休后，宋濂还是马不停蹄地写着……宋濂实在太疲惫了，实在厌倦极了，以至于不得不在文章中多次喊道："呜呼，予为文所累，几欲燔毁笔砚！"②"予老且病，四方求文者日相迫趣，誓欲燔笔砚以自绝！"③"然而年日已迈，文日以衰，无以应四方之求，近因燔毁笔砚，一切谢绝之。"④到最后，精神和体力都招架不住的宋濂也不得不硬下心来，竟让一个方外的和尚十日内一连吃了七次闭门羹。宋濂在文章中写道：

> 大江之西，有梵颙上人者，持一时材士大夫所遗文，丐予为之序。予谢之曰："老病且日侵，不复能事此矣。方今作者如云，剪秋水而补霞裾者，往往而是。上人幸即之。"越明日，再至。予申前言谢之。又明日，不俟启扃，鹄立以俟见。予怂然作色，且麾之曰："予又非杨廷秀也，子奈何扼其喉、把其袖、而牛羊迫促之耶？去！"窃意其愧赧为已甚，将疾走无留行矣。已而，上谒如初，十日之间，至者凡六七。虽弗与之接，其进愈勤，其礼愈恭，若必欲得予文者。

这位和尚脸皮很厚，虽然吃了七次闭门羹，但依然不肯罢休，大有你不写来我不走的架势。宋濂回顾了自己的写作经历，深深体会到老师当年不近人情的做法是出于迫不得已。因此，他再次予以拒绝。他说道：

---

① 〔明〕宋濂：《赠梵颙上人序》，载《宋濂全集》，第1924页。
② 〔明〕宋濂：《故巾山处士林君墓碣铭》，载《宋濂全集》，第1315页。
③ 〔明〕宋濂：《送陈生子晟还连江序》，载《宋濂全集》，第864页。
④ 〔明〕宋濂：《端木府君墓志铭》，载《宋濂全集》，第1046页。

及至四十余，筋力向衰，非复壮龄时可比，见请者之频繁，浸生厌怠。又自谓公之绝斥乎人，固若稍过焉，然亦不为无其故也。逮余五十春秋，发白心耗，腰脊如缠巨石，不能危坐，日未入即掩关鼾睡。逢掖之流，有袖卷轴来者，望而畏之，若逢刀剑，力拒闭不与言。即不得拒，分童奴走东西，倩人为之，唯恐弗获。苟获已，不问可属读与否，亟掷还之，快然如释重负。予然后知公之所怒骂，非隘也，实以年高气弱，出于甚不得已也。向使公不如是之峻辞，则何以应填门塞巷之求哉？昔者李商隐与陶进士书，有云："文字章句，愈帖息不敢惊张，常自咒愿得时人曰：此物不识字，此物不知书。是我生获忠肃之谥也。"虽其意有所激，亦甚为文之所累，故云尔。予素不能文，而累亦复及之，果何辜耶？是上人者，不可以不却也。于是复麾之使去。①

最后，这位僧人想出了一招，即让守门的人报告宋濂说："愿一见而别，不敢他有请也。"②宋濂无奈，只得与他相见。不想，这位僧人一见到宋濂，就俯身叩头，并说道："梵颙游燕时，在翰林承旨欧阳先生家，即闻太史公名。今不赐一言而去，是犹操铁罟沉东海，而不获珊瑚枝也，无乃不可乎！人之恒情，所请有所不遂，孰不颜面发赪而远引？今乃抑首卑志，屡玷谴诃而弗之悔者，自持之心轻，而相艳之诚重也。敢以死请。"③宋濂听了，不禁"恻然怜之"，心一软，就答应了为这位僧人撰文的请求。最后，宋濂写成《赠梵颙上人序》一文，希望能将这番求文之心用在求道上，那么"若曰不速成，则余未之信也"。

刘基之死

刘基性格刚直、疾恶如仇，与权豪势要多相忤，故在元朝时，其仕途已几起几落。辅佐朱元璋平定天下后，其功高盖世，加上于朱元璋又有救命之恩，按理应受到大用，然朱元璋仅授他一个得罪人的官职——御史中丞。在分封功

---

①②③〔明〕宋濂：《赠梵颙上人序》，载《宋濂全集》，第1924页。

臣爵位时，起初连刘基的名字都没有，后来封了他一个诚意伯，食禄也仅240石，与封为韩国公、岁禄4000石的李善长相比，相去何其远！刘基眼里容不得沙子，于违法之徒决不宽贷，故朝中上下，"皆侧足畏基"①。尤其是刘基得罪了丞相李善长和胡惟庸，朱元璋又不给他做主，故刘基的处境相当险恶。洪武四年（1371）正月，刘基不得不告老还乡。

刘基告老还乡，实出于迫不得已，因为他"负气甚豪，恒不可一世士"②，内心里实在是想要干一番惊天动地的伟业，这一点可以从他入明后写的《二鬼》诗中看出。

所谓"二鬼"，一为守日之鬼郁仪，一为守月之鬼结璘。他们原来是奉天帝之命管理中华大地的两只眼——日神和月神。后来，天地悯其劳苦，将他们放到人间，一个来到金华地面，一个来到青田地面。"两鬼自从天上别，别后道路阻隔不得相闻知。忽闻韩山子，往来说因依。两鬼各借问，始知相去近不远，何得不一相见叙情词？情词不得叙，焉得不相思。相思人间五十年，未抵天上五十炊。"后来，宇宙变动，天纲大乱，魑魅横生，"两鬼大惕伤，身如受榜笞，便欲相约讨药与天帝医"，将天地秩序造好，南北二极修好后，又用儒家的礼义启迪群氓。不想他们因所作所为激怒了天帝，遭到拘囚，"养在银丝铁栅内，衣以文采食以糜。莫教突出笼络外，踏折地轴倾天维"。二鬼既然遭到猜忌，不能补天济世，那只有"但得不寒不馁长乐无忧悲，自可等待天帝息怒解猜惑，依旧天上作伴同游戏"。在诗中，刘基用丰富的想象、浪漫的笔调描述了二鬼的非凡本领和传奇经历，歌颂了二鬼伟大的抱负和至死不渝的友谊，对天帝的愚蠢无知给予了批评。

显然，诗中的二鬼是刘基与宋濂的化身。所谓的"忽然宇宙变差异"，指的是元末大动乱，诗末的"天帝"指的是朱元璋。

《二鬼》诗提到二鬼遭到天帝"越分"的猜忌，分别受到拘囚。刘基的现状已如上所述。宋濂于洪武三年（1370）七月降翰林编修，洪武四年八月"坐考

---

① 《明太祖实录》卷四十三。
② 〔明〕宋濂：《跋张孟兼文稿序后》，载《宋濂全集》，第1161页。

祀孔子礼不以时奏，谪安远知县"，十一月被召回，故此诗合理的创作时间当为刘基得知宋濂被贬的遭遇后，即在洪武四年八月至十一月这一段时间。如果撇开宋濂入明后仕途受挫的史实不顾，则《二鬼》诗中天帝发怒，二鬼遭到拘囚的话就成为蹈空之言。从诗里看出，刘基虽然告老还乡，但依然"等待天帝息怒解猜惑"，说明他对朱元璋还抱有幻想。

然而，等待刘基的不是"依旧天上作伴同游戏"，而是一场阴谋的陷害，一碗御赐的夺命汤，一条走向阴间地府的不归之路。

洪武六年（1373）四月，刘基因胡惟庸构陷，不得不入朝自责。原来，刘基在朝时，曾得罪过胡惟庸。《明史纪事本末》卷十三记载，朱元璋曾向刘基征询丞相的合适人选，当提及胡惟庸时，刘基说："小犊耳，将偾辕而破犁。"胡惟庸知道后，对此一直耿耿于怀，伺机报复。刘基回家乡后，鉴于附近闽瓯交界处有一块叫谈洋的地方盐盗出没，鱼肉百姓，横行乡里，治安极为混乱，奏请朝廷在此设立巡检司，以加强当地的社会治安。巡检司的设立，使得"奸民弗便也，相率挟逃"。驻兵抓捕后，将他们充军戍边。不想此举激起逃兵周广三的反叛，当地官吏隐匿不报。刘基得知后，命长子刘琏赶往京城，直接向朱元璋报告。

因刘琏上奏未经中书省，胡惟庸甚为恼怒。便设计构陷刘基，说谈洋"踞山海，有王气"，刘基"欲图为墓地"，"民勿与，则建立司之策以窘其人"，以致民怨沸腾，而生变乱。胡惟庸想借此置刘基于死地，并捕刘琏入狱。朱元璋得知后，"皆不问，而第令移文使基知"，于是便出现了刘基入朝自责一事。

所谓入朝自责，也就是以自己的行动证明自己的清白，让那帮诬陷者闭嘴，让朱元璋释去猜疑。然而，朱元璋似乎有意要与刘基过不去。洪武六年（1373）七月，朱元璋偏偏让刘基看不上的胡惟庸坐上左丞相的宝座，这使刘基忧愤不已，他说："使吾言不验苍生之福也，言而验者其如苍生何？"[1]刘基因此"忧愤

---

① 《明史纪事本末》卷十三。

增疾"①。

刘基在京师没有正式的公职，除奉圣旨做一些文职之类的事务如编辑《群经类要》、与修《洪武正韵》等外，有较多的时间为朋友或晚辈写一些文字。其间，他应宋濂学生刘刚之求，为宋濂编纂《宋学士文粹》，又为宋濂的儿子宋璲写了《送宋仲珩还金华序》。

刘刚，生卒年不详，字养浩，义乌人，其妹即为宋濂长孙宋慎的妻子。《义乌县志》称其"博学能文词，游京师学文于宋濂，尝制《铙歌鼓吹曲》十有二篇，金华胡翰评其篇次体制皆承柳子厚之旧，而才气横发，音节铿鍧，则得之宋潜溪居多。苏伯衡谓其才雄气畅，词与事称，有古作者之风"。刘基为宋濂编的《宋学士文粹》，有文九卷、诗一卷。刘基为此书作序云："先生之著述，多至百余卷，虽入梓者已久，其门人刘刚复请基撷其精深，别成一编，庶几便于诵习，且征言序之。"刘基在序中对宋濂自幼至老、由元入明的文名进行了描述。比如，称他在开国后的文名："海内求文者，项背相望，碑版之镌，照耀乎四方。高丽、日本、安南之使，每朝贡京师，皆问安否。且以重价购其《潜溪集》以归，至有重刻以为楷式者。儒林清议，佥谓开国词臣，当推为文章之首，诚无闲言也。"②

刘基还回顾了当年与宋濂、章溢、叶琛应召赴京，如今仅他和宋濂在世的情景："先生赴召时，基与丽水叶公琛、龙泉章君溢实同行。叶君出知南昌府以殁；章君官至御史中丞，亦以寿终；今幸存者，惟基与先生耳。然皆颓然，日就衰朽，尚可咈刚之所请而不加之意乎？虽然，先生之文，其传世决矣，基亦何能与力于其间哉！"

宋濂有子二人，长曰瓒，字仲圭；次曰璲，字仲衍。宋瓒留浦江种田持家，宋璲随宋濂寓京城。夫人贾专，因丈夫和儿子离家既久，专程到京城省亲，不想一到南京，就患起病来。宋濂在京城的寓所在旧城，离公馆有15里之远。公事繁忙时，宋濂就在公馆驻息。这样，为了省视父母，宋璲往来两地，"奉母粥

---

① 《明史纪事本末》卷十三。
② 《宋濂全集》，第2504页。

药，不逢朝夕"。

宋璲性敏学博，自少工书法，因父亲之故，与朝中士大夫都相熟识且有诗文往来。朝廷建奉天殿，下诏征书额，宋濂同门乡友张孟兼即荐宋璲之名以闻。匾额书成后，称旨，朱元璋禁不住称道宋濂父子之贤。朱元璋又命宋璲草书古诗若干首，朱元璋览后，又大大夸奖了一番。皇太子和晋王知道宋璲擅书，也时常将写就的诗文让宋璲抄写。对于宋璲以妙年被宠，张孟兼有文称道："於戏！以仲珩之妙年，擅当代能书之名，上彻天听，玉音之所奖予，其为荣遇，可谓千载一日，犹祥麟威凰出际盛时，莫不争先快睹。荣美爵禄，见宠被于身，盖无疑矣。"①

洪武八年（1375）春，长子宋瓒遣二孙到京城来省亲。时贾专病愈，一家团圆，可谓其乐融融。宋濂因公事在身，不得归家省墓，就命宋璲先回故里祭扫丘坟。听说宋璲即将离京归故里，朝中士大夫纷纷赋诗作文为其饯行。宋濂友人刘基在所作的《送宋仲珩还金华序》中写道："呜呼！若先生可谓有子无咎者矣！宜其老而愈康且乐也。璲又工楷、篆、隶、草书，赋诗属文，皆足以缵承家业。故于其行，序以送之。"②刘基还赋诗道：

> 条风东来，灵雨从之。之子于迈，何以送之？
>
> 灵雨濛濛，沾彼原隰。送子于郊，为子仁立。
>
> 有鸣者鸠，在彼苞桑。习习其风，载吹我裳。
>
> 维桐之华，亦炫于野。悠悠行子，亦驻其马。
>
> 维水东流，维日西驰。眷言顾之，靡靡其思。
>
> 维日西驰，载昏载朝。维水东流，以汐以潮。
>
> 芄芄者麦，维其黄矣。心之思矣，维其长矣。
>
> 赠予以诗，酌子以酒。晤言何其？伊途匪久。③

---

① 〔明〕张孟兼：《题宋仲珩归省卷后》，载《明文衡》卷四十六，影印文渊阁《四库全书》本。

②③ 《诚意伯文集》卷十五，影印文渊阁《四库全书》本。

刘基初到京师时，宋濂"执手相盼睐，喜溢眉目"①。在刘基"待罪"京师的三年多时间里，宋濂给了刘基以最大的理解和尽可能的关心，以致朱元璋在刘基回归前向宋濂询问刘基的状况：

> 洪武八年，岁次乙卯，春三月壬辰，皇帝御乾清宫，召臣至，问前御史中丞刘基何日成行。臣以翌日对。继问病势不革否？还可自力至家否？臣复具以闻。②

刘基于洪武八年（1375）二月三日离京归里，四月十六日在家乡辞世。

刘基死后没过几年，随着胡惟庸案发，其死因大白于天下。秦府纪善黄伯生所撰《诚意伯刘公行状》云：

> 公入朝，惟引咎自责而已……洪武八年正月，胡丞相以医来视疾，饮其药二服，有物积腹中如拳石。公遂白于帝，帝亦未之省也，自是疾遂笃。三月，帝以公久不出，遣使问之，知其不能起也。特御制为文一通，遣使驰驿，送公还乡里。

《明史》卷一百二十八《刘基传》云：

> 基在京病时，惟庸以医来，饮其药，有物积腹中如拳石。其后中丞涂节首惟庸逆谋，并谓其毒基致死云。

《明史》卷一百二十七《汪广洋传》云：

> （洪武）十二年十二月，中丞涂节言刘基为惟庸毒死，广洋宜知状。帝

---

① 〔明〕宋濂：《送宋仲珩还金华序》，载《诚意伯文集》卷十五，影印文渊阁《四库全书》本。
② 〔明〕宋濂：《恭题御赐文集后》，载《宋濂全集》，第990页。

问之，对曰："无有。"帝怒，责广洋朋欺，贬广南。

刘基临终时对儿子说："惟庸败后，上必思我。"[①]果不出刘基所料，胡惟庸败后，朱元璋才感到过去亏待了刘基等浙东功臣，心中有负疚感。因此，从洪武二十一年（1388）至洪武二十三年（1390），朱元璋几乎每年都要召见刘基、章溢、叶琛的子侄，以弥补他心中的歉疚。刘基儿子刘璟便把受召见的经过写成《诚意伯次子阁门使刘仲璟遇恩录》。文中记录了朱元璋多次提到刘基被胡惟庸害死的话。

有论者认为刘基既非胡惟庸害死，也非朱元璋害死，而仅仅是病死。这一观点是完全站不住脚的。因为要使这一论点成立，首先必须否定黄伯生所撰刘基行状的真实性。黄伯生为刘基的同乡，时任秦府纪善，他曾为刘基的儿子刘琏《自怡集》作序，他受刘璟和刘廌之托写行状，文中记录了刘基吃药后的感受及向朱元璋的报告，这都是刘基生前告诉其儿子的，真实性毋庸置疑。其次，《明史》及刘璟《遇恩录》的记载都不是空穴来风、无中生有。要想全盘否定诸多文献的记载，无疑是行不通的。当然，刘基确实有病缠身，有的病有可能是不治之症，但胡惟庸的毒药无疑加速了刘基的死亡。

与宋濂相比，刘基还算是幸运的，因为他的尸骨还能埋葬在生他养他的家乡。宋濂虽多活了几年，但死得比刘基更加凄惨，更可悲的是，他死时连一抔故土也不可得。这是刘基想不到的，也是宋濂自己想不到的。

---

① 《明史》卷一百二十八《刘基传》。

第六章　应天岁月（下）

《醉学士歌》

朱元璋在万机之暇，也常常登临山水，吟诗作文，与群臣同乐，从而博取君臣相得的美名。洪武八年（1375）八月七日，朱元璋兴致勃勃地来到长江边，迎着清爽的秋风，望着滚滚东流的江水，不禁想起唐尹程《秋水赋》中的词句："惟秋水之清泚，宗大壑而潺湲；波浩荡而不极，影澄澈而弥天。"然而，接下来所写不过是"波沉马色，类真人之云度；岸迷牛影，疑织女之河边"一类的词句，格调卑弱，气势不张，很难抒发自己登临之慨、浩渺之思。于是，他改弦更张，亲自作了一篇《江流赋》。赋云：

> 长江荡荡，绿水悠悠。举目遥观，共长天而斗色；低头近觑，同融日以争光。岸边绿茸滴溜溜，风摆旌旗；堤下青蒲孤耸耸，露依剑刃。白苹渡上，有一攒一簇向沙鸥；红蓼滩前，有一往一来红甲雁……英雄挥泪伤时往，豪侠持戈惜目前。王濬乘戚焚锁铁，祖生慷慨扣船舷。[①]

朱元璋写好赋后，召群臣观赏，且命大家各和一篇以进。宋濂率同僚们研

---

① 《明太祖文集》卷十六，影印文渊阁《四库全书》本。

194

精覃思，铺叙成章，然后到东皇阁次第投献。朱元璋亲自审阅，一一品评。之后，朱元璋赐宴，令太官进美味佳肴，内臣斟酒。每遇行酒，其他大臣都是一饮而尽，独宋濂小口啜饮。朱元璋见了，对宋濂说："卿何不尽饮？"[1]宋濂离席跪奏说："臣荷陛下圣慈，赐臣以醇酎。敢不如诏？第臣年衰迈，恐不胜杯酌，志不摄气，或愆于礼度，无以上承宠光尔。"朱元璋说："卿姑试之。"

君命难违，宋濂只好回到座位上端起酒杯一饮而尽。不想，朱元璋又命内臣给他斟满一杯。宋濂觉得实在不能喝了，再次站起来求免。朱元璋笑着说："一觞岂解醉人乎？卒饮之。"宋濂举着酒杯到了嘴边，又哆哆嗦嗦地放下，如此者三。朱元璋笑着说："男子何不慷慨为？"宋濂说："天威咫尺间，不敢重有所渎。"于是，宋濂闭着眼睛，勉勉强强地喝完。朱元璋见宋濂喝完，龙颜大悦。而宋濂这时觉得脸色发红，耳根发热，精神遐漂，好像在浮云中飘行。朱元璋大笑说："宜自述一诗，朕亦与卿赋醉歌。"这时，两位侍奉捧来了铺有黄绫的桌案，摆上了笔墨。只见朱元璋运笔如飞，一会儿工夫写就了骚体诗一首：

西风飒飒兮金张，特会儒臣兮举觞。
目苍柳兮袅娜，阅澄江兮水洋洋。
为斯悦而再酌，弄清波兮水光。
玉海盈而馨透，泛琼罂兮银浆。
宋生微饮兮早醉，忽周旋步兮趄跄跄。
美秋景兮共乐，但有益于被兮何伤！

宋濂此时醉意朦胧，头重脚轻，下笔倾欹，字不成行列。他刚写好五韵，朱元璋即宣他进前呈上，又命编修官朱右重新誊录一遍，赐还给他。朱元璋对宋濂说道："卿藏之，以示子孙，非惟见朕宠爱卿，亦可见一时君臣道合，共乐太平之盛也。"宋濂听了，赶紧行了五拜礼，叩首称谢。

接着，朱元璋又命诸大臣齐赋《醉学士歌》。一时之间，君臣相得，情意孚

---

① 〔明〕宋濂：《恭跋御赐诗后》，载《宋濂全集》，第1020页。

洽，如鱼得水。现录诸大臣的诗如下：

内厨官酒葡萄绿，黄帕擎来气芬郁。
词林老臣被宠光，拜捧瑶卮形局缩。
况当天威咫尺间，春红顿觉生酡颜。
醉来不知乌帽侧，犹解披腹呈琅玕。
近来应制成文轴，对扬字字皆珠玉。
虽然白发披两肩，蝇头细字还能读。
圣皇恤老恩最优，几回锡燕瑶池秋。
从容共乐有如此，未让十八学士登瀛洲。
李白当年饮一斗，下笔玉堂皆袖手。
才华何必分先后，竹帛垂名同不朽。

——华克勤

词人献赋蓬莱官，御前赐宴春融融。
驼峰奇味出翠釜，玉瓶泻酒玻璃钟。
青毡赐坐列左右，三爵不识貌益恭。
金华仙伯年最耄，鹤发垂领明方瞳。
中官宣劝令再酌，陡觉眼缬添新红。
天颜回顾微发笑，亲御翰墨挥蛟龙。
宝章既成自天降，日月照耀光瞳眬。
老臣再拜重感激，一心报国惟公忠。
踉跄步出阙门去，皎皎月上龙楼东。
史臣彤管会当纪，明良自古欣相逢。

——方征

御炉冉冉香烟起，殿阁氤氲五云里。
圣主万几有清暇，特诏文人赋秋水。

赋成奏献天颜欢，敕令光禄行金盘。

珍羞罗列水陆具，黄封满酌须令乾。

玉堂学士金华客，白发萧骚双颜赤。

酒酣作赋气豪雄，藻思清新更飘逸。

老眼朦胧醉不开，犹能拜舞趋瑶阶。

人生际遇有如此，绝胜莲烛夜半从天回。

——宋善

六龙南飞海宇一，武功告成重儒术。

九天宫阙五云深，羽扇鸾旗乘舆出。

黄阁秋高风日凉，西奎东壁昭文章。

圣明天子万几暇，诏许儒士承清光。

内官传宣走络绎，乌帽联翩坐前席。

大官赐馔荐珍羞，光禄行觞泻琼液。

玉堂学士金华仙，醉酒拜舞君王前。

天颜喜动笑模写，挥洒宸翰如云烟。

臣濂再拜喜欲颤，臣有丹心赤如面。

臣心忠赤臣独知，臣面赪红人共见。

前绚后轼夸翰林，臣濂宠光冠古今。

愿持归家遗子孙，百岁相传同此心。

——林温

金华学士青云客，气吐虹霓成五色。

才超艺苑逼古人，名动京师播殊域。

天高气爽秋澄鲜，圣主眷遇开琼筵。

敕令赐饮共为乐，不减风流李谪仙。

初筵秩秩未三爵，老臣已不胜杯杓。

头昏目眩步踉跄，春风满座霞光驳。

龙颜一笑催赋诗，殿前醉墨犹淋漓。

乃知貌醉心不醉，醉中自有神扶持。

亲题宸翰写醉态，滂沛鸿恩惊绝代。

明良际会古所罕，学士荣光焕千载。

丈夫读书多苦辛，恨不感遇乘风云。

况当混一太平日，大明下照皆阳春。

长歌请赞醉学士，自古如公能几人？

——桂彦良

金风撼撼吹琼筵，宝鼎袅袅熏龙涎。

光禄传杯玛瑙寒，珍羞奇味双玉盘。

圣主九重动颜色，青钱学士金门客。

胸中耿耿罗星辰，气隐虹霓鬓霜白。

一饮再饮须尽觞，身躯欹侧目茫洋。

渐觉红光生两颊，晚霞烂烂明春雪。

酒酣作赋枫陛前，挥毫藻思如流泉。

归来天街踏明月，回望祥云满金阙。

——王琏

天门白日悬高秋，五云照耀三神洲。群贤列坐紫清上，凤回玉辇瞻宸旒。翰林供奉紫绮裘，佩以明月珊瑚钩。殿前奏赋冲斗牛，胸藏七泽吞九州，浩气直上青天流。七宝珍床九华殿，大笑三时走飞电。金盘犀箸行八珍，大官敕赐瑶池宴。中使频飞双巨罗，葡萄露泛黄金波。闪烁龙光照肝胆，春红散作朱颜酡。天香两袖宫袍碧，头上乌纱渐欹侧。摇，银海茫茫雪花白。重瞳一顾天为低，奎章宸翰光陆离。群仙起和紫芝曲，琅玕琼玖皆生辉。请以宝函秘流彩，万古清风洒云海。酒酣拜舞玉阶前，千载君臣庆良会。

——张唯

对于宋濂来说，能遇上龙颜大悦、君臣相得的日子，固然聊可自喜，然而，朱元璋喜怒无常，翻云覆雨，一年中能见到的更多的是他肃杀、暴戾的面孔。洪武八年（1375）的一天，宋濂亲眼看见了朱元璋在朝廷中杖打老臣茹太素的一幕。

茹太素（？—1389），泽州人，洪武三年（1370）乡试，上书称旨，授监察御史，洪武六年擢四川按察使。茹太素做事公允，敢于直谏。洪武七年五月，授刑部侍郎。他上书朝廷，提出了许多吏治改革的建议，为朱元璋一一采纳实行。不久，坐累降刑部主事。

鉴于朝政的一些弊端，茹太素上书万言。朱元璋让中书郎王敏念给他听，当听到"才能之士数年来幸存者百无一二，今所任率迂儒俗吏"[1]时，朱元璋勃然大怒，召茹太素对质，并当庭杖打。茹太素直言敢谏，因此得罪了一些朝臣。现在这些朝臣见朱元璋发怒，便趁机落井下石，说他上书这一条不敬，那一条诽谤为非法。朱元璋于是想听听宋濂的意见。"士可杀不可辱"，宋濂作为一个仁厚的儒臣，自然不愿看到一个老臣因为直言进谏而受重刑，于是他对朱元璋说："彼尽忠于陛下耳，陛下方开言路，恶可深罪。"[2]

到了晚上，朱元璋又让宫里的人将奏书念给他听。当听完万言奏书，朱元璋觉得茹太素陈述的至少有四条言之有理。想起白天宋濂的话，朱元璋不禁感慨说道："为君难，为臣不易。朕所以求直言，欲其切于情事，文词太多，便至荧听。太素所陈，五百余言可尽耳。"

然而，对于茹太素的繁文冗言，朱元璋还是深恶痛绝。他认为茹太素上万言的奏书，用500字即可表达清楚。于是，朱元璋下令中书规定奏书的格式和字数，杜绝繁文的出现。他还令手下摘出奏书中可实行的交付有关部门，并亲自作序，颁布中外。

茹太素因为抗颜直谏，屡屡得罪，朱元璋也经常赦免他。有一天，朱元璋设宴赐酒，对茹太素说："金杯同汝饮，白刃不相饶。"[3]茹太素叩头对道："丹

①③《明史》卷一百三十七《茹太素传》。

②《明史》卷一百二十八《宋濂传》。

诚图报国，不避圣心焦。"朱元璋听了，不禁心生怜悯。不过，茹太素最终还是"坐法而死"，足见朱元璋"白刃不相饶"并非虚语。

陪游中都

明朝建立后的第二年，朱元璋决定在老家临濠（后改名凤阳）营建中都。为了建成中都，朱元璋从全国征调了数以百万计的士兵、民工、囚徒来这里做苦力。工程从洪武二年（1369）九月开始，至洪武八年（1375），经过六年的施工，已建成禁垣、皇城和宫殿等项目，已近一半的工程。由于耗资太大，中都不得不于是年停建。

洪武八年（1375）十月二十六日[①]，朱元璋认为太子和诸王整天在宫内，无法舒展精神，因此命他们去中都，沿途打猎，以讲武事。宋濂作为太子的老师，奉诏扈从。

十一月二日，诸王抵达滁州。宋濂向太子启奏："臣闻琅琊山在州西南十里，晋元帝潜龙之地，帝常封琅琊王，山因以名。颇闻秀丽伟拔，为淮东奇观，愿一游焉而未能也，敢请。"[②]太子爽快地答应了。

于是，宋濂约了四个长史同行。四人分别是秦府长史林温、晋府长史朱右、楚府长史朱廉、靖江王长史赵埙。他们一同从驿站西南出发，过平皋，走了大约3里的路程，就看到丰山盘桓而出，雄伟峻拔，屹立在琅琊诸峰之上。唐代聊城人梁载言所撰《十道志》，称丰山又名丰亭山，山上有汉高皇祠，又有饮马池云云。民间传说汉高祖曾在这里饮马，也许正是出于这个缘故，现在这里真的办起了畜牧场，并凿池饮马，而以旧名丰亭山称之。当地山民介绍说："山下有幽谷，地形低洼，四面皆山。其中有紫微泉，宋欧阳公修所发。泉上十余步，即丰乐亭。直丰乐之东数百步至山椒，即醒心亭。由亭曲转而西，入天宁寺。今皆废，唯凉烟白草而已。"宋濂听了山民的话，不禁怅然若失。

---

① 洪武八年十一月无壬子，十二月无戊午。据《明太祖实录》，诸王幸中都为十月壬子。故宋濂《琅琊山游记》所记月份有误，应往前移一月。

② 〔明〕宋濂：《琅琊山游记》，载《宋濂全集》，第1062页。

山的东南面有柏子潭，潭在幽深的谷底，有1亩多见方，潭水呈深黑色，据说是欧阳公赛龙的地方。上面有个五龙君祠。朱元璋当年屯兵滁州，恰逢干旱，就亲自挽弓向潭中射了三箭，约定三天后下雨。到了第三天，果然大雨滂沱。朱元璋登位后，潭边筑起了护栏，庙也修葺一新。庙旁有一亭叫时若亭，宋濂坐在亭上，打听潭边的双燕洞和白鸽洞，想趁此游个穷尽，可是旁人都不知道有这些洞，只好作罢。

大家又往西大约3里路，突然看到前方有泉从两山间喷薄而下，泉水潺湲清澈。原来这就是《醉翁亭记》中所说的："山行六七里，渐闻水声潺潺，而泻出于两峰之间者，酿泉也！"泉水的岸边原有"渐入佳境"亭，如今也无从寻觅，唯崖石间尚存四大字的刻石，乃淳熙中郡守张商卿所题。沿溪而上，过了薛老桥，来到醉翁亭。亭也久废，但名人石刻却不少，只是战乱之后也毁坏殆尽，仅见些斑斑石垩、隐隐刀痕。亭后四贤堂亦废。亭侧有玻璃泉，又名"六一泉"。现在已用石板盖住，石板下压着一块巨石，中间凿了一个孔，大约五六寸，泉水从孔中流出。用手掬而饮之，仿佛有温润之感。

这天天气阴沉，天空纷纷扬扬地下起雪来。宋濂的同门乡友、楚府长史朱廉叫喊道："雪作矣，不还将何为？"宋濂游兴正浓，全然不理会朱廉的喊叫，只顾向前，快步如飞。走石路约1里，到了回马岭。赵埙、朱廉也前后赶到。赵埙说："二客足力弱，不能从矣。"所谓回马岭者，宋建炎时寇盗充斥，郡守向子及以山为寨，造东、西二门，西门叫太平，东门即回马也。

岭的东面有醴泉，东南面有栲栳山，山的南面有桃花洞，又南有丫头山，山下有熙阳洞，宋濂此次均无暇前往。宋濂蛇一般地在黄茅白苇间穿行，差点迷了路。幸好前面有宋代僧人崇定建的舍利塔林的遗址，他才辨清方向，径直前行。然而，走着走着，似乎到了尽头，转眼又豁然开朗。如此经过几回曲折，才到了开化禅院。院在琅琊山最深处，只可惜山光秃秃的，毫无蔚然深秀之趣。唐大历中，刺史李幼卿与僧法深一同建造这座禅院，张文定公方平曾在这里写《二生经》。三门外有观音泉。院内瓦砾遍地，一片狼藉，只有新建的三间禅房的中间一间供有佛像。一个叫绍宁的和尚赶紧出来迎接，招呼宋濂等入座。

他们刚刚坐定，龙兴院僧德学，同太子赞善孟益、秦王伴读赵镇、吴王伴读王骥、楚王伴读陈子晟，听说宋濂入山，也都来聚会。陈子晟说："太子正字桂彦良憩六一泉上，亦足弱不能进，恐随二客归矣。"绍宁备下饭菜招待大家。饭后，龙兴院僧德学带大家观看庶子泉。泉出山穴中，乃李幼卿所开凿。李阳冰所撰的铭已亡佚，张亿所书三字碑也断裂两截，伏于泉下。石崖上有许多儒士的题名，其中一块陷落的石块上面，自皇祐、淳熙、乾道以来的题词均在，字体隶、篆、楷各体皆备，有的可辨认，有的不可辨认。山上东西都是如此，不独这泉如此。

泉的南面有白龙泉，祈雨多有应验。童行堂下面有明月溪。又稍南，有吴道子画观音及须菩提像，刻在石壁上。而像的一侧刻有淮东部使者八八舜臣《琅琊山记》，甚不合文体，宋濂不禁为之破颜一笑。

又稍南，有华严池。由明月溪而上，入归云洞，洞有千佛塔遗址。过石屏路，可俯窥大历井，井亦为李幼卿所凿。沿山腰可攀至磨拖岭，远远望去，大江如练，钟山就像小青螺在空气中游荡。听说山岭下还有琅琊洞，洞有两室之宽，其中有一穴深不可测，名人题识与庶子泉没有差异。宋濂担心太晚，不再前往。然而，自从李幼卿博求胜迹，凿石引泉以为溪，左右建上下坊，筑禅室琴台，后人颇有继承这一风尚的。山中之亭，共有20多处，是观日、望月的极好所在。如今荆棘弥望，即使有遗迹留存，也无从寻求，可叹啊！

对于这次琅琊山之游，宋濂后来写了一篇《琅琊山游记》，记述了他此次游行的详细经过。宋濂颇有感触。一是世界上如琅琊山这样的地方也很多，只是有些地方太偏僻，没有名士如李幼卿的彰扬影响，因此便"潜伏而无闻焉尔"。二是即便是李幼卿能使它闻名一方，但如果没有欧阳修的文章，又怎么能够让天下的人知道呢？有的人认为文章不关世事，这并非公论。三是欧阳修道德文章为世师表，因此人家愿意读他的文章，不然的话，文章写得再好，也未必能长远地流传。即使传下来，也不值得深加讨论。想当初元代末年，宋濂僻居于荒土，朝不保夕，如今厕身于朝臣之列，出来陪太子巡幸，而琅琊山的胜景，得以穷探尽览，这难道不是圣道广远、国泰民安的结果吗？这不独是宋濂获沾化育生成之恩，而且山中一泉一石，亦可免震惊之患，因此宜于形诸文字，不辜负天子的赐游。于是，大家取《醉翁亭记》中"风霜高洁，水落而石出者"

的话为韵，各赋一诗，交给释绍宁刻于山石上。

　　游完琅琊山，来到池河驿，恰好邮卒送内使监公文到。宋濂打开一看，里面藏有《濠梁古迹》一卷，朱元璋有亲笔题字，让宋濂搜访书中所写的濠梁古迹，并给太子和诸王讲授。宋濂于是向太子禀报："临濠古迹，唯涂、荆二山最着。按图经，涂山在昔钟离县西九十五里，荆山亦在县西八十三里。二山本相联属，而淮水绕荆山之背。神禹凿开，使水流二山间。其疏凿之踪故在，人思其功，迄今弗能忘。"①太子说："至中都，当共往游焉。余将渡淮狩于王庄，先生宜溯流而上，届今怀远县治以俟。"宋濂于十一月十三日发船，十四日傍晚才到怀远县西门，而此时太子已屯于县东门5里的地方。十五日，宋濂拜见太子，太子十分高兴，下令第二日即游涂、荆二山。

　　宋濂到县城的时候，请人约了怀远县文学掾王景宿于船上，以便一同去游山时可让他作向导。天刚亮，船已到了涂山脚下。拄杖入山，山旁有许多废弃的遗址，过去都是民房。大家先过了石梁，然后转折向北，只见有一垛石墙，墙里面是一块可种菜的园地。又往前走了3里多路，看到一些圆石青绿交错。坐下来仔细观看，原来是上面裹了一层已干的苔藓。听说有种草生长在石头上，高1尺左右，不依靠土力，长出的花十分可爱，人们采摘悬挂在屋檐间，称之为"石莲花"。

　　又走了4里路左右，只见怪石嶙峋从路边突兀而起，凌空欲飞。又走了2里路左右，只见小路通向草木丛生的原野。走到悬崖边，见有清泉一泓，味道甚甜。用刚割下的茅草覆盖圣水亭，然后取泉水祈雨，多有应验。又前行1里路，就到了山顶的大禹庙。庙已经毁坏，只有断墙破础。极目四望，绵长的淮水从西面缓缓流来，而涡河在北面交汇，寿春、临濠、宿州诸县的县境都在苍茫暝色之中。遥想当年南北朝战争之时，这儿曾是军队的驻守之地，不禁感慨不已，心里久久难以平静。

　　山下的村落甚稠密，庙史说这儿叫"禹会村"，曾是大禹会见诸侯之地。房屋鳞次栉比。进入庙内，前有杏树一棵，树冠大得可以遮蔽一头牛，还有两棵

---

① 〔明〕宋濂：《游涂荆二山记》，载《宋濂全集》，第1391页。

柏树，左右各占其一。树的东面摆着一个小瓮，用来承接杏树上流下的水。据庙史，每当晨雾弥漫之时，杏树上的水如泉倾下，这样就用不着去井里打水了。庙内有石刻两块，一块写着"有夏皇祖之庙"，下方刻有宋庆元初州守刘仲光撰的《祷雨记》；另一块石头刻着记述祷雨的两件事，为皇甫斌在绍熙元年（1190）来做郡守时命钟离尉丁大荣作的。石碣尚未剥落，故石头上的文字尚能识读。从庙西沿石坡而下，巨石危立犹如人形，远远望去，俨然一个老妇人，相传为启母石。庙史称当地居民杀猪宰羊祭奠，甚至给"老妇人"涂脂抹粉，让人听了不觉哑然失笑。

山坳原来有僧房，如今废弃已久。久等太子不来，忽有太子派来的使者报告，说扈从人马太多，无桥可以渡河，太子不来了。话音未落，但见旌旗飘扬，如同锦绣一般，簇拥着太子上荆山而来。

宋濂即下山到了鲧庙，见所题神号甚是鄙陋粗俗，便扫兴而出。庙外有一块石刻，乃祖无择所赋诗，京口孙临书碑。祖无择之诗应为他谪守寿春时路过此地而作。宋濂从县府北面折而东行，大约3里路，抵达荆山。梁、魏交战时，依山筑堰来灌寿春，现存的遗迹还斑斑可见。又行30多步，山崖口子大开，里面阔大犹如房屋，石头平整可当床作凳，此洞叫卞和洞。拾级西上，1里左右，到了避雨石。又前行60步，到了产玉坡。奇石骈列，黑质而白边，粲然若雪。西面有玉池，因荆棘丛生，不可寻觅。王景想带大家去游青峰庵，因脚酸而罢。这时，太子已在远郊行猎，宋濂于是登船先还中都。

诸书记载涂、荆二山，多所乖谬。以涂山而言，《春秋左氏传》云："禹会诸侯于涂山。"杜预注云："在寿春县东北。"有人认为其即濠州。《国语》《史记》则又说禹会诸侯于会稽。因此，会稽也有涂山。《吴越春秋》也以为涂山在会稽，并兼载涂山之歌。应劭云："涂山在永兴北。"有的人认为其即会稽萧山。因此，上述两说已不能归于一致。至于苏鹗《演义》，又说涂山有四：一会稽，二渝州，三濠州，四当涂。这些地方都有大禹的行迹。有的人认为大禹治水，足迹自然遍于全国，而会诸侯肯定在会稽之涂山。柳子厚《涂山铭》、苏子瞻《子由涂山诗》认为涂山在濠州，肯定不对。以上说法，是宋濂感到存疑未决的第一点。以荆山而言，荆山，楚山也。楚国先王熊绎，原在荆山，筚路蓝缕，处于草莽之间。传到成王才开始兴盛。又七传至昭王，才迁都郢。昭王说："自吾先王受封，望不过江汉，河非所获罪。"从楚国的封疆可以推知，郢即江陵，此地有荆山，一名景山。荆是楚国旧号，有荆山是名正言顺的。世人认为荆山在濠州，濠州为古钟离子国，与寿春很近。楚国自昭王之后，又历十一世而至考烈王，才开始徙都寿春。《韩非子》所载卞和献玉事，乃在厉、武、文三王之际。昭王上接武王，已越十世。在三王时，钟离何尝隶属于楚国，而要强说卞和曾到过此山吗？《新序》又说："抱玉而泣，在共王之时。"《杂记》又说，其在怀王以及他儿子平王之时。平王为昭王的父亲，下距怀王九世；共王上至武王，也六世，怎么会颠倒错乱到这种地步？这是宋濂感到存疑未决的第二点。宋濂认为，山川遗迹，不是本之于经史，因此都不可尽信。比如葛洪丹井与郭景纯之墓，到处都有，即使有旷世之才，恐怕也难以辨其真伪。如果一定要人相信，涂山当以《左氏春秋》记载的寿春为正。荆山考诸史传，当以江陵为正。有的人说涂山氏乃古国之名，禹曾娶涂山氏之女，这别是一书，与这里的涂山毫不相涉。

宋濂说自己已老，对书中的记载已经遗忘得差不多了。因此，光凭记忆，未必不会有错误，因游涂、荆二山，不避讳挂漏之嫌，将上述记载附在游记文字之后，供同游者一笑。同游的人，有太子正字桂彦良、晋府长史朱右、楚府长史朱廉、吴府伴读王致远，及怀远县文学掾王景。

宋濂此次中都之游，除写了《琅琊山游记》《游涂荆二山记》两篇游记，还写了两首诗。现征引于后：

> 承恩扈跸幸中京，侍从銮舆老亦荣。
> 彩结千门迎左纛，帆飞万轴引前旌。
> 琅琊山近浮龙气，六一泉清泻玉声。
> 宸翰喜观新制作，南熏调古和难成。[①]

---

① 〔明〕宋濂：《扈从至滁阳登琅琊山》，载《宋濂全集》，第2221页。

临滁御幄觐清光，绍赐天闲骏骕骦。

圣主时巡行舜典，从臣词翰愧欧阳。

尘收辇路三更雨，花稘旗旟百和香。

一向清流关上望，中都郁郁瑞云黄。[①]

十一月十五日，宋濂和太子还在凤阳城东观看了新铸的大钟。该钟由江阴侯吴良奉诏监造，浙江富阳的金匠带领16人冶炼而成。钟高16尺5寸，厚6寸，内径10尺5寸，钟围约34尺5寸。用去青赤铜6.5万斤。为了使大钟能悬挂在木架上，上千的壮夫拉着粗绳才将它挂上，场面甚是壮观。宋濂描写用杵击钟的情形：“一杵之撞，隐隐阗阗，雷旋霆奔，震撼太虚，遐迩闻者，靡不耸愕。”宋濂事后应吴良之请撰写了《凤阳府新铸大钟颂》[②]。

清康熙年间刻本《佩文斋咏物诗选》第九册《泰山类》载有宋濂《登岱》七律一首，诗云：

岧峣泰岳拄苍穹，万壑千岩一径通。

象纬平临青帝观，云光长绕碧霞宫。

凌晨云漫天涯白，子夜晴播海日红。

玉露金茎应咫尺，举头霄汉思偏雄。

如此看来，宋濂此次中都之行，除游琅琊、涂、荆诸山外，还游玩了五岳之首的泰山。

三代宠光

洪武九年（1376）五月五日，朱元璋御天门，对宋濂等说：“自古有国家者

---

① 〔明〕宋濂：《扈从至清流关》，载《宋濂全集》，第2221页。
② 参见《宋濂全集》，第1216页。

未有不资贤才而能独理也，秦之时，张良、陈平、韩信皆居隐约，汉高祖卒用以成帝业。朕初定天下，即延揽群才，相与图治，皆因其器而任使之，今山林岩穴岂无超群拔众之才，欲致而用之，其道何由？"①宋濂回答说："取士莫善于乡举里选，用人莫善于因能任官，任官莫善于久居不迁，古有是论，而陛下行之，得才之效，无过此矣。"②朱元璋听了，对宋濂的回答很是赞赏。

六月，朱元璋有感于宋濂"久典制作，宣劳为多"，特授宋濂翰林学士承旨、嘉议大夫、知制诰、兼修国史。据《明太祖实录》，翰林院承旨与六部尚书、各卫指挥使、太常司卿、各道按察使、应天府尹均为正三品官。现将《潜溪录》所录两篇诰文移录于下：

宋濂墨迹

　　昔君天下者，官有德而赏有功，世之文武莫不云从。尔濂虽博通今古，惜乎临事无为，每事牵制弗决，若使尔检阅则有余，用之于施行则甚有不足。然方今儒者，以文如卿者少，朕念卿相从久矣，特授翰林学士承旨。尔宜懋哉！洪武九年。③

　　三皇五帝之驭天下，其文武之能，君臣皆备而善焉。至于三代之临御，礼、乐、射、御、书、数，君臣尤精。继至秦汉以来，人不知古有文武史分，各为之图，故圣贤鲜矣。朕出自草莱，非兼备之才，蒙上天授命，位

---

　　①②《明太祖实录》"洪武九年五月戊午"条。

　　③《明太祖赐翰林承旨诰文》，载《宋濂全集》，第2283页。

极两间。凡生民休息、百神祀事，尽赖文武辅导以成之，是致鬼神享而军民安又九年矣。然文者，翰林院尚未有首臣。朕于群儒中选，皆非真儒，人各虚名而已。独宋濂一人侍朕左右十有九年，虽才不兼文武，博通经史，文理幽深，可以黼黻肇造之规，宜堪承旨，弘灿明文，壮朕兴王，特敕尔中书，奉行毋滞。洪武九年□月□日。①

宋濂升官的同月，朱元璋又除宋濂大儿子宋瓒之子宋慎为殿廷仪礼司序班，二儿子宋璲为中书舍人。此前，朱元璋曾多次表示要授宋濂的子孙官职。他说："朕以布衣为天子，卿亦起草莱，列侍从，为开国文臣之首，俾世世与国同休，不亦美乎？"②但是，宋濂每次都是婉言谢绝，"不敢奉诏"。宋濂谢绝朱元璋的美意，不让子孙做官的心情完全可以理解。试想，自己在朱元璋左右，已见过多少文武官员人头落地！伴君如伴虎，自己虽然极尽荣耀，但每日也是战战兢兢，如履薄冰，自己深通《易经》之道，才不致丧于非命。儿孙没有官场的经验，根底又浅，动辄得咎，届时而遭不测，以致灭门辱宗也未可知。因此，从《宋濂行状》记录的宋濂"屡辞谢，不敢奉诏"这一点，我们可以窥见宋濂的真实心态。但是，圣意难违，如果再拒绝，就要引起朱元璋的怀疑，那会造成更加糟糕的局面。于是，宋濂不得不同意宋璲和宋慎出来做官。现将宋璲、宋慎两篇授官敕文移录于下：

皇帝敕曰：殿廷仪礼司既定，百官之朝会、四夷之来宾，其于进见辞谢，与夫早晚常参，欲其品级无差，班行有序，周旋进退，咸中矩规。度必立仪，礼司以掌之。而导先后，此序班之职也。当明于礼节者以任之。宋慎可授殿廷仪礼司序班，尔尚惟勤惟慎，益习容仪，斯为称职矣。尔惟懋哉！③

---

① 《明太祖赐翰林承旨诰文》，载《宋濂全集》，第2283页。
② 〔明〕郑楷：《宋濂行状》，载《宋濂全集》，第2350页。
③ 《殿廷仪礼司序班敕》，载《宋濂全集》，第2286页。

皇帝敕曰：书之原由八卦来，始代结绳，经苍颉而备用博，便天下。其书也，萌大圣而茂贤能，世非此者，艰为事理，若此者，尽天地之有无，亘古今之兴废，云后先之否泰，陈三纲而立五常，代君命如亲行，使臣民见之，无不稽首鞠躬。于斯之见，书之功，岂小小哉！假如先书之天地，无知后书之天地。天地也，先书之，圣人无有，后书之圣人。圣人也，非有志之士不能成其书。所以唐宋特设中书之职，爵俊秀而集群英，以书备敕命，而昭示天下。于斯之职，不为不重，而故重之，朕法前代官如焉。今特命尔宋璲为从仕郎、中书舍人，勤政勿怠！[1]

朱元璋在闲暇之时，经常出题考宋璲和宋慎，然后训诫一番。朱元璋见到宋濂，笑着说："朕为卿教子孙。"[2]宋濂有时因上朝时间过久，身体疲倦而支撑不住，朱元璋就令宋璲、宋慎扶宋濂下殿。在外人看来，祖孙三代都在朝廷做官，可谓极尽荣宠。君臣相得而又兼两代师生之谊，确也可成为千古美谈。但日后发生的事，使得这样的美谈再也不会有人提及。

白、黄马歌

宋濂晚上要写文章、看书，早上天还蒙蒙亮就要动身去几里外的皇宫上朝。如此日复一日、年复一年，宋濂从未迟到。然而，随着年事增高，加上操劳过度，宋濂越发老态龙钟、步履艰难了。洪武九年（1376）七月的一天，朱元璋动了恻隐之心，吩咐太子选一匹好马来赐给宋濂。很快，太子让人选了一匹强健的白马来到丹墀下，朱元璋一时高兴，赋诗一首，连同白马赐给了宋濂。诗云：

赐卿白马白雪白，马疾穿云云不隔。朝出清溪东，摇鞭来紫陌。五漏

---

① 《中书舍人敕》，载《宋濂全集》，第2285页。
② 〔明〕郑楷：《宋濂行状》，载《宋濂全集》，第2350页。

禁城边，精神常赫赫。撇鬣嘶秋风，康衢止过客。四蹄发流星，乘此无危厄。将军建大功，斯马真有益。[1]

宋濂不是武将，他不可能在战场上驰马纵横，建立战功。然而，宋濂为大明王朝所立的功绩又岂是武将所能比拟的！因此，一向瞧不起文人的朱元璋能将宋濂的文字事业看成是"将军建大功"，足见朱元璋对宋濂的倚重。

也许是白马速度过快，又或是不够温驯，年迈的宋濂不易驾驭这匹白马。因此，没过几天，太子给宋濂换了一匹黄马，这匹黄马很温驯，速度不快不慢，很适合宋濂。朱元璋又赐诗一首。诗云：

闻卿黄马黄骊黄，锦鞯铁衔声琅琅。行途还速也不疾，绛毛火滚飞扬扬。暑系柳荫浓，寒常露立霜。秋风四蹄轻，咆哮雄腾骧。将军横戈矛，折冲孰敢当。罢兵敢轻车，学士乘尤良。

朱元璋似乎感到自己作诗还不够彰显皇恩的浩荡，于是下诏群臣一起赋诗，以记宋濂一时之宠耀。当时贺诗的群臣有华克勤、虞泰、王佐、孙杰等，现移录贺诗于下。

黄马大宛种，身小骨不凡。天子受其骏，养在十二闲。敕赐词林老承旨，太仆牵来玉墀里。霜蹄蹴踏凤鬣翻，锦鞍新剪千花丽。老臣有子兼有孙，同时出入黄金门。白头趋朝戴星起，子孙扶持来谢恩。圣朝行赏不滥施，勋臣乃赐龙媒骑。儒冠一人独如此，稽古桓荣功在兹。

——华克勤

大明天子治天下，重译来宾抚方夏。
日本之东西域西，岁岁梯航贡神马。

---

[1] 〔明〕朱元璋：《赐学士宋濂白马歌》，载《宋濂全集》，第2290页。

赤骝紫燕皆权奇，龙媒岂独渥洼者。

如今四海兵尘清，惠养天闲势娴雅。

中间一匹驯且良，鬣尾金色双瞳方。

奔腾休夸照夜白，骄嘶自是真飞黄。

禁林学士老词伯，年过六十毛发苍。

近臣传宣辄赐予，彤庭拜舞承龙光。

宫柳垂丝拂寒早，奚官牵来锦鞍好。

阿儿前携孙后扶，晚景骑向东门道。

西风振鬣尘不惊，家童却讶朝回早。

——虞泰

圣朝天子齐唐虞，万方混一同车书。

大宛西域日臣附，万马入贡皆名驹。

天闲十二近宫阙，牝牡骊黄色俱别。

罗帕轻笼锦作鞯，丝缰稳控金为勒。

玉堂学士真老臣，日日趋朝侍紫宸。

承恩特赐飞黄马，骑出能衢不动尘。

飞黄之精真天驷，四足腾骧若星驶。

况拜亲撰御制诗，奎壁垂芒照人世。

须知君恩似海深，臣骑赤马当赤心。

风云会遇有如此，彤笔宜书耀古今。

——王佐

渥洼去天几万里，圣恩一视无遐迩。

年年进马入帝乡，降敕奚宫牧华阳。

五花成群总超异，内有飞黄若龙势。

振鬣一鸣凡马空，清秋飒爽惊西风。

宣赐銮坡老承旨，房星夜照瀛洲里。

211

似此殊恩古亦稀，好秉忠诚报天子。

——孙杰

一个行动不便的老人，能得一匹好马，就足以铭感五内，何况这匹马为御赐。不仅如此，朱元璋还铺张其事，与群臣一同赋诗记盛，这让宋濂在感激涕零之余，又增加了一份不安。所以，他常常告诫子孙："上德犹天地也，将何以为报？独有诚敬忠勤，略可自效万一耳。"[①]遗憾的是，孙子宋慎没有记住祖父的话，以致祸患及身，这是后话。

喜遇英才

得英才而教，乃为师之最乐。宋濂门下，弟子济济，其中最得宋濂赏识者，莫过于方孝孺。方孝孺（1357—1402），字希直，一字希古，号逊志，浙江宁海人。他日后因不肯为明成祖朱棣起草诏书而被诛十族。不过，那已是宋濂卒后21年发生的事。

方孝孺父亲方克勤是明初有名的好官，任济宁（今山东济宁）知府，清廉简朴，体恤百姓。《明史·方克勤传》记载济宁的民谣云："孰罢我役，使君之力。孰活我黍，使君之雨。使君勿去，我民父母。"可见，方克勤深得当地百姓的爱戴。然而，这样一位清官，却因一场突如其来的"空印案"而死于非命。

明朝政府规定，各地须每年派人到朝廷报告地方财政收支账目，所有账目必须跟朝廷审核后完全相符，才能结项。只要数字稍有出入，整个文册便被驳回，重新填造，而且必须重新盖上原衙门的印章才算有效。因往来路途遥远，派员都带有事先预备好的盖过印信的空白文册，以备不时之需。这种做法由来已久，本是沿袭了元朝的习惯做法，多年来都相安无事。洪武九年（1376），朱元璋听说此事后勃然大怒，认为这种做法肯定有舞弊行为，从上到下，朱元璋杀了一批官员。方克勤也因牵连被逮。方克勤被逮时，方孝孺年方二十。为了

---

① 〔明〕郑楷：《宋濂行状》，载《宋濂全集》，第2350页。

父亲的案子，他到京师四处奔波上诉，初出茅庐的他根本不知道官场的厉害，最后他的父亲屈死于狱中。

方孝孺寓居京师期间，以文为贽，登门拜见了仰慕已久的宋濂。宋濂在一篇诗序中记述了当时见面的情景："洪武丙辰，予官禁林。宁海方生孝孺过从，以文为贽，一览辄奇之。馆置左右，与其谈经，历三时乃去。"①

宋濂公务繁忙，文债又多，能与一个年方二十的晚生谈经三个时辰，足见宋濂对方孝孺的看重。方孝孺也在文章中写道："及游京师，始出谒太史公，公一见辄曰：'子吾徒人也。'遂送至弟子籍中。"②

宋濂之于方孝孺，有如当年吴莱之于宋濂。方孝孺的出现，让爱才惜才的宋濂欣喜异常，他将方孝孺比成百鸟中的"凤凰"，故当方孝孺因丧父扶枢归宁海时，宋濂依依不舍，期望他第二年到萝山从学。宋濂写道："古者重德教，非惟弟子之求师，而为师者得一英才而训饬之，未尝不喜动颜色。此无它，天理、民彝之不能自已。予以一日之长，来受经者每有其人，今皆散落四方。黍稷虽芃芃，不如稊稗之有秋者多矣。晚得天台方生孝孺，其为人也，凝重而不迁于物，颖锐有以烛诸理，间发为文，如水涌而山出。喧啾百鸟之中，见此孤凤凰，云胡不喜！越一年别去，感慨今昔，又云何弗思。退朝之暇，悬灯默坐，因发于声诗一十四章以送之。末章用来字者，冀负笈重至，以迄于有成也。"诗曰：

> 北风何逶迤，雪花大于手。之子有远役，忍劝尊中酒。一解。
>
> 念子初来时，才思若茧丝。抽之已见绪，染就五色衣。二解。
>
> 被之行儒林，孰不生艳慕？踟躇媚学徒，一步亦回顾。三解。
>
> 余生老且至，秋发垂两肩。得之喜欲舞，如获宝璐然。四解。
>
> 素编耽清昼，青灯坐深夜。探玄欲忘寝，荐味如啖蔗。五解。
>
> 一朝别我去，何以释离忧？不禁秦淮水，流子江上舟。六解。

---

① 〔明〕宋濂：《送方生还宁海并序》，载《宋濂全集》，第1625页。

② 〔明〕方孝孺：《与舒君》，载《宋濂全集》，第2581页。

但愿逆风起，吹舟不得往。共穿钟阜云，时看白石长。七解。

风本无情物，岂能知我心。事既不能谐，赠言如赠金。八解。

须知九仞山，功或少一篑。学功随日新，慎毋中道废。九解。

群经耿明训，白日丽青天。苟徒溺文辞，萤爝欲争妍。十解。

姬孔亦何人，颜面了不异。肯堕盆盎中，当作瑚琏器。十一解。

不见金谷园，琼芳委尘沙。泰山有乔松，老干凌苍霞。十二解。

四海皆兄弟，知己独难遇。伯乐倘弗逢，盐车厄骐骥。十三解。

明年二三月，罗山花正开。登高日骋望，迟子能重来。十四解。①

下诏致仕

"七十而致仕，礼法有明文。"洪武九年（1376），宋濂67岁，离致仕的时间还有三年。虽然朱元璋赐给了宋濂黄马，期望宋濂能在朝廷多待些时间润色鸿业，黼黻皇猷，但对于衰老过快的宋濂来说，过久的伏坐和行走都是十分吃力的事，何况每日还要来回驱驰20多里的路。让这样一个步履蹒跚的老人在朝廷做事，朱元璋也感到于心不忍。十一月的一天，朱元璋颁下旨来，令宋濂致仕。为了让宋濂"光荣退休"，朱元璋对宋濂的祖宗二代都给予了封赠。加赠宋濂父亲为嘉议大夫、礼部尚书，母亲为淑人，祖父为亚中大夫、太常少卿，祖妣金氏为淑人，夫人贾氏为淑人。这些诰文为朱元璋亲手写成，今存宋濂祖、父、妻封诰二通，现移录于下：

昔者圣人君天下，凡名臣之善，非崇一己之善，必惠及至于祖焉。尔濂学通今古，性淳而朴，实有古人之风。挠之而不怒，静之而不肆，岂不如渊之澄清者乎？夫渊之澄清，搅之而不浊，静之而不淆，朕观濂之性有若是焉。今者公卿等皆得祖宗封号，尔为文章之首臣，祖亦有封焉。朕赐

---

① 〔明〕宋濂：《送方生孝孺还天台诗有序》，载《宋濂全集》，第1961页。

敕中书下吏部，特赠尔濂祖德政为亚中大夫太常少卿，祖妣金氏赠淑人，父赠嘉议大夫礼部尚书，妣陈氏赠淑人，故谕卿知之，奉迎前去，以爵冥冥者也。①

妇人从夫而贵，是以国家之制，凡有禄位锡封必及其内助焉。翰林学士承旨嘉议大夫知制诰兼修国史宋濂妻贾氏，可封淑人，尚宜尔家，益修妇道。②

宋濂的致仕诰文已不存，但《宋濂行状》有云："先生及二代诰辞皆上所亲制，天下荣之。诰辞中称先生'德量之弘如千顷波，澄之不清，挠之不浊'。人以为上知人之明云。"这与宋濂祖、父封诰中对宋濂的评价是一致的。朱元璋还当着朝臣的面称誉宋濂：

古人太上为圣，其次为贤，其次为君子，若宋景濂者事朕十九年，而未有一言之伪，诮人之短，宠辱不惊，始终无异，其诚君子矣乎？匪止君子，抑可谓之贤者矣。③

朱元璋向来以小人之心度君子之腹，一个文臣在退休时能得到他如此高的评价，确实不容易。

宋濂的行期已定。面对这样一个忠实无欺、珥笔丹墀近20年的老臣就要离去，朱元璋不免感到有些不舍。他对宋濂说："卿去何时复来见朕乎？幸相侍数日，姑徐徐行。"④于是，宋濂又在京城多住了一个多月。

洪武十年（1377）正月六日，宋濂正式向朱元璋辞行。时朱元璋在午门阙楼，他问宋濂："今在外文学复有如卿者乎？其举以自代。"⑤宋濂说道："有苏

① 《加赠宋濂祖父母父母诰》，载《宋濂全集》，第2630页。
② 《赠妻贾氏淑人诰》，载《宋濂全集》，第2636页。
③ 《国初礼贤录》，《四库全书存目丛书》史部第四十五册。
④ 〔明〕郑楷：《宋濂行状》，载《宋濂全集》，第2350页。
⑤ 〔明〕刘崧：《送苏平仲先生还金华序》，载《槎翁文集》卷十一，《四库全书存目丛书》本。

伯衡者，臣乡人也。尝由国子学正擢翰林编修，虽以耳目之疾辞归，然其人博学饬行，为文词蔚赡而有法，要不可以微疾废。"①朱元璋点头称是，表示会即刻下诏征苏伯衡到京。

朱元璋令内侍拿出御制《文集》一部及绮帛四匹赐给宋濂，太子也赐宋濂三件新衣。朱元璋说："朕最慎于赏予，嘉卿忠诚可贯金石，故以是赐卿。卿今年几何矣？"②宋濂回答道："六十有八。"朱元璋说："藏此绮，俟三十二年后作百岁衣也。"③朱元璋又令内侍取宝钞1000锭交给宋濂，说："赐卿东归当酒钱。"宋濂叩头称谢。

朱元璋备下别宴招待宋濂。宴毕，朱元璋送宋濂归住所。朱元璋一边走，一边叮嘱道："大江涨不可舟，卿宜循内河达家，庶几无虞。"宋濂连连点头称是。朱元璋对身边的宋慎说："你小心护送你祖父归金华，然后回京禀命。"当行至午门，朱元璋对宋濂说："此地卿行有数矣，卿归后还能来见朕否？"④宋濂回答道："臣身未就木，则一岁一来朝。"⑤朱元璋听了很感动，不觉诗兴大发，赋诗一首赠宋濂。其中有云："白下开尊话别离，知君此后迹应稀。"宋濂立即回和一首，其中有云："臣身愿作衡阳雁，一度秋风一度归。"⑥

在朝的僚友们孙蕡、桂彦良、答禄与权、黄忠、汪广洋、史靖可、林静、释来复、释金泐等得知宋濂东归在即，也纷纷赋诗赠序，其中孙蕡一个人的送别诗就达30首，可谓前无古人，后无来者。现录部分于下，以见一时之盛。⑦

送翰林宋先生致仕归金华二十五首（之一）

门生日日侍谈经，独向孙蕡眼尚青。

几度背人焚谏草？风吹蝴蝶满中庭。

———孙蕡

---

① 〔明〕刘崧：《送苏平仲先生还金华序》，载《槎翁文集》卷十一，《四库全书存目丛书》本。

②③ 〔明〕郑楷：《宋濂行状》，载《宋濂全集》，第2350页。

④⑤ 〔明〕朱芾：《赠别宋承旨三首并序》，载《宋濂全集》，第2617页。

⑥ 〔明〕董谷：《碧里杂存》，转引自《浙江通志》卷二百八十"杂记•下"，影印文渊阁《四库全书》本。

⑦ 下引诸人赠诗及诗序见《宋濂全集》附录《潜溪录》卷五。

赠别宋承旨三首（之一）

城上春云暖更飞，念卿此地迹将稀。

臣身愿作随阳雁，一度秋来一度归。①

——朱祁

送宋承旨致政归金华

几年簪绂近天颜，白发休官诏许还。

先世受封沾圣泽，后昆承宠侍朝班。

心同金石孤忠在，身入山林万虑闲。

回首玉堂春昼静，何时重听佩珊珊？

——黄忠

宋景濂承旨致仕还金华二首（之一）

力操铅椠代橐鞬，赞翊无如子独贤。

璧水屡游来后学，瀛洲高步领群仙。

乞归际遇明良日，近侍从容二十年。

况有儿孙能继武，凤皇池上羽毛鲜。

——汪广洋

赠别宋承旨二首（之一）

晓辞龙衮出金门，拜跪相扶有子孙。

传敕更宣来侍食，悬知一饭不忘思。

——史靖可

---

① 诗末注云："上步自午门，先生侍行。上曰：'此地卿行有数矣，卿归后还能来见朕否？'先生对曰：'臣身未就木，则一岁一来朝。'"

赠别宋承旨二首（之一）

白苎如霜初下机，并刀素手制春衣。

裁时莫学朝衫大，要上东山采紫薇。

——林静

赠别宋承旨六首（之一）

不管人间是与非，锦衣脱却换荷衣。

浮云卷尽三山碧，万里晴空一鹤归。

——释来复

宋学士归金华

当代文章伯，朝廷制作新。

储宫贤少傅，开国老词臣。

际遇超今古，优容异等伦。

莫归莲作炬，前席锦为茵。

班固材尤赡，扬雄语大醇。

一麟生治世，长剑倚秋旻。

仲子金闺彦，佳孙玉树春。

寻常劳圣眷，七十解朝绅。

恋阙行犹缓，还家乐更真。

都门开祖帐，里曲候征轮。

未觉乡音改，其如此志伸。

净名应杜口，善慧必观身。

婺女星辰逼，萝山雨露均。

挑灯书细字，置酒洽比邻。

白石求真侣，青松结社人。

无心诚契理，有道足怡神。

自愧非支遁，空知让许询。

三生情是梦，十载法为亲。

别去投青简，秋来觐紫宸。

凉风吹彩鹢，携手大江滨。

——释金泐

送宋承旨致政归金华

金华之山，巍乎莫测。乃在牛女之墟，天池之北。自昔初平牧羊处，至今灵气钟名德。圣人立极开太平。贤佐乃有宋先生。先生读书逾万卷，雄才独擅文章名。至尊临轩时顾问，皇子传经当绣楹。汉室旧闻疏太傅，明庭今见桓五更。先生行年几七十，新春诏许还乡邑。诰词御制焕奎文，子孙簪笔当朝立。先生种德非常伦，圣明天子优老臣。从兹一往三千春，高风长与初平邻。

——答禄与权

送宋承旨致政归金华并序

金华承旨宋公才雄学博，为上所宠任者十有九年，今以老赐归。余忝春坊正字，久资诲益，惜其去也，诗以赠之。

瞻彼金华，有郁其特。下有潜溪，其流湜湜。山川炳灵，文献迭兴。曰宋景濂父，人中之英。维此潜溪，其源孔长。东流于海，演迤汪洋。维此景濂父，生溪之浒。世有积德，爰自祖父。维此祖父，潜德弗仕。乃钟秀于厥子，生此吉人。温温其恭，性敏且聪。学博以充，文粹而工，维圣天子是庸。天佑圣世，有臣明良，胥会景命维新。维此景濂父，遇我圣主。黼黻皇猷，维圣之辅。维此吉人，简在帝心。入承上旨，以奉德音。辅导东宫，缉熙圣学。朝夕从事，罔敢弗恪。绅书金匮，古史之良。司业成均，衿佩将将。有德有齿，邦家之光。扬历中外，屡阅星霜。帝嘉耆德，宠锡是绥。名扬宇内，文播外邦。追赠祖考，赫其有辉。泽及子孙，出入禁闱。昔有贤傅，维汉二疏。赐金归老，以辉于乡同。帝曰："卿老矣，今何独不然？罔俾二疏，专美于前。"公辞阙廷，卷卷不忍，孰承顾问，以被亲近。

荐贤为国，非曰予私。始终一节，忠信勿欺。饮饯玉堂，雨雪初霁。出祖东门，江山佳丽。银鞍紫骝，天厩之良。锦衣绮裳，煜然有光。服天子宠命，归荣于乡。公归老矣，松菊具存。有琴有书，有田有园。姻戚欢迎，宾客满门。击鲜酾酒，燕乐欣欣。寿考维祺，以训尔子孙，世无忘圣恩。

——桂彦良

宋濂于正月十日发舟，二十七日抵浦江青萝山房。二月三日，至金华潜溪祭拜祖墓，向九泉之下的亡灵宣读御制的封赠诰文，可谓"龙光烜赫，下烛泉壤"。一时间，宋濂衣锦还乡、荣归故里的消息传遍邻里乡邑，乡里亲朋、故交门生都纷纷赶来看望，看到宋濂如此受到皇帝的器重，无不露出羡慕之色，赞叹不已。宋濂的同门老友胡翰也从金华城里赶来，与宋濂"相与道旧故累日"。胡翰临走之时，适逢宋濂哥哥宋渊的为善堂刚建好，宋濂就请胡翰写了一篇《宋氏为善堂记》记文。宋濂也为自己辟了一间斗室，仅可"容膝"，名之曰"静轩"。宋濂自己后来也有诗赞道：

静室似僧庐，绝与黄尘隔。

引雀喜留黍，惜苔懒穿屐。

有时倚幽轩，情境一何寂。

只有岩华飞，随风亦无迹。[①]

二月十二日，在一切安排停当后，宋濂赶紧写了《致政谢恩表》和《致政谢恩笺》，让宋慎返京上奏给朱元璋和太子。现将表和笺移录于下：

致政谢恩表

翰林学士承旨、嘉议大夫、知制诰、兼修国史、兼太子赞善大夫臣宋濂，诚欢诚忭，稽首顿首上言：臣闻生世而逢真主，仕宦而归故乡，此人

---

① 〔明〕宋濂：《静室二首》，载《宋濂全集》，第1962页。

臣至荣而至愿者也。臣本一介书生，粗读经史，在前朝时虽屡入科场，曾不能沾分寸之禄，甘终老于山林。今幸遭逢圣主定鼎建业，特敕省臣遣使者致币，起臣于金华山中，俾典儒台，继升右史，侍经东宫，供奉翰苑。去岁钦蒙特除承旨，为文章之首臣，而次子璲擢中书舍人，长孙慎殿廷序班，一门三世，俱被恩荣。近者又荷追封祖父，亲御翰墨，宠以雄文，粲然奎璧之光，照耀霄汉。且怜臣年老，令致政还乡，又有冠服、文绮、宝楮之赐，鸿泽滂沛，不一而足，其高如天，其厚如地，其照临如日月，非笔墨之可尽述。臣诚欢诚忭，稽首顿首。钦惟皇帝陛下以布衣混一四海如汉高祖，以仁义化被万方过唐太宗，宵衣旰食，孜孜图治，欲使天下苍生无一夫不被其泽。虽以臣之愚陋，无尺寸之功，亦蒙宠遇如此之至，铭心镂骨，誓不敢忘。自度无以效犬马之诚，唯朝夕焚香上祝千万岁寿，及以忠勤教子孙，俾世世毋忘陛下深仁厚德而已。臣无任瞻天仰圣激切屏营之至，谨奉表称谢以闻。臣濂诚欢诚忭，稽首顿首谨言。洪武十年二月十二日，翰林学士承旨、嘉议大夫、知制诰、兼修国史、兼太子赞善大夫臣宋濂谨上表。[①]

致政谢恩笺

翰林学士承旨、嘉议大夫、知制诰、兼修国史、兼太子赞善大夫臣宋濂，诚欢诚忭，顿首顿首上言：近者钦蒙圣恩，追赠二代，许臣致仕还乡。臣自正月初六日陛辞，十日发舟，二十七日至家，二月初三日诣墓所，祭告昭宣制命，龙光烜赫，下烛泉壤。乡里亲朋一时毕会，相与叹慕，以谓天朝待士如此之至，莫不感激思奋。此皆皇上之大德，殿下之深恩，顾臣区区，何以图报于万一。臣闻古圣人有言曰："为君难。"其所谓难者何也？然以四海之广，生民之众，受寄于一人，敬则治，怠则否；勤则治，荒则否；亲君子则治，近小人则否，其机甚微，其发至于不可遏，不可不谨也。所以二帝三皇相传心法，曰德曰仁，曰敬曰诚，无非用功于此也。治忽之

---

① 《宋濂全集》，第1154页。

间，由心之存不存何如耳。臣诚欢诚忭，顿首顿首，恭惟皇太子殿下仁孝温恭，出言制行，动合至道，中外无不仰望，而臣犹以二帝三皇相传心法为言者，诚以为君之难也。臣虽退居田里，而忠爱之心弥切，旦夕不忘，于是敢贡刍荛之言，伏望殿下察臣所言而笃行之，则天下幸甚，臣无任瞻仰激切屏营之至。谨奉笺称谢以闻。臣诚欢诚忭，顿首顿首谨言。洪武十年二月十二日，具官臣宋濂谨上笺。[①]

宋濂在《致政谢恩表》《致政谢恩笺》里充满了对朱元璋的感激之情，应该说，这是他出自内心的感激。但表、笺的内容不止于此，宋濂当年被召至南京，曾发表出仕宣言《诰皓华文》，表明他的出仕不是为个人的利益，而是忧于国家的患难。现在宋濂致仕归里，难以再为国家贡献绵薄之力，但宋濂的爱国忧民之心一刻也未曾停止。以宋濂在朝廷里的所见所闻，他知道皇帝的一举一动都关乎国家安危、天下苍生。因此，宋濂不忘利用致政谢恩的机会，对朱元璋的功绩进行颂扬，有意将他和唐太宗相比，是想提醒朱元璋要以此自励，要成为一个像唐太宗那样的"明君"。宋濂还以"曰德曰仁，曰敬曰诚"的所谓"二帝三皇相传心法"劝导太子，指出为君"亲君子则治，近小人则否"，这不仅是说给太子听的，也是说给朱元璋听的。"居庙堂之高，则忧其民；处江湖之远，则忧其君。"宋濂可谓真正做到了这一点。

朱元璋看了宋濂的表、笺后非常高兴，又从宋慎处得知宋濂休官后缄默其口，不复滥交，朱元璋更觉放心。于是，朱元璋诗兴一动，赐诗一首，并冠之以长篇序文：

洪武十年春二月二十有六日，前翰林承旨宋濂得致仕归，已达家矣。即遣长孙慎进表以伸报谢。朕览来词，言无虚谬，已往分明，见陈可纪。其为人也可谓诚矣，智矣。故有终于致仕为此。于是召其孙慎谓曰："尔翁去此而谁从？"对曰："惟亲及故友会之，他无滥交。"曰："日抚儿孙乎？

---

① 《宋濂全集》，第1155页。

阅生财乎？涉田园乎？"慎稽首拜手曰："臣慎祖蒙陛下之深恩厚泽，得休官，悠悠于家，以待考终。其于抚儿孙、阅生财、涉田园之事，皆有之。为此不胜感激，特遣微臣慎诣阙俯伏以谢陛下。"曰："除此之外，他有何乐？"曰："足不他往，但建一容膝之室，题名曰'静轩'，日居是而澄方寸，更访国政，倘知一二，虽在休官，尚欲实对，为陛下补缺耳。"朕听斯言，倏然感动。於戏忠哉！良臣有若是耶！因为之诗焉。

闻卿归去乐天然，静轩应当效老禅。
不语久之知贯道，此心尝著觉还便。
从前事业功尤著，向后文章迹必传。
千古仲尼名不息，休官终老尔惟全。①

①《宋濂全集》，第2288页。

第七章　休官归里

初次朝京

宋濂虽然于洪武十年（1377）正月归里，但致仕之诏是前一年下的，故到了秋天，宋濂想起与朱元璋的约定，该上京朝拜皇上和太子了。

九月一日，宋濂在门生方孝孺的陪同下出发去南京。得知宋濂到来，朱元璋于十四日这一天早早地在端门等候。朱元璋等得有些心急，几次下问宋濂有没有来到。"及见大喜，加劳再三。"[①]皇太子、诸王也"皆欢动颜色"。第二天，朱元璋特敕符三道并派人到宋濂住的寓所赐送酒食等物。现存敕符二道，移录于下：

> 卿多积德，以致高寿康宁。虽居致仕，恋阙之心甚切，不畏严寒，年必斯时而至，特赐日用，故兹特谕。洪武十年。[②]

> 卿去此数月，朕常思之。今卿来此，已一复时矣。朕恐失顾问，少劳劳，特敕礼部致食粮及酒肴抵所在，卿当引觞而自酌，美食以养神，称朕

---

① 〔明〕郑楷：《宋濂行状》，载《宋濂全集》，第2350页。
② 《明太祖劳致仕承旨敕符三道（其一、其二）》，载《宋濂全集》，第2283页。

报劳之意，未审悦乎？洪武十年九月十五日。地字四号。①

宋濂"自是日侍上，游历观阙，盘旋禁御，询诹备至。便殿侍食，日晏始退，恩礼之优，群臣莫敢望"②。对于宋濂如此的笃厚忠诚、纯正儒雅，朱元璋情不自禁地赞叹道："纯臣哉，尔濂！纯臣哉，尔濂！方今四夷皆知卿名，卿其自爱！"③朱元璋如此优礼宋濂，则"朝廷百官惟恐不留先生，下至寺人卫卒，见先生至，皆以手加额，相推排迎拜，恐不得先睹"。

也许是受宋濂表、笺的影响，朱元璋一时对人心的作用特别重视起来。他于十月一日夜里下旨召工匠在宫城上造"观心亭"。过了七天，观心亭造好。朱元璋希望宋濂能写一篇记来记叙之。朱元璋说："人心虚灵，乘气机出入，操而存之为难。朕罔敢自遐自逸，譬鱼之在井，虽未免乎跳掷，终不能度越范围，况有事于天地庙社，尤用祇惕。致斋之日，必端居亭中，返视却听，上契冲漠，体道凝神，纯一弗贰，庶几将事之际，对越在天，洋洋乎临其上。卿为朕记之，传示来裔，咸知朕志，俾弗懈愈虔。"于是，宋濂奉命写了一篇《观心亭记》④。

宋濂在京城一待就是70多天，很快就到年末，宋濂觉得该回家了。十一月二十四日，宋濂前往朱元璋处辞行。朱元璋时在武楼，对宋濂说："现在正值隆冬时节，天寒地冻，此时归去恐行程不便。"但宋濂"以岁暮力辞还"。朱元璋见宋濂归意已定，也不勉强，亲自为宋濂指画归程的路线。"圣心惓惓，愈加于昔。"⑤一切安排停当，朱元璋便趁这个离别机会与宋濂谈论起佛经《楞伽经》来。朱元璋说："卿言《楞伽经》与达摩氏印心之经，朕取而阅之，信然。人至难持者，心也。触物而动，渊沦天飞。随念而迁，凝冰焦火，经言操存制伏之道，实与儒家言不异。使诸侯卿大夫，人咸知此，纵未能上齐佛智，其禁邪思，绝贪欲，岂不胥为贤人君子之归。"宋濂回答道："诚如圣谕。第其文学简古，义趣渊微，宋臣苏轼颇尝患其难读耳。"朱元璋说："此书生缠蔽文义之过也。

---

① 《明太祖劳致仕承旨敕符三道（其一、其二）》，载《宋濂全集》，第2283页。

②③ 〔明〕郑楷：《宋濂行状》，载《宋濂全集》，第2350页。

④ 参见《宋濂全集》，第1219页。

⑤ 〔明〕宋濂：《新刻楞伽经序》，载《宋濂全集》，第1239页。

朕于宫中略览数过，已悉领其大旨。"说着，朱元璋即令内侍取出一本新刻的《楞伽经》来给宋濂观看，并默诵了几段，亲自解说。宋濂称赞朱元璋"睿智神见，皆超出乎常伦"①。朱元璋在宫中设宴为宋濂饯行。

二十五日，宋濂启程南下。过了三日，朱元璋问时任中书舍人的宋濂之子宋璲："尔父归今几日？当抵何处？"十二月二日，又问宋璲："汝父途中想平安邪？"第二天又对宋璲说："朕畴昔之夜，梦见尔父，笑谈如曩时，尔父虽去，其容仪俨然在朕目中也。"宋璲叩头谢道："非陛下垂念臣父之至，何以形诸梦寐？"时廷臣张伯诚和史靖可都在一侧，听到朱元璋的言语，也不禁感动万分，各赋诗一首以记其事。

张伯诚诗云：

圣皇亲问宋中书，汝父南归几日余。
想是官河风色顺，轻舟平稳似安车。
霜晨凤阁听纶音，夜梦金华老翰林。
时有舍人臣宋璲，叩头感激圣恩深。②

史靖可诗云：

内相忠诚荷主知，白头亲见太平时。
生平不有君臣契，那得神交入梦思。
圣主端居念老臣，清宵梦寐见精神。
太平今日诸儒会，风度依稀似古人。③

宋濂与方孝孺一行到了钱塘。钱塘有宋濂的僚友、杭州儒学教授徐一夔和僧友、上天竺慧日大师，宋濂决定前往拜访。徐一夔（1319—1399），字大章，

---

① 〔明〕宋濂：《新刻楞伽经序》，载《宋濂全集》，第1239页。
②③《宋濂全集》，第2610页。

天台（今属浙江）人。当年下诏修《元史》时，同门友王祎力荐徐一夔入史馆，但他以疾辞。他给王祎写的《报子充书》，深明史法，为世所称。他后被荐入朝廷修《礼书》和《大明日历》，与宋濂为僚友，宋濂对他的为人和学问都深为敬重。徐一夔见宋濂一行到来，甚是高兴，拿出了自己写的文集请宋濂观看。徐一夔的门生还请宋濂为徐一夔的文集作序，宋濂愉快地答应了。

慧日（1291—1379），号东溟，俗姓贾，天台赤城人，是南宋丞相贾似道的裔孙，人称"白眉和尚"。这位慧日和尚不简单，在元朝时，曾主持修建失火后的下天竺，得到过元顺帝恩赐的"慈光妙应普济"法号。入明后，朱元璋对这位白眉和尚青眼有加，屡次召见他，称字而不名。朱元璋曾说："迩来学佛者，唯饱食优游，沉薶岁月而已。如《金刚》《楞伽》诸经，皆摄心之要典，何不研穷其义？苟有不通，质诸白眉法师可也。"[1]宋濂与法师在南京时就认识，这次路过，正好可前去看他。慧日这年87岁，但目光炯炯，精神状态极佳。宋濂笑着对法师说："法力所摄，师之四体当益强。濂岁岁上京师，必过虎林，必与师谈辩如今日也。"法师曰："学士固未艾，老身石火电光尔，乌能久乎？"于是，他们一笑而别。

宋濂和方孝孺还游玩了西湖、岳坟、苏堤、雷峰塔、南屏山等景点。宋濂卒后，方孝孺若干年后曾有诗追忆当时游玩的情景。诗云：

> 昔年岁暮京国还，舣舟夜宿南屏山。
> 山风吹雪天欲压，夜半大雪埋江关。
> 清晨倚楼望吴越，六合玉花飘未绝。
> 恍疑江水驾山来，万顷银涛涌城阙。
> 山僧好事喜客留，置酒开筵楼上头。
> 玉堂仙人宋夫子，红颜白发青貂裘。
> 坐读古今如指掌，共看云收月华上。
> 寒辉素彩相荡摩，碧海璃台迭萧爽。

---

① 〔明〕宋濂：《上天竺慈光妙应普济大师东溟日公碑铭》，载《宋濂全集》，第1468页。

酒酣击节心目开，慷慨吊古思英才。

荒祠古柏岳王墓，废湖残柳苏公台。

一时佳会难再得，仙人上天尘世窄。①

再次朝京

新年过后，宋濂山居多暇，又写了不少文章，如《新刻楞伽经序》《四明阿育王山广利禅寺碑铭》《育王禅师裕公三会语录序》《金刚般若经新解序》等。当然，其中能反映宋濂晚年思想倾向的，还当为徐一夔作的《徐一夔文集序》。

宋濂在序中罗列了种种"非文"的情状，提出了"孟氏既没，世不复有文"的观点，无论是从文学史发展的角度，还是从宋濂自己的思想历程来说，这都是一种倒退。因为从这种观点出发，连司马迁的《史记》也不在他肯定的范围之内（"太史迁得其皮肤"）。不过，在理学风气弥漫盛行的明代初年，尊经宗圣也是很普遍的。宋濂所论，实则是欲褒扬徐一夔的"文以载道"。因此，徐一夔收到宋濂作的序后，十分高兴，当即致书道谢，其中有云：

> 近楼主簿至，伏承手帖，从审履候康裕，兼获快睹《吕公孝感诗序》，不胜忻慰！所付诗序，寻偕楼簿送与吕公，去讫未遑奉报。十五日王丈至，又承畁以高文一通，肃读三过，喜幸！喜幸！区区不腆之言，何足以文自命？初意不过欲得阁下一二百字，冠诸杂稿之端，以假重尔，讵意过蒙不鄙，贶以春容大篇，极论文与道所系之重，且备斥世俗之文之畔于道者为非，如以一夔为知言而与之言者……向在史局，承裁画于下，执事间尝质以鄙见，阁下不以为谬，且见谓为是心常服之。兹承见教，其敢以奖借为足，政当竭其年力，益励不懈，以求其至尔。虽然，阁下此文，匡世之文也，特因不才而发之耳。此文之行，天下学者殆将靡然一趋于正，不至蹈

---

① 《西湖游览志余》卷七。

前弊而自畔于道矣。惟昔文章之弊，必有豪杰之士乘维新之运振而起之，厥今振而起之者，非阁下其谁？尚奚虑不知者以过高见尤而自逊也。人回谨布向往之私，不备。[1]

洪武十一年（1378）十一月，宋濂再次朝京。二十一日，宋濂道经杭州，游虎跑、净慈寺等处。

虎跑泉在杭州大慈山白鹤峰下广福定慧禅院，距城南10里左右。这虎跑泉的来历，还有一个饶有兴味的传说。相传唐元和十四年（819），高僧寰中（法名性空）来此，喜欢这里风景灵秀，便建庵住下来。可是附近没有水源，他准备迁往别处。一夜，他忽然梦见神人告诉他："自大师之来，我等受惠无穷，为何要弃去？南岳有一童子泉，当遣二虎将其搬到这里来，大师不必担忧。"[2]第二天，他果然看见二虎跑（刨）山出泉，清澈的泉水随即涌出，甘冽异常。苏东坡任官杭州时，曾为之赋诗，有"虎移泉眼趁行脚"之句。当宋濂游虎跑时，主僧定严执意请宋濂观泉。那天，定严身披法衣，率领众和尚双手合十，口念咒辞，过了许久，泉水喷薄而出，如同连珠，过了一会儿，泉水微作涌势，汩汩流出。宋濂心里颇感惊异。定严法师趁机向宋濂请求撰写虎跑泉铭。宋濂也不推辞，挥笔写道：

> 天一所形，厥质乃凝。
> 潜行重渊，与气俱升。
> 至人来居，地不爱宝。
> 谁信清冷，生于虎爪。
> ……
> 愿挹才波，如习禅定。
> 洗涤根尘，一时清净。[3]

---

① 〔明〕徐一夔：《答宋内翰书》，载《宋濂全集》，第2564页。

②③〔明〕宋濂：《大慈山虎跑泉铭》，载《宋濂全集》，第1599页。

游毕虎跑，宋濂又来到南屏山下的净慈报恩禅寺。前一年朝京归来，宋濂与方孝孺曾在此歇息住宿，现在又路过这里，自然不可不入。住持夷简见宋濂来到，喜不可支，因为寺里的钟楼刚刚建好，2万斤重的大钟正虚铭以待，宋濂来得正是时候，这铭由宋濂来写再合适不过了。宋濂不愧为写铭的高手，操笔立就。铭曰：

> 南屏之山，中有梵宫。
> 新作巨钟，声震太空。
> 一音普被，如佛住世。
> 乘戒圆融，胜劣无滞。①

十二月十六日，宋濂抵南京。朱元璋得知宋濂到来，非常高兴，即遣人送酒食慰劳。《明太祖实录》记载道：

> （洪武十一年十二月）甲寅，致仕翰林承旨宋濂来朝，敕劳之曰："臣之事君，宜恭不怠，其得休官于家者，古今几人，卿膺永寿，精力愈加。自致仕之后，每岁来朝，甚慰朕心。朕不忍卿驱驰千里而来，已敕礼部赐廪米酒肴，尔其享之，以育高年。"

不仅如此，朱元璋于二十九日又作《又赐宋承旨越中来歌》云：

> 学士越中来，我恐驰程苦。
> 拜毕诣阶前，精神盛旧观。
> 气宇比秋鸿，文章真太古。
> 试问民如何？天下通商贾。
> 不但越中乐，将军明队伍。

---

① 〔明〕宋濂：《净慈寺新铸铜钟铭有序》，载《宋濂全集》，第1372页。

塘河便小舟，旅店从欲沽。

近来荷君德，中原无胡虏。

贤人诵言多，黼黻皇猷补。

寰宇足清宁，人人皆乐土。①

此诗通过君臣的一问一答，描绘了天下安定、商旅发达、百姓富足的繁荣景象，诗中洋溢着乐观、自豪的情调。可以看出，宋濂的到来，仿佛使朱元璋的精神境界也提升了许多。

前一年上朝，朱元璋要留宋濂在京城过年，宋濂没有答应，这一次，宋濂不好再拂朱元璋的意了，就留下来与儿孙们在京城过了一个快乐安详的团圆年。

故友聚会

新年过后，给事中林廷纲等六人归里省亲，朱元璋特制敕符赐给他们。林廷纲得到御赐的敕符，感到十分荣耀，将它装裱成卷，请宋濂题识。宋濂认为皇上"诲谕谆切，其望深厚，犹父命子"，作为臣子，不仅要做到恪尽职守，更应"公而忘私，徇义而忘身"，假如"恃上之宠荣以夸其乡邦"，则是不可取的，"是恒人之智尔"。

洪武十二年（1379）二月三日，灵隐大师来复的弟子找到宋濂，请他为来复的《蒲庵诗集》作序。来复是宋濂老师黄潜的朋友，在元末就有很高的声望。入明后，来复又受到朱元璋的礼重，授僧录司左觉义。宋濂与来复在京城即相识，致仕后，宋濂家乡附近的圣寿山住持龙门海公特地为宋濂造了一座学士亭，龙门海公还请来复和方孝孺各作了一篇《学士亭记》。因此，对于来复弟子所请，宋濂欣然答应。宋濂在序中倡体用之说："才，体也；文，其用也。天下万物，有体斯有用也。"人有圣人、贤人、众人之别，之所以有这样的差别，是因为"体"不同，"用"也不同。宋濂自称："濂之学文五十余年，群书无不观，

---

① 《宋濂全集》，第2290页。

万理无不穷，硕师巨儒无不亲，自意可以造作者之域。譬诸登山，攀跻峻绝，不为不力，而崇颠咫尺不能到也。此无他，受才之有限也。"但对于来复的文章，宋濂给予了很高的评价，他说：

> 濂昔官禁林，四方以文来见者甚众。晚阅见心复公之作，秾丽而演迤，整暇而森严，剑出袿而珠走盘也。发为声歌，其清朗横逸，绝无流俗尘土之思，置诸古人篇章中，几不可辨。遐迩求者，日接踵于门。既得之，不翅木难珊瑚之为贵。公卿大夫交誉其贤，名闻九天。皇上诏侍臣取而览之，特褒美弗置。濂因谓当今方袍之士，与逢掖之流，鲜有过之者焉……有若公者，拔于十百之中，超然骞举，而慕贤者之阃奥，其可传远无疑，濂乌得不倡体用之说以谂同志哉！有讪濂陷于一偏而不可为训者，非知言者也，不加功于文者也，是胶柱调瑟而弗知变通者也。①

宋濂从京城回到家乡，又过起了闲居的生活。到了七月，同门友、义乌人傅藻赴任武昌知府，路过家乡，顺道来看望宋濂。傅藻向宋濂出示了朱元璋所和的纪行诗四首，并请宋濂题识其后。原来，傅藻在任按察使时，途经凤阳，写了不少纪行诗，诗中"多寓讽谏之意"，朱元璋看了，非但没有怪罪他，还和了四首诗。宋濂很高兴能听到朱元璋倾听民声、善于纳谏的消息，尤其是看了朱元璋"望藻可谓甚切，于民事尤详及之"的御和纪行诗，更感到高兴。于是，他在御赐纪行诗的后面写上了一段题识。在题识中，他认为："上之待藻，与藻之事上，交尽其道也。视夫导君以谀说，及与臣下争名者，相去不亦远哉！"②宋濂也坦承自己过去写了许多歌功颂德的文章，不过，他这样做的原因是"敷赞圣治，职有宜然者"。

傅藻走后的一个月，宋濂与乡友胡翰、朱廉、郑涛、苏伯衡、金元鼎及学生刘刚等于麟溪郑义门喜友堂聚会。自从元末大乱后，转眼已20多年没有相聚

---

① 《宋濂全集》，第1416页。
② 〔明〕宋濂：《恭题赐和文学傅藻纪行诗后》，载《宋濂全集》，第1553页。

了，如今大家都已须发斑白，垂垂老矣。虽然乡友中还有戴良、王袆、张丁、傅藻、吴沉等出于种种原因不能同聚一堂，但有这么多人"或居异邑，或相违二百里，皆得与之周旋于尊俎间"①，已是很不容易了。因此，大家都很高兴，饮酒谈笑，其乐融融。席间，郑涛为诗14韵，"以庆会合之情"。大家都依韵相和，宋濂和诗云：

> 我生空负月临奎②，文学何曾遂昔期。
> 柳子未成非国语，匡衡徒患作人师。
> 探珠赤水欣同调，结屋青萝得所依。
> 泉石要为中世托，姓名岂料九重知。
> 东西御馔尝分赐，出入天门更不疑。
> 虎纛秋严威闪闪，龙楼日转影祁祁。
> 年华自觉随流水，造化谁言类小儿。
> 别梦屡形分讲席，归田一似旧游时。
> 常随采药衣沾雾，几度寻花屦带泥。
> 投老幸知同臭味，此生端不慕轻肥。
> 芳筵夜秩杯行数，绛烛春融客醉迟。
> 一代耆英都在坐，百年文献欲还谁。
> 独怜邺下支离叟，莫斗长安绝妙辞。
> 赖有西风吹酒醒，搔头向月谩赓诗。③

　　酒宴后，大家又一起去游了东明山。苏伯衡回去后，寄来了一首赞美东明山的诗，宋濂当即回和了一首，并寄给了同游诸友。诗题为《和苏编修游东明山诗并简同游诸友》，诗写道：

---

① 〔明〕宋濂：《郑氏喜友堂宴集诗序》，载《宋濂全集》，第1586页。
② 宋濂自注："余生辰月直奎宿，占者为文学之神。"
③ 〔明〕宋濂：《和郑奉常先生宴集诗韵》，载《宋濂全集》，第1587页。

东明胜概实佳哉，图画天然八面开。

云影入帘纷似絮，峦光染袂碧于苔。

学书犹忆临池写，采药曾经带雨栽。

只为鱼龙期变化，致令猿鹤互惊猜。

数茎白发虽侵镜，百炼丹心不作灰。

中使传宣承顾问，东朝进讲每低徊。

月移禁掖藏书署，花压瀛洲视草台。

岂意衰龄沾异渥，因兹胜赏得重陪。

丁宁杉桂无奇句，约束溪山属骏才。

倚杖指林寻故迹，赐衣湿雨借新焙。

名编递玩丛如笋，嘉卉当筵粲若杯，

松鼠沿窗行且偃，山禽窥客去仍来。

但知笑齿时频启，何事愁肠日九回？

寄语山灵休厌我，有花莫待作诗催。①

如果说苏伯衡对东明山的赞美是出于一时的游兴，那么宋濂对东明山的感情则是真真切切的。这里有他年轻时采药山中的足迹，有他勤学苦读的美好回忆，更重要的是，他晚年也将与东明山相伴，终老于斯！

落难之友

故友重逢，免不了要说到戴良。那么，此时戴良的状况又怎么样了呢？

在朱元璋于至正二十三年（1363）消灭陈友谅的势力后，戴良意识到朱元璋的下一个目标将会是张士诚。他的婺州友人都在朱元璋的那一方，可以想见到时将会有怎样的尴尬。所以，戴良于至正二十六年避兵至四明（今浙江宁波）。同年秋，又附舟北上，径奔元主。因兵阻滞留山东。戴良趁机欲寻访齐鲁

---

① 《宋濂全集》，第1619页。

间的豪杰之士，但卒无所遇。至正二十七年九月，朱元璋军队攻破苏州，张士诚被俘自缢，宣告了大周政权的灭亡。戴良也于是年九月南还至四明。

明朝建立后，戴良的境遇和声望与宋濂相比可谓判若天地。戴良的处境极为艰难。首先，他漂泊他乡，有家难回。因为戴良几乎所有的婺州朋友都在朱元璋的朝中做官，他作为元朝的遗民，一个曾经依附张士诚的文臣，何以有脸面面对父老乡亲和昔日的朋友！所以，他只有高蹈远引，敛迹遁身，在四明的乡间、寺庙、山林里打发残生。比如，其《忆子》诗写道：

> 绵绵我瓜瓞，引蔓空尔长。有子将得力，弃之往他乡。
> 他乡与故里，两地永相望。独有中天月，远照双松堂。
> 双松我所植，念之犹不忘。况复儿与女，不见今六霜。
> 大儿逾弱冠，有娣同己长。想当望我时，齐行松树旁。
> 见树不见父，呜咽泪成行。小女年尚稚，与弟走踉跄。
> 相呼戏树下，何处褰父裳。反哺有慈乌，跪乳有羔羊。
> 人事独睽乖，俯仰我心伤。①

夫妻分离，儿女难养，戴良的痛苦和悲凉由此可以想见。其次，他生活困顿，度日如年。他的《自述二首》之一写道：

> 家无十日程，归计苦难成。
> 为客忧饥馁，频年仗友生。
> 刚肠随世屈，白发向人明。
> 争似湖居好，扁舟载月行。②

我们找不到关于明朝建立后戴良和宋濂有直接诗文往来的资料，相反的，

---

① 《九灵山房集》卷十五，影印文渊阁《四库全书》本。
② 《九灵山房集》卷十七，影印文渊阁《四库全书》本。

从戴良的一些诗文中，我们可以隐约地感觉到，戴良与宋濂、王袆等友人的心离得越来越远，他甚至含沙射影地批评他婺中的友人。比如他的《和陶渊明饮酒二十首》中的一首写道：

> 结交数丈夫，有仕有不仕。
> 静躁固异姿，出处尽忘己。
> 此志不获同，而我独多耻。
> 先师有遗训，处仁在择里。
> 怀此颇有年，兹行始堪纪。
> 四海皆兄弟，可止便须止。
> 酣歌尽百载，古道端足恃。[①]

虽然是同门，但那些人"出尽处忘己"，有背师训，令戴良感到羞耻。四海皆兄弟，何必再与那些志不同、道不合的同门维持关系呢？这话，似乎就是针对宋濂、王袆等同门说的。戴良批评他的同门，也许有他的理由。而他的《投知己书》则完全是有感而发：

> 仆生五十有余年矣，足迹不出乎吴越，交游不及乎卿相，而往来于士大夫间亦多矣。泛泛市道者固不足言，其以诗文相亲爱不啻如亲骨肉者，亦且不少矣。然方无事时，未尝不慷慨激发，期刭颈以相死。一旦遇小故，未至利害之相关，即变颜反目遽然相背负有矣，或攘臂而挤之如怨家仇人者亦有矣。至于望望然若不识，不肯出一语辨黑白而反附和焉者，则滔滔皆是也。[②]

世态炎凉，让戴良有切肤之痛。所谓的《投知己书》，实则表明他昔日的友

---

① 《九灵山房集》卷二十，影印文渊阁《四库全书》本。
② 《九灵山房集》卷十，影印文渊阁《四库全书》本。

人、昔日的知己已不复存在。这一点还可从戴良写的《哭陈夷白》一诗得到
佐证：

> 白发江湖一病身，平生精力瘁斯文。
>
> 师门伟器今余几，藩国奇才独数君。
>
> 共爱辞华追董贾，肯将出处累机云。
>
> 生刍不到黄琼墓，目极五湖西日曛。①

陈夷白即陈基，他是黄溍的学生，故与戴良为同门。他很早就寓居苏州，
后来成为张士诚的文士。"师门伟器今余几"，戴良从亲元仕元的角度出发，对
投身朱元璋帐下的同门友人作了否定。

戴良的遭遇令人同情，但宋濂的处境也可理解。虽然宋濂在明朝的声望如
日中天，但他处于朱元璋极端高压的政治统治下，言论和行动反而更不自由。
朱元璋是一个猜忌心很重的人，他当上皇帝后，到处密布爪牙，监视和刺探大
臣的活动。如果有人敢背着他做对他或朝廷不利的事，就不会有好下场。宋濂
也免不了被朱元璋派出的爪牙侦视，《明史》宋濂本传中记载道："尝与客饮，
帝密使人侦视。翼日，问濂昨饮酒否、坐客为谁、馔何物。濂具以实对。笑曰：
'诚然，不朕欺。'"这样的问答对于有不轨之心的人来说，着实要吓出一身
冷汗。

面对朱元璋的这种特务活动，宋濂不得不小心翼翼，这样做既是保全自己，
也是保全与他有交往的人。《明史》宋濂本传中写道："濂性诚谨，官内庭久，
未尝讦人过。所居室，署曰温树。客问禁中语，即指示之。"

朱元璋对原来仕于张士诚集团的文士特别忌恨，故明朝建立后，朱元璋对
来自吴中地区的文士采取了有意识的打击，吴中地区的许多文士在明初死于非
命。鉴于上述情况，要宋濂主动与戴良接触，两人重新像过去那样保持互来互
往、互赠诗文的朋友关系，于己于友都是不明智之举。"望望然若不识"，于小

---

① 《九灵山房集》卷二十五，影印文渊阁《四库全书》本。

人，可憎可恶；于君子，则可敬可佩。而戴良在当时很难明白宋濂的处境，所以所作诗文有冤枉好人之嫌。

宋濂与戴良在明朝建立后没有也不可能有直接的诗文往来，但间接的往来还是有的。戴良在元末曾编有《九灵山房集》，这间接地传到了宋濂那里，宋濂为此写了一则题识：

> 文未易知也，惟用心于文而致其精者，能真知之，然亦难矣。今世学者，喜为言论，毁誉生于爱恶，美恶惟其所好，纷然自以为知文，而卒莫之知也，不亦厚诬天下哉。若余友揭君伯防之于戴先生叔能，论其文，言其承传所自，皆精当可征。予尝友于叔能，不能易其言也。君以文学名当世，故能知之也真。然非真知斯文者，亦孰知余言为信哉。洪武十二年十月既望，前翰林学士承旨、嘉议大夫、知制诰、兼修国史、兼太子赞善大夫、同门友金华宋濂书。[1]

"尝友于叔能"，这"尝"字，大可玩味。若他们的关系始终不渝，定然不会用这个"尝"字。而"毁誉生于爱恶，美恶惟其所好，纷然自以为知文，而卒莫之知也，不亦厚诬天下哉"，似乎又是针对戴良作出的批评。

但不管怎样，对于戴良这种鄙弃利禄、抱一而终的气节和道德，宋濂给予了高度的评价。请看宋濂早年和晚年为戴良写的像赞及题识：

> 其神之清，秋高露寒，而青田鹤鸣也；其气之温，光含辉潜，而充然如赤琼也；其文之昭，盆盎纷如，而古罍洗独精明也。具此三美，所以敛英毅而集众长，葆醇熙而孚群情也。懿哉斯人，盖智遍乎物，行饰乎躬，而学本乎诚者也。

> 宕乎其凝者，以道为家，烨乎其泽者，振德之华。悄然而深思者，所

---

① 《九灵山房集》卷首，影印文渊阁《四库全书》本。

以周其变；沛然而大肆者，又将畅其葩，是皆世之所知也。至于困而亨，穷而泰，齐喜戚于梦幻，弃利禄犹泥沙，吾欲从而究之，已莫辨其津涯，况可得而赞耶。

余三十年间两赞叔能之像，辞各异焉，以见叔能年既高而德愈进也。因令侍史并书之，前翰林学士金华宋濂记。①

宋濂在像赞中对戴良的气节和道德给予了很高的评价，这不仅是出于友情，而且也是出于道义。如果将戴良换成别人，宋濂也会这么做，这是宋濂的品格。

三次朝京

洪武十二年（1379）冬，宋濂从金华省墓归来，准备第三次朝京。

十二月十六日，宋濂到达京城。朱元璋对宋濂的到来自然十分高兴。他对宋濂说："卿多积德，以致高寿康宁，虽居致仕，而恋阙之心甚切，不惮祁寒，每岁必于斯时来朝，特赐酒肴及日用之物，卿其领之。"②依旧例，朱元璋又下了三道敕符，其中第三道敕符云：

以臣事君之道，固宜虔恭不怠，然得休官于官者，今古几人？况致仕者非寿高寻常，德迈群职，安有是耶？卿福屑永寿，精力愈加，自致仕之后，每岁来朝，甚感朕心。不忍使驱驰数千里而来觐，已敕礼部赐食粮毂醴，卿当自育高年，故兹敕谕。洪武十二年十二月十六日。黄字三十五号。③

与往年一样，年底的京城洋溢着一派喜庆的气氛。然而，在朝中，一场血

---

① 《九灵先生画像赞》，载《九灵山房集》卷三十，影印文渊阁《四库全书》本。
② 《明太祖实录》"洪武十二年十二月戊寅"条。
③ 《明太祖劳致仕承旨敕符三道（其三）》，载《宋濂全集》，第2283页。

腥之灾刚刚拉开帷幕。

原来，左丞相胡惟庸、御史大夫陈宁、御史中丞涂节相互勾结，企图谋反。是年九月，占城进贡，胡惟庸没有向朱元璋报告。朱元璋得知后大怒，派人追查此事。胡惟庸和右丞相汪广洋表面上叩头谢罪，但暗地里又将罪责推到礼部官员头上，礼部官员又推诿到中书。朱元璋更怒，便将涉案的朝臣都拘来审问。十二月，涂节怕谋反之事败露，于己不利，就抢先告发刘基乃胡惟庸毒死，并说汪广洋也知道底细。朱元璋叫来汪广洋对质，汪广洋则说并无此事。朱元璋认为汪广洋没说实话，就下旨把汪广洋贬到海南。汪广洋到了中途，朱元璋又下旨赐死。

宋濂的儿子、孙子都在朝中做官，故对于宫廷中发生的事情，定然知晓一二。友人刘基死于非命，宋濂自然甚感痛惜，他肯定希望这些奸臣得到应有的惩罚。果然，到了次年正月，胡惟庸、陈宁、涂节都以谋反罪被杀。

宋濂于洪武十三年（1380）正月归里。令人不解的是，朱元璋对于胡惟庸等的谋反被杀并不当一回事，而对宋濂的回归十分在意。他竟作了两篇十分奇特的文章。第一篇《设宋濂谕山鬼文》云：

太史宋濂之京师，岁首还潜溪，道经杭之西山。是时晨苍，遥见丛木中若有骑者，非马若驴，非驴似虎，非虎而乃豹也。濂豁然有知："吾尝览群书，知山鬼之态若是，此必山鬼也。"濂方有悟，其骑者倏然甚迩濂前，濂问之曰："汝非山鬼乎？"曰："然。"濂曰："吾平昔所学仲尼之德，专利济，不残生，二十而行道，今七十有奇，其修道利济已五十年矣，人神与吾本无憎爱。尔西山之精英，为岳镇之所统，无为而来，见我云何？"其山鬼拜而诉曰："卑鬼，钟西山之精英，太史然之。愚民无知，我之御山，所以御者，其豺狼虎豹属焉。闻太史过此，特奉太史于道，乞一札以名，鬼之愿也。"濂于是呼仆者以笔墨诣，遂为山鬼说："其西山也，始天地而同生，孰日异名，不过山而已矣，未见司山者也。故山容物而生物，略不有厌。俄有窃于气偏者入山，曰：鬼之自云属豺虎而役群狼，与人辨憎爱而明是非。此岂汝之宜也？汝当敛道蓊郁，衣白云，语猩猩，带江镜湖，饰霞翠松，冠岩鸟涧，弄蚖蛇，戏蛟虬，而阅习调乐，优游于窈窕之壑，宜其然也。今则不然，出与人交，希誉以为美乎？吾戒汝，今后勿与人见，敛迹幽篁，毋为人测。"妙哉！①

第二篇《设宋濂谕钱塘龙说》云：

太史宋濂渡江，忽有谒者，左旌右幢，峨冠盛卫，陵波而至。濂闻之，升舟中坐樯下，使仆者谕之曰："方今百神奠位，天清地宁，正民庶雍熙，阴阳交泰，钟山醴泉，松凝甘露，凤凰致仪，祯祥叠见，未有如是陵波而异常者也。有何为而见？"答云："吾，钱塘之守龙也。闻太史公朝丹阙而归，特相见，无他，不过欲文而已，为我云守之务。"于是濂诺以龙少待，酌龙以清茶，嗅以名香。少时，文成。其词曰："夫钱塘之为水也居两间，万百川之一，何殊太仓之一稊米耳。然则隶属东海，其守不为不重，且江之为要界，两浙而云东西，山川为京师之雄藩，独钱塘为尤甚。所以甚者，侯伯趋朝，商贾往来，君使出入。其八闽之众，两浙之多，于斯之观，除陆梯山外，其舟航水上者，独钱塘之最繁。方今宰天下而为人主者，人君也。夫君不独宰民而又专典百神之祀，致阴阳自然而然。斯君天下也。其岳镇海渎百川皆在域中者，故君勤典祀，而奉天命以安生民者也。其岳镇海渎，亦奉天地之命，统诸山川，率百神，效灵于人君，务在御灾捍患。今龙隶东海，居守是江，当细察渊泉，勿藏邪精，勿涌波涛，奉上安生，是其宜也。如或否此，则东海神必执天宪而有责焉。龙其知乎？②

两篇文章都是朱元璋假托宋濂戒谕神灵鬼怪之文。前者戒谕山鬼应"敛迹幽篁"，"勿与人交"，更不应"希誉以为美"。后者戒谕钱塘之龙"勿涌波涛，奉上安生"。文章也许有一定的寓意，但朱元璋究竟以何种心态写这样的文章，

---

① 《宋濂全集》，第2288页。
② 《宋濂全集》，第2287页。

实难究诘。

殷殷期待

洪武三年（1370）年七月，《元史》修成后，王祎因得罪胡惟庸，被遣至西北边陲，诏谕吐蕃。在出使的甘肃道上，他写了两首诗给宋濂：

> 芙蓉峰下是乡邦，未许归帆溯浙江。
> 天下文章宁有几，斗南人物恐无双。
> 心期久与三乘契，笔力真能九鼎扛。
> 投老著书浑不倦，颇闻中夜坐灯窗。

> 同门同里复同官，心事相同每共欢，
> 衮斧并操裁玉牒，丝纶分演直金銮。
> 名齐伯仲吾何敢，义重师资分所安。
> 重会定知头更白，肯令岁晏旧盟寒。

人来到这个世界上，声名、事业有时想想很空，而最难割舍的是人世间的真情。王祎出使西北边疆，寂寞地走在杳无人烟的道上，自然而然地会思念起他昔日朝夕相处的朋友宋濂。在这两首诗里，王祎回忆起他们共事的欢乐，倾诉了他对宋濂的钦佩，表达了他期冀重会的良好愿望。可惜这两首诗直到洪武十二年（1379）才由王祎的儿子王绅转至宋濂的手里。宋濂在《和王内翰见怀韵》的序中写道：

> 余与王君子充旧同师，逮入国朝，复同官翰林，同裁《元史》。史成，子充出使甘肃，又使西南夷，久而未还。余寻以年高，纳禄归金华，独游山水间。追数平生故人，未尝不深念吾子充也。去年，其子绅以子充往甘肃时道上寄余诗二章求和，久未能成。今圣天子敷大惠于四海，与斯民更

始，蛮夷之酋，庶几感化请罪阙下。而子充亦殆将来归耶？此余所至愿也。次其韵以致斯意，以示知子充者。洪武十三年七月十一日。

又诗云：

> 帝德如天覆万邦，定期归棹到龙江。
> 奇才不换金城百，宠命当簪白笔双。
> 喜极欲持如意舞，醉来应使软舆扛。
> 此情纵切何里遂，吟对西南月满窗。

> 才名老去惬休官，圣泽高深只自欢。
> 侍燕每容亲绣衮，从游遍许近和銮。
> 久知琛贽来殊俗，渐喜寰区洽治安。
> 惟有张骞犹未返，玉关秋早节毛寒。

宋濂才思敏捷，朱元璋或他人赋诗求和，他往往片刻可成，但对于王祎的诗，他何以久和未成，要拖至次年的七月？因为王祎不是一般的人，宋濂要作的不是一般的应酬诗，宋濂必须摒弃一切杂念，全身心地投入，这充分表明了他俩的情谊超乎寻常。然而，宋濂情深意长地写下和诗与诗序的时候，距王祎在云南遇害已六年之久，而宋濂对此一无所知，还殷殷地期待着王祎能早日平安归来。过了一年，宋濂也凄凉地卒于四川夔州。一对情同手足的朋友，一别永诀，至死也未见上一面。读着宋濂的诗和诗序，一种怆痛之感抑郁胸中，不禁为之扼腕叹息，潸然泪下。

送别方生

从方孝孺于洪武十年（1377）执经来学至洪武十三年，一晃已四年过去了。在这四年时间里，宋濂循循善诱，倾心传授，方孝孺悉心领会，不倦于学，师生可谓相得无间，情如父子。所以，方孝孺的学业进步很快，绝非昔日所能相比。到了九月，方孝孺因离家日久，提出要辞归省亲。宋濂知道，方生此去也不知何时能再来，回想当初在京时初见方生及四年来方生在身边求学的情景，仿佛历历在目，宋濂不禁情动于中，写了一首情深意长的长诗，并冠之以长序。序中，宋濂对方孝孺可谓奖掖有加，期望甚高。在古往今来老师称誉学生的文章中，恐怕无以逾此。现将诗序和诗移录于下：

洪武丙辰予官禁林，宁海以文为贽。一览辄奇之，馆置左右，与其谈经，历三时乃去。明年丁巳，予蒙恩谢事还浦阳，生复执经来侍，喜动于中。凡理学渊源之统，人文绝续之寄，盛衰几微之载，名物度数之变，无不肆言之。离析于一丝，而会归于大通。生精敏绝伦，每粗发其端，即能逆推而底于极，本末兼举，细大弗遗。见于论著，文义森蔚，千变万态，不主故常。而辞意灌然常新，滚滚滔滔，未始有竭也。细占其进修之功，日有异而月不同。仅越四春秋，而已英发光著如斯，使后四春秋，则其所至又不知为何如。以近代言之，欧阳少师、苏长公辈姑置未论，自余诸子，与之角逐于文艺之场，不识孰为后而孰为先也。予今为此说，人必疑予之过情。后二十余年，当信其为知言，而称许生者非过也。虽然，予之所许于生者，宁独文哉？庚申之秋，生以不见大母者久，将归省焉。予深惜其去，为赋是诗，既扬其素有之善，而复勖以远大之业云。诗曰：

昔在词垣时，英材常骏奔。水碧与金膏，价重骇见闻。
终然无根蒂，敛散空中云。方生海上来，玉立而春温。
袖携绨绣书，面带黼黻纹。揖逊入礼域，陈义凌秋旻。
同餐太仓米，共勘典与坟。潜将索幽邃，穷欲攀嶙峋。
踏雪忽言别，涉险涛江津。梅花似相怜，沿途慰孤鼙。
湛恩来九天，悯吾发如银。特敕还故山，许与烟霞亲。
生闻抱经来，处此寂寞滨。莽苍叩太始，溟涬穷无垠。
宇宙所管摄，载籍所敷陈，巨细钩钳之，若大乐建均。

律吕按高下，宫商肃君臣。盉和免愆慝，叠奏归绎纯。

桑濮俟麾斥，淫哇竟何存？黄钟压瓦釜，庭燎灭荒磷。

似兹稽古力，可敌尨定勋。濡毫写雄颢，势足移峨岷。

漏泄混沌窍，出入造化神。变幻波起伏，清温玉璘珣。

尽抽神奇秘，不堕臭腐尘。所以日出之，愈见光景新。

山鬼当洒泣，湘灵且逡巡。振古著作家，后先胡缤纷。

岂知万牛毛，难媲一角麟。古今二千载，有如星在辰。

岂意荒砾中，获此席上珍！予生发未燥，立言鄙河汾。

结交一世士，暮齿越七旬。妍蚩与苦良，入目无留痕。

自非病狂易，颠倒甲与矜，宁因一学徒，谀辞浪云云？

大言心不怍，只为所见真。生今有行期，序饮松竹根。

笑摘黄金花，起泛青瑶尊。酒酣双耳热，剧论如抽缗。

岂无赠别言，有意须当遵。真儒在用世，宁能滞弥文？

文繁必丧质，适中乃彬彬。有虞号多士，九官展经纶。

惟时亮天工，外夷悉来宾。不闻有著书，鼓荡摩乾坤。

生乃周容刀，生乃鲁玙璠。道贵器乃贵，奚须事空言？

孳孳务践形，勿负七尺身。敬义以为衣，忠信以为冠。

慈仁以为佩，廉知以为肇。特立晚千古，万象昭无昏。

此意竟谁知，为尔言谆谆。无徒谓强聒，一一宜书绅。[1]

　　方孝孺回宁海后，即寄来一封长信《谢太史公书》[2]，信中说他"别来旬月间，延领西眺，戚戚怀恋，不能自喻"，并对老师的教诲和奖誉表示感谢，认为老师这样做不是出于私情，而是"闵斯道之不振，矜得其人而明之也"。方孝孺还告诉老师，自己正在编写一部有关宁海人物志一类的书，"使幽暗者昭章，厄穷者昌显，嘉名积行者获知己于后，侥幸苟得之徒知公义之所存，用为劝惩，

---

① 《宋濂全集》，第1625页。

② 参见《宋濂全集》，第2572页。

存乎风化"。此外，他还向老师表白了他的志向："其大者将宏廓敷扬其所传于世，俾人得乐生达理。其次亦将整齐周公、孔子之成法，为来今准。下此犹当著一书，摅所蕴蓄，补艺文之遗缺，续斯道于无极。"

飞来横祸

洪武十三年（1380），宋濂未去南京朝觐。未去的理由有两种不同的说法。第一种说法来自野史笔记。王鏊《震泽纪闻》记载：

> 宋学士濂，洪武中以文学承宠渥最久，后以老致仕。每值万寿节，则来京贺上。与宴，恩数尤洽。一日，与登文楼，楼峻，陟级踬焉。上曰："先生老矣，明年可无复来。"濂稽首谢。至明年万寿节前数日，上曰："宋先生其来乎？"盖忘前语也。久之不至，曰："其阻风乎？"使使视之江口，不至。曰："其有疾乎？"使使视之家。濂方与乡人会饮赋诗，上闻大怒，命即家斩之。已而入宫，上食，孝慈命左右置蔬膳于侧，上问后何为食素，曰："闻宋先生今日赐死，故为蔬食，以资冥福。"上感悟，遽起，命驾前双马驰赦之，曰："不及罪死。"会前使阻风钱塘江，得稍延。后使至，则已榜至市矣，宣诏得免。久之，孙慎获罪，复执来京，将杀之。后复力救，曰："田舍翁请一先生尚有终始，濂教太子诸王，可无师傅之恩？且濂居家，必不知情。"乃免，递之四川。

从王鏊的记载来看，宋濂之所以不去，是因为头一年朱元璋已有言在先，让宋濂第二年不必再去。不想朱元璋自己忘了说过的话，还以为宋濂会像往年一样，如期而至。结果宋濂失朝，朱元璋勃然大怒，要置宋濂于死地，后因马皇后的话顿然悔悟，追赦其罪。王鏊是成化十一年（1475）的进士，历官翰林编修、翰林侍讲、户部尚书、文渊阁大学士、武英殿大学士。从他的经历来看，他很可能是在宫廷中听到这一传闻的。

此外，徐祯卿的《剪胜野闻》也有关于宋濂洪武十三年失朝的记载，但增加了一些新的细节。原文云：

> 洪武十年，宋学士乞老归，帝亲饯之，敕其孙慎辅行。濂顿首辞，且
> 要曰："臣性命未毕蓬土，请岁觐陛阶。"既归，每就帝庆节称贺如约。帝
> 惟旧恋，恋多深情，十三年失朝，帝诏其子中书舍人璲、孙序班慎问之，
> 对曰："不幸有旦夕之忧，惟陛下哀矜裁其罪。"帝微候人瞰之无恙，大怒，
> 下璲、慎狱，诏御史就诛濂，没其家。先是，濂尝授太子及诸王经，太子
> 于是泣谏曰："臣愚戆无他师，幸陛下哀矜裁其死。"帝怒曰："俟汝为天子
> 而宥之。"太子惶惧不知所出，遂赴溺。左右救得免。帝且喜且骂曰："痴
> 儿子，我杀人何与汝耶？"因遍录救溺者，凡衣履入水者，擢三级。解衣焉
> 者，皆斩之。曰："太子溺，俟汝解衣而救之乎？"乃赦濂死，而更令入谒。
> 然怒卒未解也。会太后食，后具斋素，帝问之故，对曰："妾闻宋先生坐
> 罪，薄为作福祐之。"帝艴然投箸而起。濂至，帝令无相见，谪居茂州，而
> 竟杀璲、慎。

徐祯卿的记载没有提到宋濂失朝的原因，但对于宋濂失朝后宫廷中发生的几幕情景则描写得更加生动，尤其是太子泣谏和投水一节，更是有声有色，让人如临其境。徐祯卿（1479—1511）是弘治十八年（1505）进士，历官大理寺左寺副、国子监博士，从他的经历来看，似乎所闻也来自宫廷。

然而，证之于方孝孺撰的《宋仲珩圹志铭》和《宋子畏圹志》及《明史》，上述的记载都靠不住。

首先，按照往年，宋濂朝京的时间早至九月（如洪武十年），迟可至十二月中旬（如洪武十一年、十二年），如果朱元璋于洪武十三年对宋濂的朝觐有期待，合理的时间应在十二月。但实际情况是，宋濂的孙子宋慎、儿子宋璲已分别于洪武十三年十一月和十二月被杀。方孝孺《宋子畏圹志》云："金华宋慎子畏，年二十七岁，洪武十三年庚申十一月二十八日，以某官卒京师。"[1]《宋仲

---

[1]《逊志斋集》卷二十二，影印文渊阁《四库全书》本。

珩圹志铭》云："璲为君名仲珩字，金华其居宋为氏……三十有七庚申死，季冬八月时加巳。"[1]"巳"即为农历四月，八月加四月为十二月，这与"季冬"为冬季三月的最后一月意思相符。

孙子和儿子在京城被逮，以宋濂在京城的广泛关系，如此凶信不可能不及时传达到宋濂处。在这样的情形之下，宋濂还有心情与人"会饮赋诗"吗？还有心情去朝觐吗？朱元璋在这种情况下还会有期待宋濂朝觐的心理吗？

其次，王鏊和徐祯卿的记载都提到太后为宋濂素斋祈祷，且都是针对宋濂失朝被祸所发生的事。但《明史》太妃列传的记载，指的却是宋濂坐宋慎罪被逮后发生的事。《明史》卷一百一十三《高皇后传》云：

> 学士宋濂坐孙慎罪，逮至，论死。后谏曰："民家为子弟延师，尚以礼全终始，况天子乎？且濂家居，必不知情。"帝不听。会后侍帝食，不御酒肉。帝问故，对曰："妾为宋先生作福事也。"帝恻然，投箸起。明日赦濂，安置茂州。

又《明史纪事本末》卷十三云：

> 械濂至京，上怒，欲诛之。皇后谏曰："民间延一师，尚始终不忘恭敬，宋先生亲教太子诸王，岂忍杀之！且宋先生家居，宁知朝廷事耶？"上意解，濂得发茂州安置。

因此，所谓宋濂失朝之说，不足为据。至于太子泣谏与投水一节，应是宋濂坐宋慎罪被逮至京后发生的事。明王泌《东朝纪》即如此记载："宋学士景濂教太子之居多，因孙祚（慎）得罪连坐应死，高后遣奏请免其死，上未允。太子泣谏，亦未蒙恩，太子计穷，投金水河，左右救止以闻，上乃释公，窜之松潘。"

---

① 《逊志斋集》卷二十二，影印文渊阁《四库全书》本。

宋濂坐宋慎罪被逮，那么宋慎又是犯了什么罪呢？《明史》宋濂本传云："长孙慎坐胡惟庸党，帝欲置濂死。"《明史纪事本末》卷十三云："十二月，致仕学士承旨宋濂以孙慎坐胡惟庸党被刑，籍其家，械濂至京。"谈迁《国榷》卷七云："孙慎坐通胡惟庸诛，并怒濂，欲死之。"史书都是笼统地提到宋慎是因为胡惟庸案被牵连而坐罪，但宋慎究竟做了些什么？他跟胡惟庸究竟是什么关系？史书都未曾提及。柳贯二十一世孙、宋濂胞兄宋渊二十一世外孙柳哲在网上发表《宋濂，魂兮归来——纪念宋濂逝世625周年》一文，说：

> 笔者在今日以"潜溪书院"搜索，却发现了重要的信息。在《从街道名字看成都历史》一文中，对"报恩寺街"有如此介绍：报恩寺街，即宋公桥街，又名茗粥街。明代初年的大文学家宋濂（字潜溪），曾经教过太子和诸王读书，他是宰相李善长（应为胡惟庸，宋濂长孙宋慎娶胡惟庸孙女为妻——笔者注）的亲家。后因李善长（应为胡惟庸——笔者注）出了祸事，宋受株连，判为死罪，后得到马皇后的解救，谪贬四川夔州，不久遂死。

关于宋慎娶胡惟庸孙女的原始出处在何处，笔者曾致电柳哲先生询问，柳先生一时记不起来，答应查得结果后即告知，但笔者以为宋慎娶胡惟庸孙女的说法无论来自何处都是靠不住的。首先，宋慎已娶义乌刘大音之女、宋濂学生刘刚之妹为妻，不可能再娶胡惟庸的孙女为妻。宋濂在《刘府君碣》一文中写道："（府君）娶余，生诚、刚、鲁、道四男子，及女二。贾叔文、宋慎，其婿也……刚既从予学经，有文声，而君女又归予冢孙，义当铭。"其次，宋濂的同门友王袆是因胡惟庸而被贬至云南的，好友刘基被胡惟庸毒害而死，固然宋濂可能对有些情况不是很清楚，但对胡惟庸的为人，宋濂是清楚的，他不可能同意宋慎娶胡惟庸的孙女为妻，哪怕是妾也不会同意。

宋濂被逮至京师的时间据上引《明史纪事本末》为"十二月"，但《皇明世说新语·说语》云：

宋濂同孙慎被执，慎曰："祖读万卷书，乃有今日。"公曰："为我读书少，未知明哲保身之理，读书何罪？"

宋慎于十一月二十八日被杀。宋濂与宋慎同在监狱，且有一段关于生死的对话。如果《皇明世说新语·说语》可信的话，那么宋濂被逮至京师的时间还应提前到十一月二十八日之前。所引宋濂和宋慎的对话甚可玩味，按宋慎的口气，他认为他罹难的原因还在于祖父读书太多，而宋濂则回答说是读书太少，不知道明哲保身之道。明代哲学家李贽对宋濂一家被祸有一看法，他说：

予观上之曲宴公，尝叹曰："纯臣哉！尔濂。今四夷皆知卿名，卿自爱。"呜呼，危哉斯叹！芒刺真若在背，而公又尚不知，何也？已告老而归，仍请岁岁入朝，欲以醉学士而奉鱼水，此其意不过为子孙宗族世世光宠之计耳，爱孙之念太殷也。孙慎怙势作威，坐法自累，则公实累之矣，且并累公。则亦公之自累，非孙慎能累公也。使既归而即杜门，作浦江叟，不令一人隶于仕籍，孙辈亦何由而犯法乎？盖公徒知温室之树不可对，而不知杀身之祸，因隐于鱼水，而不在温树也。①

李贽认为，宋慎固然是"怙势作威，坐法自累"，但究其始因，还在于宋濂。一则宋濂名高震主，二则他致仕后应杜门不出，不应去京师朝觐。明代朱国祯还加了一条，说宋濂不应该主动提出致仕，这样做有违圣心。他说道：

太祖劳其身以忧天下，切齿于人之不仕者，御制班班可考。先生二十余年鱼水之交，鞠躬尽瘁，死而后已，自其职分。末年引疾，实拂圣心。若有意避远，并子孙亦杜仕籍，恐天威一震，全族皆沉，欲徙死于爰，其可得哉？②

---

① 〔明〕李贽：《续藏书》卷二。
② 〔明〕朱国祯：《皇明史概》第十五册第三卷。

朱国桢的话也不是没有道理，"因为朱元璋最痛恨不愿为新朝服务的士人，曾制定一条极其严苛的法律：士不为君用杀"①。原文云："'率土之滨，莫非王臣'，成说其来远矣。寰中士夫不为君用，是外其教者，诛其身而没其家，不为之过。"②鉴于以上原因，王春南先生在《宋濂、方孝孺评传》中得出如下结论：

> 宋濂致仕后杜门不出，这是能够做到的；他的子孙从官场抽身出来，怕不一定能办到，他们已身不由己。如坚持要隐退，极有可能招致杀身之祸。只要子孙仍在宦海，那里的惊涛骇浪，必然要由子孙波及远在浦江的宋濂。子孙一有差池，宋濂是脱不了干系的。即使杜门不出，也无济于事。就是子孙不惹祸，明太祖在诛戮功臣时，未必会把宋濂遗忘。"敌国破，谋臣亡"，在封建时代几乎成了一条规律，在明初的表现尤为明显而典型。纵然宋濂想避灾远祸，明太祖也不会轻易放过他。所以，宋濂和长孙慎，到底谁连累了谁，都很难说。祖父连累孙子，孙子连累祖父，两种情况兼而有之。③

由此看来，宋慎怪罪祖父似乎也不是没有道理。但问题是，如果朱元璋是因为不满宋濂致仕而处心积虑要加害他，那么前面所述朱元璋从宋濂致仕起到宋濂三次朝京中的种种表现全是在做戏，全是虚情假意。想来不至于此，朱元璋在宋濂致仕后所讲的话、所写的诗、所撰的文，多少体现了他对宋濂的一些真实感情。朱元璋之所以要处置宋濂，一则可能因为他在思想上长期受宋濂的驾驭，将其放逐以求摆脱；二则可能是因小人进谗（见后所叙方孝孺之言），宋慎不幸被牵连进胡惟庸的案子，朱元璋不得不如此行事。

---

① 王春南、赵映林：《宋濂、方孝孺评传》，南京大学出版社1998年版，第128页。

② 〔明〕朱元璋：《大诰三编·苏州人材》，载钱伯城、魏同贤、马樟根主编：《全明文》第一册，上海古籍出版社1992年版，第706页。

③ 王春南、赵映林：《宋濂、方孝孺评传》，南京大学出版社1998年版，第130页。

卒于夔州

宋濂妻子贾专不堪儿孙被杀、丈夫被逮的打击，悲伤过度，凄惨地离开人世。而宋濂经马皇后、太子的求情，被朱元璋免去一死，流放至茂州安置。

茂州，在遥远的川北，去成都府西北还有 500 余里。《太平寰宇记》称其地为"梁州之域，岷山导江发迹于此，本冉駹之国，汉以为郡"①。关于冉駹向汉称臣事，司马迁《史记》有云："南越破后，及汉诛且兰邛君，并杀笮侯，冉駹皆振恐，请臣置吏。"②《后汉书》记载冉駹"有六夷七羌九氐，各有部落"，其地"土气多寒，在盛夏冰犹不释，故夷人冬则避寒入蜀为佣，夏则违暑反其邑，众皆依山居止，累石为室"③。《方舆胜览》记载道："夷俗耐饥寒，叠石为磘，毡裘杂揉，盛夏凝冻，诗书之训阙如，耕作者多，号为难理。"④又云其地"东接蜀郡，西接梁州，西近邛笮，古氐羌地，地当西极"。

总之，从上述记载来看，茂州是一个刀耕火种、荒凉寒冷、未曾开化的所在。朱元璋虽然未杀宋濂，但将一个 70 多岁的老人流放到如此偏远落后的地方去受苦，可见他也没想给宋濂留活路。

宋濂知道此去凶多吉少，自己老命一条，留在世上的日子也不多了。在生离死别之际，他想得最多的还是他的学生、他的遗稿、他的故乡。宋濂给宁海的方孝孺写了封信，劝勉他向古贤哲学习，对他寄予了很高的期望。"词意重厚，拳拳以古贤哲之事见勉，若诚以为可望者。"⑤宋濂把自己的文稿、遗像托付给在京的义门弟子郑楷，并赋诗一首道：

平生无别念，念念只麟溪。

---

① 《剑南西道七·茂州》，载《太平寰宇记》卷七十八，影印文渊阁《四库全书》本。

② 《史记》卷一百一十六《西南夷列传》。

③ 《后汉书》卷一百一十六《南蛮西南夷传》。

④ 《方舆胜览》卷五十五《茂州》。

⑤ 〔明〕方孝孺：《题太史公手帖》，载《宋濂全集》，第 2584 页。

生则长相思，死当复来归。①

　　洪武十四年（1381）正月，宋濂的同学胡翰在金华去世，在流徙途中的宋濂自然不得而知。大约四月底，宋濂与儿子宋瓒及孙子宋怿、宋恰抵达四川夔州（今重庆奉节）。由于旅途奔波劳累，加上精神上的打击，宋濂到夔州后就一病不起。时夔州通判桑以时是宋濂的学生兼乡人（婺州武义人），得知宋濂病后，时常到宋濂卧病的寺庙看他，尽可能地给予照料。宋濂感念学生的恩德，带病为他的父亲桑惠作了一篇《桑仁卿传》。到了五月，宋濂病情转重，一连20天未曾进食。二十日早晨，宋濂起来索纸笔，书写《观化帖》82字，写毕，端坐而逝，享年72岁。《金华征献略》于宋濂传下录有55字，并说"此帖流传郑氏云"。帖云：

　　君子观化，小人怛化。心中既怛，何以能观。我心情识尽空，等于太虚。不见空空，不见不空。大小乘法门不过如此，人自不信，可怜可笑，示怿示恰。②

　　从宋濂的《观化帖》来看，宋濂是以一种佛教超脱的心态离开人世的。然而，关于宋濂的死，史籍还有另一种说法。王鏊《震泽纪闻》云：

　　（宋濂）憩某寺，寺有老衲，高僧也。濂与语曰："吾闻内颠善恶必以类报，吾平生所为，自以无愧，何至是哉？"僧曰："先生于胜国时尝为官乎？"曰："编修。"僧默然。濂是夜自经死。

　　明李绍文《皇明世说新语》卷五、清人查继佐《罪惟录》卷八所述与王鏊的基本一致。所谓宋濂与高僧的对话显然是无稽之谈。宋濂虽然在元末有翰林

---

① 〔明〕郑柏：《宋潜溪先生遗像记》，载《宋濂全集》，第2304页。
② 《金华征献略》卷六，《金华丛书》本。

编修之聘，但并未前往赴任。如果高僧确有此问，宋濂也不会如此作答。此外，谈迁《国榷》也赞同"自经"说，其云："至夔州，宿僧舍，叹曰：'佛书报应以类，何爽也！'夕自经。年七十三（应为二）。"业师徐朔方先生也赞同宋濂自杀说。他曾对笔者说："因朱元璋在，只能讳言宋濂之死（自杀），不然，对朱元璋的名声不利，谁要说出真相，就会有致祸的可能。"

宋濂卒后，夔州府的官员们都来吊丧。桑以时负责料理丧葬，刻石表墓，将宋濂葬于府西莲华池山下，乡友、严陵人余郁（公文）看护守墓。

身后记事

洪武十四年（1381）六月，方孝孺在得知宋濂被远逐巴蜀的消息后，甚感震惊。此时方孝孺还不知道恩师已经离开人世，方孝孺怀着无比悲痛的心情写下了《吁天录》一文，吁请上苍能延长恩师的寿命，使他能平安归里。文中写道：

> 闵心隐痛，若弗能生。念凡民师犹父母，父母疾眚，子吁祈于天，天必闵应。臣自兹始，祇陈厥由。臣有寿年，禄庆在天，未逮臣身，愿输弗享，以延师之修龄。启帝心，俾师克复故里，居建乃家勿坠，庶海内民有仰，邦国有望，臣死罔悔。惟天鉴民诚，诞敷休命，匪臣蒙嘉徵，将兆民是赖。臣闻曰：民虽卑，诚靡不格天；天虽尊，惟诚之从。呜呼！皇天其尚闵兹，臣小子未有知，惟天其惠绥休命。[①]

此后，方孝孺还写下了《潜溪先生像赞二首》《奉怀太史公用尽字韵》《祭太史公八首》《祭太史公迁葬文》等诗文。在这些诗文中，方孝孺倾诉了他对恩师深沉的哀悼、不尽的思念以及对宋氏遗孤悲悯的情怀：

[①] 《逊志斋集》卷八，《四部丛刊》本。

公今薨矣，我存何如？所肯忘公，有如江河……思公体貌，尚寓于夔。哀公子孙，桑梓是怀。①

恸哭山中，忽复十年。思公之心，上通乎天。②

岁月几何？忽十三年。钝拙无成，实愧干天。薄宦山南，地邻西蜀。遗孤万里，伤我心目。③

颠顿万里行，流离阖门殒。所余已无几，犹受饥冻窘。自顾受深知，无能效赒赈。④

对于宋濂一家的罹难，方孝孺明确指出，这是小人陷害的结果。为此，方孝孺不胜愤慨，控诉上天和朝廷对宋濂以及他们一家的不公。

第其末年，遭罹飞语，一子一孙死于祸，而家迁身放，卒于异乡，倘不得有道而能言者白其本心，告之万世，暧昧之谤，人将憾之。⑤

隆替存恒期，含生会当尽。独遭诬枉构，既往有余愍。⑥

群言谗之，置于巴蜀……惟公忠信，海内所稀；谤与身亡，德为世师。⑦

公之量可以包天下，而天下不能容公之一身；公之识可以鉴一世，而举世不能知公之为人。⑧

①②③⑦⑧〔明〕方孝孺：《祭太史公八首》，载《逊志斋集》卷二十，《四部丛刊》本。
④⑥〔明〕方孝孺：《奉怀太史公用尽字韵》，载《逊志斋集》卷二十三，《四部丛刊》本。
⑤〔明〕方孝孺：《与苏先生二首》，载《逊志斋集》卷九，《四部丛刊》本。

洪武二十四年（1391），方孝孺至蜀，访宋濂遗孤，得与宋濂孙子宋怿会面，应宋怿之求，作《宋仲圭（瓒）墓志铭》。洪武二十五年，方孝孺被荐任汉中府学教授，道经夔州，祭奠恩师之灵，抚恤其家。洪武二十八年，方孝孺应蜀献王之请，任蜀王世子师，方孝孺趁此奏请蜀王抚恤宋濂遗孤，得准。

永乐十年（1412），宋濂孙愠"以事连坐至京"，永乐帝"念公旧学释之，俾还四川守坟墓"①。次年十二月二十七日，蜀献王仰慕宋濂的文名，赐宋怿道里费，让其迁葬成都府华阳县安养乡之原，并命文武官祭奠墓所，并赐田80顷，以奉其祀，长子宋瓒与妻贾氏葬在其父墓右。明成化二十一年（1485），蜀惠王躬临宋濂墓所，赍其遗孙在墓旁者，复改葬成都华阳县迎晖门外净居寺旁。弘治九年（1496），四川巡抚冯俊上奏朝廷，复宋濂翰林学士承旨官职，下礼部议，复其官，春秋葬墓所。正德八年（1513），金华府知府涪州刘莒上疏为宋濂请谥，得谥"文宪"，入乡贤祠。

宋濂生有二子。长子瓒，洪武十九年（1386）卒于茂州。先娶包氏，金华人，生三子慎、恺、恂，先瓒而卒，均无后。继娶贾氏，生二女一子，子名怀，瓒去世那年出生。次子璲，子三人，怿、愠、恰。建文帝念宋濂为太祖"旧学之臣"，召其孙宋怿至京，授以翰林侍书。"靖难之役"后，宋怿被杀。

宋濂潜溪故居如今是一块荒地，边上立着一块碑，上面写着"金华县重点文物保护单位 宋濂故居遗址"。据当地一位柳姓老人讲，金华县政府拟在此造三间房子，名为宋濂纪念馆。浦江的青萝山房现也是杂树丛生，荒草一片，唯有旁边的一座青萝山寺庙和一座大王庙，似乎在守候着生前对佛有深切感情的青萝山房主人的故址。寺庙后面的山坡上，立着一块宋濂夫人贾专的墓碑，惜被风化得厉害，上面的字迹已不易辨认。②

柳贯二十一世孙柳哲在网上发表文章说："在浙江兰溪市梅江镇宋宅村、下溪前村等地发现了宋濂后裔聚居地，宋宅村的宋濂祠堂（宋氏家庙）已被列为兰溪市重点文物保护单位。"此外，浙江松阳县三都乡杨家堂村的宋氏，据称也

---

① 〔明〕郑楷：《翰林学士承旨宋公墓志》，载《宋濂全集》，第2398页。
② 按：拙著第一版出版后不久，宋濂和贾专的墓被移至青萝山房故址边的田地里，一并受到地方政府的保护。

是宋濂的后裔。村里有宋氏宗祠，墙上贴着宋濂的画像，并配有宋氏世系的介绍。

宋濂的著述宏富。元时的著述有《潜溪前集》《潜溪后集》《潜溪续集》，合40卷，还有《龙门子凝道记》3卷、《浦阳人物记》2卷、《萝山集》①5卷等。

宋濂入明后著有《翰苑集》40卷、《朝京稿》5卷、《芝园集》30卷，宋濂亲自编定，命子宋璲缮录，惜未付刻，直到正德年间为太原人张缙所得，才得以付梓，名之曰《宋学士文集》。宋濂在世时，刘基曾为宋濂选编《宋学士文粹》10卷。宋濂卒后，门人方孝孺、郑济等又选编《续文粹》10卷。自明迄今，宋濂的集子迭经刊刻，版本甚多，其版本刊刻过程可参见浙江古籍出版社出版的《宋濂全集》第一册《前言》。关于宋濂著述的点校本，有1999年浙江古籍出版社出版的罗月霞主编的《宋濂全集》（2014年重印，被列为浙江古籍出版社的《浙江文丛》子目之一种）和2014年人民文学出版社出版的黄灵庚新编的《宋濂全集》，其中以后者搜罗更为完备。此外，校点本尚有上海古籍出版社出版的《全明诗·宋濂诗集》和《全明文·宋濂文集》。

---

① 《萝山集》，一作《萝山诗集》，本书均作《萝山集》。

第八章　思想创作

哲学思想

宋濂一生手不释卷，无书不读，又好于沉思，故其知识结构和思想十分复杂。大体而言，以儒学思想为主，又掺杂了佛家、道家等诸多思想，融合诸多思想于一体。现就儒、释、道三方面的思想作一简要评述。

一、儒学思想

（一）"六经"皆心学

"六经"是指儒家的六部经典著作《诗》《书》《礼》《乐》《易》《春秋》，后世的儒学思想大多可溯源于此。因此，尊经是绝大多数儒家知识分子的共同特点。宋濂也不例外，他在文章中多次强调"六经"在他心目中的地位及价值。他说：

> 是故天地未判，道在天地。天地既分，道在圣贤。圣贤之殁，道在六经。凡存心养性之理，穷神知化之方，天人应感之机，治忽存亡之候，莫不毕书之。皇极赖之以建，彝伦赖之以叙，人心赖之以正，此岂细故也哉！①

---

① 〔明〕宋濂：《徐教授文集序》，载《宋濂全集》，第1351页。

在自传《白牛生传》中，宋濂将"六经"比喻成太阳，认为其一日也不可缺少，云：

> 白牛生者，金华潜溪人，宋姓，濂名……他无所嗜，惟攻学不怠。存诸心、著诸书六经，与人言亦六经。或厌其繁。生曰："吾舍此不学也。六经其曜灵乎，一日无之，则冥冥夜行矣。"①

但是，与传统不同的是，宋濂在《六经论》一文中提出了"六经皆心学"的观点。他说：

> 六经皆心学也。心中之理无不具，故六经之言无不该。六经所以笔吾心之理者也，是故说天莫辨乎《易》，由吾心即太极也；说事莫辨乎《书》，由吾心政之府也；说志莫辨乎《诗》，由吾心统性情也；说理莫辨乎《春秋》，由吾心分善恶也；说体莫辨乎《礼》，由吾心有天叙也；导民莫过乎《乐》，由吾心备人和也。人无二心，六经无二理，因心有是理，故经有是言。心譬则形，而经譬则影也，无是形则无是影，无是心则无是经，其道不亦较然矣乎？然而圣人一心皆理也，众人理虽本具，而欲则害之，盖有不得全其正者……呜呼，圣人之道，唯在乎治心。心一正，则众事无不正。犹将百万之卒在于一帅，帅正则靡不从令，不正则奔溃角逐，无所不至矣，尚何望其能却敌哉！大哉心乎，正则治，邪则乱，不可不慎也。②

宋濂的同门友王祎也撰有《六经论》③，他对宋濂"六经皆心学"的观点提出了批评，他认为这一观点会导致把"心"看成是"本"和"内"，而把"用"看成是"末"和"外"，其危害在于舍弃"六经"之用，走向佛家、道家的道路。王祎从正统的道学观点出发，对宋濂"六经皆心学"的观点提出批评和担

---

① 《宋濂全集》，第80页。
② 《宋濂全集》，第72页。
③ 参见《王忠文公集》卷四，影印文渊阁《四库全书》本。

忧不是没有道理。实际上，宋濂用心学来阐释"六经"正是受了佛学的影响。廖可斌教授指出："至于论学宗旨，则宋濂实接近陆九渊心学的一派，认为'心即理也'，强调自存本心。一般认为陆九渊创立心学是接受了佛教禅宗的启发，宋濂的思想宗旨接近心学也应该与他深受佛学思想的影响有关。"①还可补充的是，婺州兰溪人范浚的心学思想也可能直接或间接地影响了宋濂。朱熹在为范浚作的《小传》中云：

> 范浚字茂明，婺之兰溪人，隐居香溪，世号香溪先生。初不知从何学，其学甚正，近世言浙学者多尚事功，浚独有志圣贤之心学。无少外慕，屡辞征辟不就。所著文辞多本诸经，而参诸子史，其考《易》《书》《春秋》，皆有传注，以发前儒之所未发。于时家居授徒，至数百人，吾乡亦有从其游者。熹尝屡造其门而不获见，近始得学行之详于先友吕伯恭（祖谦），庸述小传，以闻四方学者。

范浚对后世影响最大的是他所撰的《心箴》。朱熹对《心箴》很是赞赏，特将它采入他所著的《孟子集注》一书中。此后，真德秀又将《心箴》过录到他所著的《大学衍义》一书里。明代的嘉靖皇帝曾亲自为《心箴》作注，并将它刻石立于太学内。这篇《心箴》写道：

> 茫茫堪舆，俯仰无垠。人于其间，眇然有身。是身之微，太仓稊米。参为三才，曰惟心耳。往古来今，孰无此心。心为形役，乃兽乃禽。惟口耳目，手足动静。投间抵隙，为厥心病。一心之微，众欲攻之。其与存者，呜呼几希。君子存诚，克念克敬。天君泰然，百体从令。

宋濂不独用心学的观点阐释"六经"，他几乎用心学的观点看待一切人和

---

① 廖可斌：《论宋濂前后期思想的变化及其他》，载《诗稗鳞爪》，浙江大学出版社1999年版，第55页。

事。他在《萝山杂言》中说道:"世求圣人于人,求圣人之道于经,斯远已。我可圣人也,我言可经也,弗之思耳。""天下之事,或小或大,或简或烦,或亏或赢,或同或异,难一矣。君子以方寸心摄之,了然不见其有余。"①他又在《龙门子凝道记·天下枢》中云:"天地之所以位,由此心也;万物之所以育,由此心也。能体此心之量而贱之者,圣人之事也。""心一立,四海国家可能治;心不立,则不足立存一身。使人人知心若是,则家可颜孟也,人可尧舜也,六经不必作矣。"②由于受宋濂的影响,朱元璋在宋濂致仕后在宫城上造了一座观心亭,并让宋濂写了一篇《观心亭记》。

(二)儒者有七,可入道者一

宋濂著有《七儒解》一文,他将儒者分为"游侠之儒、文史之儒、旷达之儒、智数之儒、章句之儒、事功之儒、道德之儒"七类,认为只有"道德之儒"才可以入道,其他之儒均不可入道。他说道:

> 儒者非一也,世之人不察也。能察之,然后可入道也。游侠之儒,田仲、王猛是也,弗要于理,惟气之使,不可以入道也。文史之儒,司马迁、班固是也,浮文胜质,纤巧斫朴,不可以入道也。旷达之儒,庄周、列御寇是也,肆情纵诞,灭绝人纪,不可以入道也。智数之儒,张良、陈平是也,出入机虑,或流谲诈,不可以入道也。章句之儒,毛苌、郑玄是也,牵合傅会,有乖坟典,不可以入道也。事功之儒,管仲、晏婴是也,迹存经世,心则有假,不可以入道也。道德之儒,孔子是也,千万世之所宗也,我所愿则学孔子也。其道则仁、义、礼、智、信也,其伦则父子、君臣、夫妇、长幼、朋友也。其事易知,且易行也。能行之,则身可修也,家可齐也,国可治也,天下可平也,我所愿则学孔子也。今指三尺之童子而问之,则曰:"我学孔子也。"求其知孔子之道者,虽班白之人无有也。
>
> 呜呼,上戴天,下履地,中函人,一也。天不足为高,地不足为厚,

---

① 《宋濂全集》,第50页。
② 《宋濂全集》,第1774页。

人不足为小，此儒者之道，所以与天地并立而为三也。司马迁以儒与五家并列，荀卿谓儒有小大，扬雄谓通天地人曰儒者，要皆不足以知儒也。必学至孔子，然后无愧于儒之名也。然则儒亦有异乎？曰：有之。位不同也。三皇儒而皇，五帝儒而帝，三王儒而王，皋陶、伊、傅、周、召儒而臣，孔子儒而师，其道则未尝不同也。虽然，自有生民以来，未有盛于孔子者也，我所愿则学孔子也。

宋濂将庄子、管子等人也列入儒者之列，可见他这里所说的"儒"不是儒家学派的"儒"，而是指"士"，即现在所说的知识分子。这里，宋濂将田仲、王猛、司马迁、班固、庄周、列子、张良、陈平、毛苌、郑玄、管仲、晏婴这些人物排除在入道者之外，唯独认为孔子才可以入道，显示了宋濂极端的道学主张。

二、道家思想

宋濂是有道家情怀的。据郑涛《宋潜溪先生小传》，宋濂小时候曾遇道士楼节翁，道士命他赋诗为赠，宋濂操笔即成四韵，中有"步罡随踢脚头斗，噀水能轰掌上雷"之句。宋濂也做过道士，至正十年（1350），宋濂谢绝元朝翰林编修的征聘，入仙华山为道士，易名为玄贞子，署号仙华道士。他自称"余尝究《大洞真》诸部书，求发其秘"[1]。纂修《元史》，立"释老传"。洪武四年（1371）写的文章还署"玄真遁叟"[2]。宋濂与诸多道士有往来，并为他们写室铭、院记、赠序、碑赞等。据台湾学者龚显宗统计，宋濂写的与道教有关的文章有60篇之多。[3]从这些文章，我们可以看出宋濂对道家学说有自己独到的体会和认识，表现在：

（一）肯定道家学说，认为可以修身治国

宋濂在为仙华山道士道庆写的《混成道院记》中云：

---

① 〔明〕宋濂：《五气大有宝书》，载《宋濂全集》，第190页。
② 《宋濂全集》，第646页。
③ 参见龚显宗：《宋濂与道教》，《道教学探索》1992年第6期。

道家者流，秉要执本，清虚以自守，卑弱以自持，实有合于《书》之克让、《易》之谦谦，可以修己，可以治人，是故《老子》《伊尹》《太公》《辛甲》《鬻子》《管子》《蜎子》，与夫兵谋之书，咸属焉。[1]

他又在《太上清正一万寿宫住持提点张公碑铭》一文中说：

濂闻老子之旨，可以治国，可以修身，可以炼真，其大者与孔氏或不异也。[2]

（二）曾学吐纳之术，向往神仙境界

宋濂在《混成道院记》中说：

予闻神仙家之说，葆精啬神，冥合太虚，翛然玄览，却立垢氛之外，下上星辰，呼吸阴阳，超无有而独存，心颇艳之。迩年以来，刊落世婴，外物之为羁鞚者，皆释然谢去。思欲排空御气，神游八极之表，俯瞰仙华，而时一下之。道庆傥相见焉，当趋前长揖曰："子尝记我道院矣，岂真所谓列仙之儒非邪？幸授我以长生秘诀。"必相与鞅然一笑也。

如果说宋濂与道庆的对话只是一时戏言，那么宋濂在仙华山做道士期间所撰的《调息解》则是他亲身体验呼吸吐纳之术后的心灵表白，文章写道：

越西有仙华生，遁迹林垌，槁木其形，储思于玄玄之域，游神乎太清之庭。然犹虑夫尸虫未戢，龙虎未撄，金鼎未固，流珠未明。怅鹤驾其已远，幂行云于紫城。于是谒玄素先生而叩之曰："吾闻粤之铸，秦之卢，燕之函，胡之弓车，虽号浅艺，皆承师资。况以大道之奥，百灵之腴，琅笈

---

① 《宋濂全集》，第1100页。
② 《宋濂全集》，第654页。

有所秘，琼简有不书。先生葆乎玄则，炼乎真滋，幸启其隐，为予诏之。"玄素先生曰："上堪下舆，二气与俱。沤郁呎弟，鸿绚傑池。运行不已，诎信以时。日以里计，九十万余。苟惎其素，灾异纷蕤。维人之生，法干之枢，肖坤之仪。委清受宁，发神吐奇。昼动夜旋，绵延若丝。一万三千，五百有奇。执神之庬，斡精之義。其入则翕，其出则嘘。茢尔勿驱，迅焉弗驰。勿抗而崇，勿按而庳。纯乎玄潜，盎如春熙。傥失其养，朋虑所移。焦火凝冰，渊沦天飞。恣睢无际，涉历渺弥。斧斤日加，贞阳则罢。生方有志于玄学，盍慎所之？"……

仙华生曰："先生之言，固美矣至矣。予窃闻之，雨露之所润，功存庶汇。君子之所志，泽及黔黎。先生怀负明德，进用明时，宜拓化原，以乘政机。使阴阳和而风雨若，武功戢而文教施，则其所调，又不止一己之私，若是何如？"玄素先生颣然而笑，曰："生言及夫物者也，翩翩乎旨哉！"仙华生退。于是次第其语，以书先生之轩。

虽然宋濂的结论是不能忘怀斯世，归于儒家境界，但他对吐纳之术进行了亲身实践却是事实，文章中的"玄素先生"可以说是宋濂虚拟的"自我"，其所言体现了宋濂精神世界的另一层面。

呼吸吐纳在于养生，但宋濂对道家的养生之术有自己的看法，他在《赠陆菊泉道士序》中写道：

菊固可以延年也。虽然，吾观昔之神人，若广成子、安期生之流，至今数千载，犹时时往来东海诸山间，凌日月而薄阴阳，视天地如一粟，以千载为俄顷，其寿可谓长矣，其人初岂尝餐菊、饮水而致然哉？亦善于自养而已。夫人备五行之气以成形，形成而精全，精全则神固，诚能体乎自然，而勿汩其中，勿耗其神，勿离其精，以葆其形，大可以运化机，微足以阅世而不死，岂特致上寿而已乎？虽然，此道家之说也。吾亦有所谓不死者，书契以来，可谓久矣，凡圣贤豪杰之士，至今俨然具乎方册间。其事业可为世法，言语可为世教，国用之则兴，家用之则和，人身用之则修。

或反其道，败亡可立见。自今而往，天地无有穷也，其寿亦无有穷也，岂广成、安期之俦所能及哉？又何以菊泉为哉？永龄年少好学，苟未至于此，亦当以广成、安期自勉，无以菊泉为足恃也。吾之身善治之，可以亘终古而长存，与三光俱不泯没。不能养之，特蚊蚋起灭瓮盎中耳，岂不惑哉？

宋濂认为圣贤的功业名声可以说是真正的不朽，非广成子、安期生之流所能及，"这是他巧为调和儒道的地方"①。

（三）好谈神怪

"子不语怪、力、乱、神"，这是《论语》中的话，意思是孔子不谈论怪异、勇力、叛乱和鬼神。宋濂自己也著有《禄命辨》，表明自己不相信星相占卜之术，文章最后说：

> 曰："近世大儒，于禄命家无不嗜谈而乐道之者，而子一切屏绝之，其亦有所本乎？"曰："有，子罕言命。"②

然而，阅读宋濂的文章，我们会发现宋濂言行的矛盾之处。比如，他在《赣州圣济庙灵迹碑》中记载了圣济庙种种灵异之事，文章最后说：

> 濂稽诸经，国有凶荒则索鬼神而祭之，士有疾病则行祷于五祀。先王必以神为可依，故建是祠祝之制也。世之号为儒者，多指鬼神于茫昧，稍与语及之，弗以为诬，则斥以为惑，不几于悖经矣乎？有若神者，功在国家，德被生民，自汉及今，孰不依之？虽近代名臣，若刘安世，若苏轼兄弟，若洪迈，若辛弃疾，若文天祥，亦勤勤致敬而弗少怠。是数君子者，将非儒也邪？何其与世人异也？濂初被召而起，神示以文物之祥，后果入翰林为学士，心久奇之。今故徇祝史韦法凯之请，为撰《灵迹碑》一通，

---

① 龚显宗：《宋濂与道教》，《道教学探索》1992年第6期。
② 《宋濂全集》，第672页。

使刻焉。[①]

宋濂如此持论，似乎是从国家百姓的利益出发，而且以自己的事迹相证。然而，其所作所为毕竟是有违孔子的主张的。

又如《书前定三事》一文中，宋濂记载了他从林温和吴伯宗处听到的"前定三事"，文章最后说：

> 濂观传记所载，前定事如此类者甚众，未敢信也，今亲闻三君子之言，其有不可信者乎？姑书之，以见人囿气化中，诚有一定之数，不可以智求，不可以计免也。自修之外，一听于天而已。[②]

从宋濂的语气，可以看出他对前定之事还是将信将疑的，不然，以他《禄命辨》中的态度，他就不应撰写此类文章。

（四）对道家消极一面的批评

宋濂认为，道家学说有积极的一面，但也有不少消极之处，应予以扬弃。例如，对后世道家学说中灭弃人伦这一点，宋濂即持批评态度。他说："道家祖老子，老子之学，该博闳阔，而尤深于礼。当世大儒，咸北面师之。夫其学之博，必非守一术以违世。其习礼之本，必不弃人伦以忘亲。后世或失之，去老子之道远矣。"又前引《七儒解》中批评庄子、列御寇"肆情纵诞，灭绝人纪"也是此类观点。

对于道家中一些宣扬长生不老、迷惑帝王的方术之士，宋濂十分痛恨，他说：

> 齐地自古多方士，争言有禁方，能神仙。而少翁、栾大尤善惑，虽汉武雄才，亦所不免……先王之世以左道惑众者，必拘杀于司寇，必有旨哉！

---

① 《宋濂全集》，第432页。
② 《宋濂全集》，第832页。

必有旨哉！①

宋濂批评葛洪的《抱朴子》一书，云：

> 洪深溺方技家言，谓神仙决可学，学之无难，合丹砂、黄金为药而服
> 之，即令人寿与天地相毕，乘云驾龙，上下大清。其他杂引黄帝御女，及
> 三皇内文，劾召鬼神之事，皆诞衺不可训。②

对于方术中的堪舆家，即风水先生，宋濂轻蔑地称他们为"相墓巫"，斥责
堪舆之书和堪舆之技为"淫书末技"：

> 世之欲葬其亲者，辄敛容屏气，伺候巫之颜色。巫曰此可葬，虽逾都
> 越邑，亦匍匐而从事；巫曰不可葬，虽近在室之傍，百利所集者，亦割忍
> 而违去之。致使父子兄弟本一气也，一在天之南，一在地之北。吾不知其
> 何说也，安得卓识者出，相与攻其缪妄也哉？……人之富贵利达，其不系
> 于地也，昭昭矣，奈之何怵于淫书末技而眩惑于是非也。

三、佛学思想

宋濂出生的地方，一旁是潜溪的潺潺流水，另一旁是禅定院的梵呗钟声，
故宋濂自幼年时即对佛教产生了浓厚的兴趣。及长，至义乌伏龙山见千岩禅师，
双方往复辩难，"缔为方外之交垂三十年"③。老师黄溍与僧人时有过从，这对
宋濂也产生了重要的影响。宋濂自称"无相居士"，并云"自幼至壮，饱阅三藏
诸文"④、"三藏玄文，颇亦玩索"⑤，故他对佛典的精通，即便是方外高僧也

---

① 〔明〕宋濂：《说玄凝子》，载《宋濂全集》，第185页。
② 〔明〕宋濂：《诸子辩·抱朴子》，载《宋濂全集》，第128页。
③ 〔明〕宋濂：《佛慧圆明广照无边普利大禅师塔铭》，载《宋濂全集》，第275页。
④ 〔明〕宋濂：《佛性圆辩禅师净慈顺公逆川瘗塔碑铭有序》，载《宋濂全集》，第743页。
⑤ 〔明〕宋濂：《送璞原师还越中序》，载《宋濂全集》，第721页。

禅定古寺

不得不佩服，云其"深究内典，为吾徒之所信，向海内尊宿多浚发其幽光"①。由于宋濂名满天下，又"颇以文辞为佛事"，以至于"南北大浮屠，其顺世而去者，多以塔上之铭为属"，"自时厥后，或吴，或楚，或梁、宋，或鲁、卫，名僧开示，多有谒余浦阳江之上者"②。宋濂自己也以弘扬佛法自任，表彰僧人功绩唯恐不及："衰迟之余，诸习皆空，凡他有所请，辄峻拒而不为，独于铺叙悟缘，评骘梵行，每若不敢后者，盖欲表般若之胜因，启众生之正信也。"

在宋濂的文集中，为佛徒写的塔铭、像赞、语录序跋、庙殿功德碑等有关佛教的文章有110余篇③，"所在比例之大，在所有中国古代文人及其创作中恐

---

① 〔明〕宋濂：《大天界寺住持孚中禅师信公塔铭有序》，载《宋濂全集》，第438页。
② 〔明〕宋濂：《南堂禅师语录序》，载《宋濂全集》，第508页。
③ 参见李道进：《宋濂的佛教观》，《浙江学刊》1995年第3期。

怕是空前绝后的"①。正因为如此，清代学者全祖望说："余尝谓婺中之学，至白云（许谦）而所求于道者，疑若稍浅，渐流于章句训诂，未有深造自得之语，视仁山（金履祥）远逊之，婺中学统为之一变。义乌诸公（黄溍等）师之，遂成文章之士，则再变也。至公（宋濂）则渐流于佞佛者流，则三变也。"②宋濂的佛学主张主要有以下几点：

（一）佛法广大，因其无形，可"超乎天地之外，出乎日月之上"

宋濂在《径山愚庵禅师四会语序》中说道：

> 或问于濂曰："世间至大者何物也？"曰："天与地也。"曰："至明者又何物也？"曰："日与月也。"曰："然则佛法亦明且大也，其与天地日月并乎？"曰："非然也。"曰："其义何居？"曰："天地日月，寓乎形者也。形则有成坏，有限量，虽百亿妙高山中，涵百亿两曜，百亿四天下，以至于恒河沙数，皆有穷也，皆有止也。此无他，囿乎物者也。若如来大法，则不然。既无体段，又无方所，吾不为成，孰能为之坏？吾不为后，孰能为之先？吾不为下，孰能为之上？芒乎忽乎，旷乎漠乎，微妙而圆通乎。其小无内，其大无外，真如独露，无非道者。所以超乎天地之外，出乎日月之上。大而至于不可象，斯为大矣。明而至于不可名，斯为明矣。是故以有情言之，则四圣以至六凡，或觉或迷，佛法无乎不具也。以无情言之，则火水土石与彼草木，或洪或纤，佛法无乎不在也。"

宋濂认为，天地虽然广大，但拘于有形，有形则可限量，则有盈虚消长，而佛法无形，则洪纤悉备，无往而不在。同样的，他在《赠定岩上人入东序》中也说过：

---

① 廖可斌：《论宋濂前后期思想的变化及其他》，载《诗稗鳞爪》，浙江大学出版社1999年版，第53页。

② 〔清〕全祖望：《宋文宪公画像记》，载〔清〕黄宗羲：《宋元学案》卷八十二，中华书局1986年版，第2801页。

大雄氏之道，洪纤悉备。上覆下载，如彼霄壤，无含生之弗摄也；东升西降，如彼日月，无昏衢之不照也。

(二) 佛法可导人为善，可明心见性，可阴翊王纲，故释儒有相合之处

宋濂在《夹注辅教编序》中说道：

天生东鲁、西竺二圣人化导烝民，虽设教不同，其使人趋于善道，则一而已。为东鲁之学者，则曰我存心养性也。为西竺之学者，则曰我明心见性也。究其实虽若稍殊，世间之理，其有出一心之外者哉！传有之：东海有圣人出焉，其心同，其理同也；西海有圣人出焉，其心同，其理同也；南海、北海有圣人出焉，其心同，其理同也。是则心者万理之原，大无不包，小无不摄。能充之则为贤知，反之则愚不肖矣。觉之则为四圣，反之则六凡矣。世之人但见修明礼乐刑政，为制治之具，持守戒定慧，为入道之要。一处世间，一出世间，有若冰炭、昼夜之相反。殊不知春夏之伸，而万汇为之欣荣，秋冬之屈，而庶物为之藏息，皆出乎一元之气运行。气之外，初不见有他物也。达人大观，洞然八荒，无藩篱之限，无户阈之封，故其吐言持论，不事形迹，而一趋于大同。小夫浅知，肝胆自相胡越者，恶足以与于此哉！……予本章逢之流，四库书颇尝习读，逮至壮龄，又极潜心于内典，往往见其说广博殊胜，方信柳宗元所谓与《易》《论语》合者为不妄，故多著见于文辞间。不知我者，或戟手来诋訾。予嘿不答，但一笑而已。

宋代镡津嵩禅师鉴于释、儒二氏不能相容，"取诸书会而同之，曰《原教》，曰《广原教》，曰《劝书》，曰《孝论》，而《坛经赞》附焉。复恐人不悉其意，自注释之，名之为《辅教编》"，宋濂为是书作序，他从理论的高度肯定了镡津嵩禅师的做法，认为孔子和释迦牟尼虽设教不同，但"使人趋于善道"是相同的。与此相似的观点还有：

大雄氏之道，以慈悲愿力，导人为善。所以其教肇兴于西方，东流于
震旦。历代以来，上自王公，下逮士庶，无不归依而信礼之，其来非一日
矣。欲使其阐扬正法，阴翊王纲，非择其人，曷称兹任？①

予闻大雄氏设教门虽广，其推仁及物，要与二帝三王不大异。是故昔
之名僧，或筹策藩阃，或辅弼庙堂，事业称于当时，勋名垂于后世。其载
于史册者，盖班班可考。达人大观，初无形迹之拘，儒、释之异也。②

宋濂虽然从明心见性、导人为善、阴翊王纲等角度论证儒、释有相合之处，
但从儒、释传播的范围和历史功绩来看，宋濂认为佛教超过了儒家之道。他在
《宝盖山实际禅居记》中说道：

惟大觉世尊，其道所被甚广，无与比伦。人徒见中国九州能严奉之，
殊不知西南诸国，如呵罗单于陀利之属，以道里计，近或数千，远且二三
万余，而尊崇为尤至。国君相祝，常以世尊如来称之，则其他概可知也。
此姑置之勿论，又自西方言之，自中国历十万里至五印度，从五印度以西，
又越太海二重，始抵西入之境，道涂比前奚翅数倍。其所历城郭，人民繁
衍富丽，又百倍于中国，其地唯知有佛教而已，余皆无有也。至于巷谈里
语，一举佛言以为法戒，稍有不信而妄行者，众共弃之。以此而观，若东
若北，莫不皆然。是故郑渔仲有云："佛之书遍布天下，而儒家之言不越于
跋提河（印度）。"盖有以也。然乃史传所载，及东伐西使亲击者之所言，
咸属南阎浮提。南阎浮提，则妙高山四隅之一尔。经言百亿日月，百亿妙
高山，皆渐佛教，则又非管窥蠡测之所敢知也。③

宋濂认为崇佛的地方不仅有中国，其他如西南诸国和印度及印度以西、以

---

① 〔明〕宋濂：《西天僧撒哈咱失理授善世禅师诰》，载《宋濂全集》，第809页。
② 〔明〕宋濂：《送无逸勤公出使还乡省亲序》，载《宋濂全集》，第894页。
③ 《宋濂全集》，第1211页。

东、以北更广的地方都崇佛。所以，宋濂引用郑樵的话来说明佛教的传播地域和受众都要超过儒家。对于那些孤陋寡闻之士，宋濂将他们比喻成肚里的蛔虫，"游泳肠胃，自谓江河之广，周流府藏，自诧万里之远。不知身外之境，初无涯涘也，所以轻于论议，迂固僻陋，闻者为之失笑，其不智也亦甚矣"。

（三）从民本思想出发，规劝释氏之徒应尽力求道布道

宋濂在《松隐庵记》一文中说道：

> 夫天下之民，未有与人以物而不求报者，争尺布铢金，多至相殴詈戕害，虽亲戚不复顾念。至见释氏之徒，献所有，舍所爱，累千万不敢靳者，其故何哉？盖我大雄氏以慈悲方便摄受群迷，慧力足以破贪，法智足以祛惑，故人乐而趋之，庶几期于妄息而真显乎！或者不知，徒谓释氏能以祸福钳制人，故有所冀而为之。呜呼，是何待释氏之至浅哉！然余有一言焉，今之细民，竭三时之力，欲其室庐之完、饘粥之充而不可得，释氏之徒皆坐而享之，苟不力求其道，无忝于大雄氏之教，则因果之皦然者，甚可惧也。

宋濂看到老百姓崇信佛法，礼重僧徒，为造寺庙，备尝辛苦，食不果腹，而那些僧徒们却不劳而获，坐而享之。因此，他对释氏之徒提出劝诫，希望他们尽心求道布道，不然是要遭因果报应的。从这里可以看出宋濂的民本思想。

文学思想

宋濂没有专门的文学理论著作，他的文学主张主要散见于单篇的文章如《文原》《文说赠王生黼》及一些序跋中。由于明初"开国文臣之首"的特殊地位，宋濂的文学思想对当时及后世都产生了深远的影响。现就宋濂若干主要的文学观点作一评述。

一、明道尊经宗圣

与多数儒家学者一样，宋濂论文也主张明道尊经宗圣。比如，他在《文说

赠王生黼》一文中说：

> 明道之谓文，立教之谓文，可以辅俗化民之谓文。斯文也，果谁之文
> 也？圣贤之文也？非圣贤之文也？圣贤之道充乎中，著乎外，形乎言，不
> 求其成文而文生焉者也。不求其成文而文生焉者，文之至也。

齐梁时代，刘勰的《文心雕龙》即列《原道》《宗经》《征圣》等篇为"文
之枢纽"，宋濂所论，较之刘勰可谓有过之而无不及。因此，在《徐教授文集
序》中，宋濂列举了九种乖经背道的情状，认为它们都属于"非文"一类。

> 是故扬沙走石，飘忽奔放者，非文也；牛鬼蛇神，佹诞不经，而弗能
> 宣通者，非文也；桑间濮上，危弦促管，徒使五音繁会，而淫靡过度者，
> 非文也；情缘愤怒，辞专讪讪，怨尤勃兴，和顺不足者，非文也；纵横捭
> 阖，饰非助邪，而务以欺人者，非文也；枯瘠苦涩，棘喉滞吻，读之不复
> 可句者，非文也；瘦辞隐语，杂以诙谐者，非文也；事类失伦，序例弗谨，
> 黄钟与瓦釜并陈，春秾与秋枯并出，杂乱无章，刺眯人目者，非文也；臭
> 腐塌茸，厌厌不振，如下俚衣装，不中程度者，非文也。如斯之类，不能
> 遍举也。

二、道统与文统的合一

如果说"明道尊经宗圣"是学文者应有的态度，那么道统与文统的合一，
则是"明道尊经宗圣"的具体化，是开列给学文者的应继承学习的谱系名单。
先秦以来，星移斗转，时代更替，留存下来的书籍浩如烟海，作者也数不胜数，
学文者应该从哪里入手？应该向哪些作者学习？怎样评价前人的得失？这是每
个学文者都面临的问题。在宋濂的心目中，他有一个道统与文统合一的谱系，
而这一谱系的建立，是他对历史上文学源流考察及各家各派得失评判的结果。
他在《华川书舍记》中说：

　　呜呼，文岂易言哉？日月照耀，风霆流行，云霞卷舒，变化不常者，天之文也；山岳列峙，江河流布，草木发越，神妙莫测者，地之文也；群圣人与天地参，以天地之文发为人文。施之卦爻，而阴阳之理显；形之典谟，而政事之道行；咏之雅颂，而性情之用著；笔之春秋，而赏罚之义彰；序之以礼，和之以乐，而扶导防范之法具。虽其为教有不同，凡所以正民极，经国制，树彝伦，建大义，财成天地之化者，何莫非一文之所为也。

　　自先王之道衰，诸子之文，人人自殊。管夷吾氏，则以霸略为文；邓析氏，则以两可辨说为文；列御寇氏，则以黄老清净无为为文；墨翟氏，则以贵俭、兼爱、尚贤、明鬼、非命、尚同为文；公孙龙氏，欲屈众说，则又以坚白、名实为文；庄周氏，则又以通天地之统，序万物之性，达死生之变为文；慎到氏，则又以刑名之学为文；申不害氏、韩非氏宗之，又流为深刻之文；鬼谷氏，则以捭阖为文；苏秦氏、张仪氏学之，又肆为纵横之文；孙武氏、吴起氏，则又以军形兵势图国料敌为文；独荀况氏，粗知先王之学，有若非诸子之可及，惜乎学未闻道，又不足深知群圣人之文。凡若是者，殆不能悉数也。

　　文日以多，道日以裂，世变日以下，其故何哉？盖各以私说臆见，哗世惑众，而不知会通之归，所以不能参天地而为文。自是以来，若汉之贾谊、董仲舒、司马迁、扬雄、刘向、班固，隋之王通，唐之韩愈、柳宗元，宋之欧阳修、曾巩、苏轼之流，虽以不世出之才，善驰骋于诸子之间，然而亦恨其不能皆纯，揆之群圣人之文，不无愧也。上下一千余年，惟孟子能辟邪说，正人心，而文始明。孟子之后，又惟舂陵之周子、河南之程子、新安之朱子，完经翼传，而文益明尔。

　　呜呼，文岂易言哉？自有生民以来，涉世非不远也，历年非不久也，能言之士非不夥且众也，以今观之，照耀如日月，流行如风霆，卷舒如云霞，惟群圣人之文则然；而列峙如山岳，流布如江河，发越如草木，亦惟群圣人之文则然。而诸子百家之文，固无与焉。故濂谓立言不能正民极，经国制，树彝伦，建大义者，皆不足谓之文也。士无志于古则已，有志于古，舍群圣人之文，何以法焉？

历史上的书籍和作者很多，但宋濂所推崇的，除"六经"外，不过孟子、周敦颐、"二程"、朱熹等少数几个人而已，其他像司马迁、韩愈、柳宗元、欧阳修、苏轼等大家，在他看来，"不能皆纯"。同样的意思，他在《徐教授文集序》中再次作了表达：

> 夫自孟氏既没，世不复有文。贾长沙、董江都、太史迁得其皮肤，韩吏部、欧阳少师得其骨骼，舂陵、河南、横渠、考亭五夫子得其心髓。观五夫子之所著，妙斡造化而弗违，百世以俟圣人而不惑。斯文也，非宋之文也，唐虞三代之文也。非唐虞三代之文也，六经之文也。文至于六经，至矣尽矣，其始无愧于文矣乎！世之立言者，奈何背而去之？

三、为文必在养气

《孟子·公孙丑上》云："我知言，我善养吾浩然之气。"宋濂在先秦诸子中特别推崇孟子，故对他的养气说作了进一步的发挥。宋濂在《浦阳人物记》卷下《文学篇》中说：

> 天地之间，至大至刚，而吾藉之以生者，非气也耶？必能养之而后道明，道明而后气充，气充而后文雄，文雄而后追配乎圣经，不若是不足谓之文也。

他又在《文原》一文中说：

> 为文必在养气。气与天地同，苟能充之，则可配序三灵，管摄万汇，不然，则一介之小夫尔。君子所以攻内不攻外，图大不图小也。力可以举鼎，人之所难也，而乌获能之，君子不贵之者，以其局乎小也。智可以博虎，人之所难也，而冯妇能之，君子不贵之者，以其骛乎外也。气得其养，无所不周，无所不极也，揽而为文，无所不参，无所不包也。

275

于是，宋濂从正、反两个方面举例说明气的功用，最后得出结论："呜呼！人能养气，则情深而文明，气盛而化神，当与天地同功也。与天地同功，而其智卒归之一介小夫，不亦可悲也哉！"

在《文说赠王生黼》一文中，宋濂指出"圣贤"与"我"的区别，关键在于不能养气。他说：

> 圣贤与我无异也，圣贤之文若彼，而我之文若是，岂我心之不若乎，气之不若乎？否也，特心与气失其养耳。圣贤之心浸灌乎道德，涵泳乎仁义，道德仁义积而气因以充，气充，欲其文之不昌不可遏也。今之人不能然，而欲其文之类乎圣贤，亦不可得也。呜呼！甚矣，今之人之惑也。

四、贵在变易，反对模拟

宋濂在《浦阳人物记》卷下《宋屯田员外郎于房》中说：

> 盖文主于变，变而无迹之可寻则神矣，司马迁、班固、韩愈之徒号为文章家，其果能易此言哉！宜其三世以文名也。

他在《答章秀才论诗书》中说：

> 虽然，为诗当自名家，然后可传于不朽。若体规画圆，准方作矩，终为人之臣仆，尚乌得谓之诗哉！

宋濂出生于有"小邹鲁"之称的婺州，在元朝理学成为官学的背景下，宋濂的文学思想被深深地打上了宋元理学的烙印。从今天来看，上述宋濂的一些文学观点存在较大的偏颇。比如他的"七儒"之论，将司马迁、班固列入"文史之儒"，认为他们"浮文胜质，纤巧斫朴，不可以入道也"。这说明宋濂作为理学家的偏见。宋濂曾经对《史记》和《汉书》下过很大的功夫，自己的传记之文也深受《史》《汉》的影响，但他晚年作《文原》时，居然将司马迁和班固排除在"纪事之文"应当学习的人物之外，这可以看出他思想的保守。又如，宋濂和其同门友王祎作为《元史》的总裁，将"儒林传"与"文苑传"合二为一，称之为"儒学传"，显然是道统与文统合一思想在史学上的具体实践。按照他们的思想和做法，元代有许多在戏曲领域取得极高成就的作家如关汉卿、白朴、马致远不能入登正史，也就自然而然了，这是一种历史的倒退。

不过，在对待宋濂的文学思想及创作时，有一点需要注意，即"宋濂的文章也并不都是对理学信条无所不在的体现"①，"他的《秦士录》（《文宪集》卷二十八）记载一位非儒非侠的秦士邓弼的言行，这些言行都处于他一生所信奉的儒家学说的对立面。他的《王冕传》（《文宪集》卷十）传主也很难说是一个传统的儒者，然而作者对他寄托遥深。如果宋濂像他文章中夫子自道的那样，是一个文以载道论的忠实信从者，这类文章就不应当出于其笔下。宋濂文章中的这种两面性，表现了他理学修养与真性情之间的矛盾"②。不仅自己的创作如此，他在评论人物时，也并不都是恪守自己的道学主张。例如，对于杨维桢这样的人物，宋濂的僚友王彝斥他为"文妖"，但宋濂却与杨维桢有诗文往来，并为他撰写墓志铭；对于杨维桢的文学创作和影响，宋濂能作出较合乎客观实际的评价，这是宋濂度越群流的地方，也是宋濂的可贵之所在。

散文创作

宋濂的一生经历了由元入明的时代变革，身份也由在野之民变为在朝之臣，故文学创作在内容和风格上较为明显地表现出入明前与入明后的差异。

入明前，宋濂身处"体制"之外，思想自由奔放，对人生、历史、社会都进行了严肃而认真的思考，对元末的弊政、丑恶的世态和不良的风气给予了有力的揭露和批判。

比如，《白牛生传》为宋濂的自传，在这篇文章中，宋濂采用一难一答的形式向人们展示了自己的性格特点和志趣追求。文章写道：

---

①② 徐朔方、孙秋克：《明代文学史》，浙江大学出版社2006年版，第4页。

白牛生者，金华潜溪人，宋姓，濂名。尝骑白牛往来溪上，故人以白牛生目之。生躯干短小，细目而疏髯，性多勤。他无所嗜，惟攻学不怠。存诸心、著诸书六经，与人言亦六经。或厌其繁。生曰："吾舍此不学也。六经其曜灵乎，一日无之，则冥冥夜行矣。"……

生好著文，或以文人称之，则又艴然怒曰："吾文人乎哉？天地之理，欲穷之而未尽也。圣贤之道，欲凝之而未成也。吾文人乎哉？"或求学文，生曰："其孝弟乎？文则吾不知也。"生不肯干禄，或欲挽之使出。生曰："禄可干耶？仕当为道谋，不为身谋。干之私也。"……生虽贫，喜色常溢眉宇间。或诘之。生曰："吾内足乐也。内既足乐，无人非，无鬼责，得亦乐，失亦乐，我何忧哉？"生御恶衣粗馔安之。或虑其诈。生曰："锦衣与卉服虽异，暖则一。糟核与淳熬固殊，饱则均。何诈为？"生不贵贵人，不贫贫人。或尤其无别。生曰："贵自贵尔，于我何加焉？贱自贱尔，于我何损焉？"生遇物以诚，三尺之童，莫之敢欺……

生年四十有六，发无白者，日坐一室中，或澄思终日，或执笔立言，动以贤圣自期。其中之所存者，人固莫能识也。适有画史，貌生之骑白牛者。生大笑，以为得其真。故自疏其事如左，曰《白牛生传》云。

在对人生、社会、哲理的探索过程中，宋濂也有精神苦闷和冲突，其高明之处，就在于假借一个神灵与自己的对话来展示冲突的过程和思想主张，从而使文章蒙上一层神秘的色彩，同时也增添了文学趣味。比如，他在《太乙玄征记》中写道：

金华宋濂，赋质甚弱，十日九疾。生产作业之事，皆力有所不任，唯日学操觚，造为文章。精思弗得，罢极就寝。梦一老父，白发鬤鬒，与雪斗洁，身被黄服，手支青藜杖，徐徐而前，招濂谓曰……

太乙曰："吾闻心有所溺者，必有所甚乐也。若之所嗜如是，将乐之耶？抑弗获已也？"濂曰："臣为文之时，独潜阖庐，五官内守，形若槁株。凡虑既澄，运思希夷，上升层霄，下入重垆，细缊庶汇，弥布大区……"

　　太乙曰："若乐则乐矣，古之人亦有业是者乎?"濂曰："有之，虽更仆不可尽也，请陈其略……濂于是怃然自失，膝行而进，俯首至地，且拜且祈曰："臣不佞，窃受教于先生长者，学文二十余年，自意已造其极，不知犹未也。夫井鱼固不足以语大，夏虫固不足以语寒。幸察臣之诚，怜臣之愚，授臣以要道，使臣闻之，虽即死无憾。"太乙愀然不答。濂复殷勤致辞，俯伏俟命，历一时之久。太乙三叹而后言曰：……言讫，四方晦冥，飙风上行，仰视天门，如有火光。反而顾之，太乙已亡。濂惊而寤，不知其为何祥也，乃召日者占之……濂于是惕然悟，悉燔毁笔砚，取六艺烊温之。未几，学果进。

　　类似的文章还有《调息解》和《诘皓华文》等。前者借玄素先生与自己的一问一答向世人展示自我精神世界里道家情怀与儒家入世思想的冲突，后者借主"忧"之神皓华的口对那种只顾自己消忧图乐的思想给予了有力的批判。

　　宋濂前期揭露社会黑暗、批判现实的文章主要集中在寓言和传记一类文体。比如，《秦士录》描写了一个有文武全才的秦士邓弼，空有报国之志，最后"槁死三尺蒿下"的悲剧人生。宋濂塑造这一悲剧人物，实则是揭露和批判元朝任人不用贤才的黑暗现实。《寓言五首》中"以豕代牛耕"的寓言，借猪代牛耕田的寓言批评了统治者任人不用贤才，"颠之倒之"，使天下遭殃。《龙门子凝道记·秋风枢》中"狸狌捕鼠"的寓言，借捕鼠的狸狌被鼠攻击的故事，讽刺了世享重禄的武士。《燕书四十首》中玉戴生和三乌丛臣"背盟"的寓言，以极其辛辣的笔调嘲讽那些前为君子、后为小人的卑鄙行径!《燕书》中借"西王须"沉尸江底的惩罚谴责了忘恩负义的行径。《龙门子凝道记·蔚迟枢》中魏人将护阴的铜裆当作"夏殷之器"，楚人将接尿用的溺器当作"牺尊"的寓言，嘲讽了附庸风雅、妄乱名实的不良风气。《龙门子凝道记·虞丹微》中"虞丹子焚经"的寓言，批评了读书人借学经以"荣身""怵民"甚至"丧德"的劣根性。

　　总之，宋濂前期的散文体现了宋濂对现实强烈的批判精神和深广的忧世情怀，个人主观色彩比较浓厚，为文泼辣大胆，自由奔放。

　　入明后，宋濂写了不少歌功颂德的文章，用宋濂的话说，是"敷赞圣治，职有宜然"。但作为从元末动乱年代过来的人，看到国家一统、天下安宁，宋濂"颂圣"确实也是出自内心。比如《平江汉颂》一文，对朱元璋军队在鄱阳湖之战中大败陈友谅军队的战绩给予了颂扬。《嘉瓜颂》一文，通过嘉瓜"本于回纥"的事实，对明兵征讨西域从而使西域归入版图的武功给予了颂扬。《天降甘露颂》借"甘露"之降，颂扬了朱元璋"以得仁贤为瑞，以五风十雨为祥"的人事之祥。

歌功颂德的目的在于肯定，但不是说朱元璋十全十美，大明政权一片光明。鉴于朱元璋的暴戾性格和明初严酷的政治环境，宋濂不可能像前期的文章那样采取直露的批判、大胆的针砭，他只能含蓄规讽，正面引导。比如《阅江楼记》写道：

> 金陵为帝王之州，自六朝迄于南唐，类皆偏据一方，无以应山川之王气。逮我皇帝定鼎于兹，始足以当之。由是声教所暨，罔间朔南，存神穆清，与道同体，虽一豫一游，亦思为天下后世法。
>
> 京城之西北有狮子山，自卢龙蜿蜒而来，长江如虹贯，蟠绕其下。上以其地雄胜，诏建楼于巅，与民同游观之乐，遂锡嘉名为"阅江"云。登览之顷，万象森列，千载之秘，一旦轩露。岂非天造地设，以俟大一统之君，而开千万世之伟观者欤！

文章接着进行了正面的引导，说皇帝登楼"必悠然而动遐思"，而"遐思"的种种情状是："中夏之广，益思有以保之"；"四夷之远，益思所以柔之"；"万方之民，益思有以安之"。"触类而推，不一而足"。于是，宋濂以己之意度君之腹，感叹道："臣知斯楼之建，皇上所以发舒精神，因物兴感，无不寓其致治之思，奚止阅夫长江而已哉！"文章最后又以历史上临春、结绮、齐云、落星诸楼盛极而亡的事实作为垂戒，告诫朱元璋要宵旰图治，不要重蹈覆辙。

宋濂入明后写了大量的应制、酬应的文章，其中不少文章由于受体裁（如塔铭、墓志铭之类）等因素的限制，很难写得生动传神而归入文学作品之列，但在后期浩繁的篇秩中，宋濂仍有不少熠熠闪光的优秀作品。比如，宋濂以自己年少时勤学苦读的经历规劝马生珍惜时机、进德修业的《送东阳马生序》，以记叙楼之非凡而深寓规讽之意的《阅江楼记》，以借狂放孤傲、怪诞不经的王冕形象来批判元末黑暗现实的《王冕传》，以记叙"出淤泥而不染"、以死来保持贞节的风尘女子李歌的事迹来寄寓褒贬之意的《记李歌》，以记叙杜环十多年照顾父亲亡友的母亲的感人事迹来歌颂人性之美德的《杜环小传》，以记叙旅店主人李疑接纳病人、产妇而不取报酬的感人事迹用以劝俗的《李疑传》等，都是脍炙人口的名篇。以《送东阳马生序》为例。文章写道：

　　余幼时即嗜学，家贫，无从致书以观，每假借于藏书之家，手自笔录，计日以还。天大寒，砚冰坚，手指不可屈伸，弗之怠。录毕，走送之，不敢稍逾约。以是人多以书假余，余因得遍观群书。既加冠，益慕圣贤之道，又患无硕师、名人与游，尝趋百里外，从乡之先达执经叩问。先达德隆望尊，门人弟子填其室，未尝稍降辞色。余立侍左右，援疑质理，俯身倾耳以请。或遇其叱咄，色愈恭，礼愈至，不敢出一言以复。俟其欣悦，则又请焉。故余虽愚，卒获有所闻。

　　当余之从师也，负箧曳屣，行深山巨谷中。穷冬烈风，大雪深数尺，足肤皲裂而不知。至舍，四支僵劲不能动，媵人持汤沃灌，以衾拥覆，久而乃和。寓逆旅，主人日再食，无鲜肥滋味之享。同舍生皆被绮绣，戴朱缨宝饰之帽，腰白玉之环，左佩刀，右备容臭，烨然若神人。余则缊袍弊衣处其间，略无慕艳意，以中有足乐者，不知口体之奉不若人也。盖余之勤且艰若此。今虽耄老，未有所成，犹幸预君子之列，而承天子之宠光，缀公卿之后，日侍坐备顾问，四海亦谬称其氏名，况才之过于余者乎？

　　今诸生学于太学，县官日有廪稍之供，父母岁有裘葛之遗，无冻馁之患矣。坐大厦之下而诵诗书，无奔走之劳矣。有司业、博士为之师，未有问而不告、求而不得者也。凡所宜有之书，皆集于此，不必若余之手录、假诸人而后见也。其业有不精、德有不成者，非天质之卑，则心不若余之专耳，岂他人之过哉？东阳马生君则，在太学已二年，流辈甚称其贤。余朝京师，生以乡人子谒余，撰长书以为贽，辞甚畅达。与之论辩，言和而

色夷，自谓少时用心于学甚劳，是可谓善学者矣。其将归见其亲也，余故
道为学之难以告之。谓余勉乡人以学者，余之志也。诋我夸际遇之盛而骄
乡人者，岂知予者哉。

这篇文章的可贵之处，在于宋濂以平和的语调、生动的语言叙述自己年少
时勤学苦读的经历，没有居高临下的说教口吻，因而富有很强的感染力。

宋濂在入明后写的几则寓言，虽然对社会的批判没有入明前那么大胆直露，
但仍不失为寓言作品中的佳作。比如，《人虎说》通过一对夫妻假扮老虎杀人劫
货的故事，发出了"世之'人虎'，岂独民也哉"的感叹，其笔锋所指当是混迹
官场中的"人虎"！《猿说》通过描述猿母子生离死别的惨剧，发出了"嗟夫！
猿且知有母，不爱其死，况人也耶"的感叹，其笔锋所指当是《杜环小传》中
常伯章之流弃母不顾的畜生。《书斗鱼》通过描写波斯鱼好斗的习性，发出了
"哀哉！然予所哀者，岂独鱼也欤"的感叹，其笔锋所指当是那些嗜好争斗的人
类。《谕顽》通过犬能"御盗、诈奸、解难、报恩"的事例，来劝谕冥顽不化
的人。

与前期的文章相比，入明后，宋濂批判现实的文章大大减少，而且批判的
锋芒也大为减弱。比如后期写的寓言，仅仅是在末尾发一声感叹以示批判，这
与前期的大胆直露的批判迥然不同。而且，入明后，宋濂写了大量的歌颂朱元
璋和明王朝的文章，称这类文章为台阁之文未尝不可。另外，入明后，宋濂的
文章劝谕规谏的色彩较为浓厚，为文庄重典雅、深婉含蓄。

诗歌创作

宋濂在儿童时就显示出了作诗的天赋。刘基说宋濂"五岁能诗，九岁善属
文，当时号为神童"[①]。同门友郑涛说："初，先生在垂髫时即善吟，乡里老生

[①] 〔明〕刘基：《宋学士文粹序》，载〔明〕宋濂：《潜溪录》卷四，《宋濂全集》，第2504页。

有所赓咏，辄肆笔继其后，风翻雨驶，见者指为神童。"①学生郑楷在为宋濂所作的行状中称他"九岁为诗歌，有奇语，人异之，呼为神童"。此前谈到宋濂跟从启蒙老师包廷藻读书，"操觚赋诗，动辄十余首"，现存的古体诗《兰花篇》标注为他9岁时所写，七绝《读项羽本纪》标注为他14岁时所写。这都是宋濂在诗歌方面天赋异禀的明证。

此后，宋濂跟从老师吴莱读书，将所作的诗呈送给老师指教，吴莱一方面肯定了宋濂诗歌的过人之处，另一方面批评他尚未得其门而入。吴莱建议宋濂学诗要从《诗经》开始，分别学习风、雅、颂、赋、比、兴"六义"，且洞察其变化。对六朝、隋、唐以至宋代的诗歌，都要观摩学习，分别其异同。吴莱还就诗歌的字句、音调、风格、旨义等方面给予了具体的指导。郑涛《宋太史诗序》写道：

当是时，浦阳深袅吴公莱以能诗闻，盖吴公受诗于同里仙华山人方公凤。方公与粤谢君翱、括苍吴君思肖游。三君子皆以风雅相高，名重一时。若乡先达内翰柳公贯、侍讲黄公溍咸就学焉。吴公，方公孙女婿也。从幼随杖屦，而其所得于三君子者最深。先生年二十时，橐其所为诗往见之。吴公读已，谓先生曰："子欲应世用邪？则诸诗诚过人矣！若曰追辙古作，则未能窥其藩翰，况闾奥乎？"先生惊曰："何谓也？"吴公曰："学诗当本于《三百篇》，夙夜优柔餍饫，分别六义，察其变，参摩六朝、隋唐，迄乎宋季，以审其别。所谓察之句，观其气象，原其奥致，如权重轻，如分清浊，然后识精而见确，更加以深诣之功，日就月将，孜孜弗懈，始可以言诗也已矣。"②

宋濂经吴莱的这一番批评和指点，"不觉汗流浃背。于是悉焚其所为橐，一依吴公之命而致力焉"。在吴莱之后，宋濂又师事黄溍和柳贯，"及吴公既殁，

---

①② 〔明〕郑涛：《宋太史诗序》，载〔明〕宋濂：《萝山集》卷一，《宋濂全集》，黄灵庚编辑校点，人民文学出版社2014年版，第2318页。

先生复登柳、黄二公之门。二公之所传授，与吴公不异，先生益务刻深为之"。在大都任经筵检讨的郑涛，将宋濂的诗带到大都，呈送给京城馆阁的大佬们传阅，"翰林诸公莫不爱诵之"。"元诗四大家"之一的揭傒斯给予了很高的评价，说宋濂的诗"如宝鉴悬秋，随物应象，无毫末不类。及至其玄妙自得，即之非无，索之非有，莹彻玲珑，不可凑泊，足以映照古今矣"。宋濂对诗歌下了很大的苦功，但始终不满意。"二十年间，随作随焚，常有歉然不足之色"，他对同门友郑涛说："吾于诗极用功而殊不能精。譬之陟泰山，至中观，自谓已至也，而不知天关犹在云际。以此言之，其难于学文也，何翅十倍哉。"

虽然如此，宋濂还是一直坚持创作，在至正十二年至十三年（1352—1353），一度创作诗歌近120首，时宋濂四十三四岁。也就是在至正十三年冬十一月，宋濂的同门友郑涛将宋濂的诗结集为《萝山集》，并为其写了一篇《宋太史诗序》。宋濂的学生郑济在明洪武十年（1377）为刘基所选定的《宋学士文粹》作的《文粹后识》中说："先生平日著述颇多，其已刻行世者《潜溪集》四十卷，《萝山集》五卷，《龙门子》三卷，其未刻者《翰苑集》四十卷。"①可知宋濂的诗集《萝山集》五卷在明洪武十年前已有刻本行世。万历初，《萝山集》曾得以复刻。胡应麟《诗薮》外编卷六云："宋承旨诗五卷，世不甚传。万历初，喻邦相宰吾邑，雅意文献。得刻本，捐俸梓之。王长公柬余云：'闻方校太史集，此公何幸。第不免足下神瘁耳。'盖此集皆元作也。"②

《萝山集》虽经两次刊刻，但明、清两代，依然传播不广，具体表现在：一是宋濂的集子在明、清两代主要的刻本有明正德年间张绪刻的《宋学士文集》75卷、明嘉靖年间韩叔阳刻的《宋学士全集》33卷、清康熙年间傅旭元刻的《宋文宪公全集》30卷、清乾隆年间文渊阁《四库全书》抄《文宪集》32卷、清嘉庆年间严荣刻的《宋文宪公全集》53卷、清同治年间胡凤丹刻的《宋学士全集》32卷、清宣统年间孙锵刻的《宋文宪公集全集》83卷，均未见辑录《萝山集》。二是明、清两代能读到宋濂诗集的人甚少。譬如，正德十四年（1519），

---

① 〔明〕郑济：《文粹后识》，载〔明〕宋濂：《潜溪录》卷四，《宋濂全集》，第2505页。
② 〔明〕胡应麟：《诗薮》，上海古籍出版社1979年版，第240页。

任国子监司业的陆深说："潜溪宋先生景濂，开国文人第一。百五十年来，博学洽闻，未见其比也。深读先生文最早，诗则无从得焉。妄意先生于此，毋乃小有所让，抑亦昔人所谓难兼以长者。"①国子监司业之前，陆深曾任翰林院庶吉士、翰林院编修。"连陆深这样长期供职于翰林院、因承担修史任务而被称作'太史'、有丰富皇家藏书可供阅读和利用的人，也是长时间里读不到宋濂的诗，只是晚近才得到宋濂的诗集。一般人想要读到宋濂的诗集，难度可想而知。"②周明初教授考察明、清两代明诗选集选录宋濂诗歌的情况后得出结论："虽然宋濂的诗集可能迟至明末清初才在海内彻底失传，但正德、嘉靖以来的文人所能读到的诗歌，通常也只是《宋学士文集》《宋学士全集》中所收入的诗歌。"③

因为宋濂的诗集传播不广，明、清两代文人读到宋濂的诗有限，所以对宋濂诗歌有过评价的人不多，且评价也普遍不高。《盛明百家诗》编者俞宪云："学士诗文俱著，而文犹胜诗也。"④李腾鹏辑《皇明诗统》引述损斋的评价说："宋学士为文章首臣，然吟咏性情，独亚于诸公。盖天之生材，自不能兼全也。"⑤《明诗综》辑录明末朱士稚所说的："太史之文、舍人璲之书，评者以本朝第一目之。韵语则非所长，集虽多，不作可也。"在谈及明初的诗歌时，后人只是将刘基与高启相提并论，而不提宋濂。比如，王世贞说："迨于明兴……大约立赤帜者二家而已。才情之美，无过季迪；声气之雄，次及伯温（刘基）。"⑥四库馆臣说："其（刘基）诗沉郁顿挫，自成一家，足与高启相抗。"⑦

《萝山集》五卷刻本，现海内均未发现有藏。2011 年，任永安博士在《文学遗产》第一期上发表了《日本藏宋濂〈萝山集〉抄本考述》一文。始知日本

---

① 〔明〕陆深：《俨山文集》卷八十六，载四库提要著录丛书编纂委员会编：《四库提要著录丛书》集部第七十册，北京出版社 2010 年版，第 490 页。

②③ 周明初：《文学史上被遮蔽了的诗人——宋濂的诗歌创作及其文学史意义》，《社会科学战线》2019 年第 9 期。

④ 《明诗综》卷四。

⑤ 〔明〕李腾鹏：《皇明诗统》卷二，载中国国家图书馆编：《原国立北平图书馆甲库善本丛书》第九百六十二册，国家图书馆出版社 2013 年版，第 445—447 页。

⑥ 《艺苑卮言》卷五。

⑦ 《四库全书总目》卷一百六十九，中华书局 1965 年版，第 1465 页。

国立公文书馆藏有宋濂《萝山集》五卷抄本。此集卷首有宋濂同门友郑涛于元至正十三年（1353）冬十一月所作的诗序，收诗450余首。1999年12月浙江古籍出版社出版的《宋濂全集》，因日本藏的《萝山集》尚未披露，故佚诗甚多。2014年，人民文学出版社出版了黄灵庚教授新编《宋濂全集》，日藏《萝山集》五卷整理本始得收入。2020年1月，学苑出版社出版的方勇教授主编《浦江文献集成》收入了日本国立公文书馆和日本国会图书馆藏的《萝山集》抄本影印本。

黄灵庚教授新编的《宋濂全集》除收录《萝山集》5卷450首诗外，从历代刊刻的宋濂别集及集外之书辑得佚诗100余首，两者相加，共得500余首诗，这是现今看到的宋濂诗歌的全部。日藏的抄本《萝山集》五卷是否是刻本的《萝山集》五卷，目前尚不得而知。从现存的《萝山集》五卷来看，所收的诗是由宋濂两个阶段所写的诗构成，一是郑涛在元至正十六年（1356）十一月所编的诗歌集，收宋濂自幼时到元至正十六年十一月所创作的诗歌；二是宋濂从元至正十六年十一月至入明前所创作的诗歌（个别的有入明后所作诗），包含宋濂于至正二十年被征召至南京，在朱元璋政权下任职期间所写的诗歌。

从诗歌体裁来看，宋濂的诗歌以古体诗为主，近体诗量甚少。古体诗方面有乐府、歌行和四言、五言、六言、七言、杂言古诗，近体诗方面有五言、七言律诗和七言绝句，还有七言排律，可谓众体皆备。比如乐府诗之作，据任永安博士统计，"共八十一题一百九十七首"，几乎占了现存全部诗作的2/5。从诗歌题材来看，咏怀、咏物、怀古、纪游、赠别、题画、闺怨、唱和等各种传统题材皆有涉及。下面就宋濂诗歌的内容和艺术特点作一简要的分析。

一、描绘元末乡村的荒凉和百姓的疾苦

比如写于至正六年（1346）的《行路难》，主要写作者的所见所感。农村房屋的破败狭促、百姓和船工因饥饿和劳苦而身体变形、地方百伎的恶俗，使作者极度难受，深感不适。诗写道：

> 一室小如舟，偶值酒新熟。
>
> 主翁面如鬼，行步苦彳亍。

延坐白木床，发问极羞缩。

百钱买一斗，聊诳先生腹。

执筯未及饮，所睹甚怪促。

昂昂舶上丁，头缠布一幅。

两胫赤如染，俟食类饥鹄。

忽然来共席，迫我汗如沐……

少时凶悍徒，几欲寒破屋。

喧嚣呈百伎，丑恶难具录。

生平见未曾，五藏为反复。

瞠目久不语，情思殊隘廔。

晚入一窝卧，槁秸纷不束。

瓦穿星似筵，壁坏风如镞。

水车贴四畔，转足碍轮轴。

解装暂一息，何异树下宿。

又如，《饥厖行》写道：

长淮千里无尺瓦，白蒿满地高于马。

饥厖无主走西东，日啖乱尸肥似熊。

草窟春深犬生子，数百为群来狉狉。

逐獐磔兔到行人，白日黯淡愁云屯。

举头问天天若漆，忍使生灵作枯骨。

愿泻银河洗甲兵，甲兵用时日东没。

元末连年的战争，使得社会动荡、民不聊生。千里长淮，荒无人烟，饿殍遍野，白蒿满地。无主野犬东西奔走，成群结队，以死尸为食，吃得膘肥似熊，甚至危及行人的生命。宋濂叩问苍天，不忍生灵化作枯骨。希望银河尽洗甲兵，早日结束战争。

二、抒发思念家乡和亲友之情

这类诗有《别义门》《家书至》《得外弟书却寄》《忆在乡日泛舟蹑屐以纵游览杂赋十首今追记其四》《病起酬郑贤良渊》《和王内翰见怀韵并序》《俚咏寄郑山长叔侄追述严陵别意》《长相思》《旅中久不见兰隶人王裳忽买一丛置土铫中雍其本沃以甘泉芬烈殊甚因忆在家日寻兰怅然怀友》《怀张山长》《忆与刘伯温章三益叶景渊三君子同上江表五六年间人事离合不齐而景渊已作土中人矣慨然有赋》等。比如，《别义门》写道：

> 平生无别念，念念只麟溪。
>
> 生则长相思，死当复来归。

宋濂的这首诗看似平淡，实则充满了浓浓的感伤意味。宋濂是一个有远大志向和抱负的人，希望通过自己的才学，实现齐家治国平天下的愿望。然而，元末的动乱、吏治的腐败和科考的失败，使他对元朝彻底失去信心。命运使他与朱元璋联系在了一起。他与刘基等浙东文人合力协助朱元璋，平定了天下，推翻了元朝的统治，建立了大明王朝。宋濂很希望将朱元璋引导成为一个像唐太宗这样的明君，建立像"贞观之治"那样的丰功伟绩。然而，朱元璋一当上开国皇帝就"变脸"，动辄猜忌，肆意杀人，大批文人死于非命。宋濂小心侍奉，明哲保身，终于得以完首而归。宋濂怎么也没想到，在他退休后的第三年，因为他的孙子宋慎牵涉胡惟庸案而举家遭难。他在朝做官的儿子宋璲、孙子宋慎都被处死，他自己也差点被杀，后因马皇后和太子一再求情，他被流放至四川茂州安置，最后死于四川夔州。

此诗写于宋濂临死的前一年，他即将离开南京，动身前往茂州。宋濂将遗稿画像托付给自己的郑义门弟子郑柏，并留下了这首诗来告别。麟溪是金华浦江郑义门附近的一条小溪，宋濂26岁那年，老师吴莱辞去浦江郑氏义门授经的职务后，举荐宋濂前来接替自己的位置。郑氏是浦江一个庞大的家族，自宋代郑湜以来，已有九世同居。在崇尚孝悌人伦的儒家文人看来，这是多么了不起的同堂！宋濂来到浦江执教，一教就是十多年。41岁那年，宋濂索性将金华的家迁到了浦江。在朱元璋的军队于至正十八年（1358）攻入婺州之前，宋濂有约20年的时间都是在浦江度过。郑氏义门淳朴敦彝的古风令他由衷钦慕，浦阳江畔的山山水水令他无限陶醉，师友们的音容笑貌令他时时回味；这里有他谆谆教诲过的学生，这里刊刻过他的第一部文集《潜溪集》，这里还诞生过他闪烁智慧光芒的《龙门子凝道记》和《诸子辩》。宋濂在生离死别之际写的这首诗，宣告了宋濂对朱元璋和大明王朝的彻底失望，表达了对家乡山水的深切怀念！

三、用诗歌的形式书写历史人物和历史故事

这类诗歌有《义侠歌》《秦宫谣》《越女谣》《读唐玄宗遗事效曹词部》《龙阳君行》《黄公厌虎行》《韩朋行》等。宋濂的这类诗歌，大多有出处。比如，《龙阳君行》出自《战国策·魏策》中魏王与龙阳君同船而钓的故事，《黄公厌虎行》出自《西京杂记》中东海黄公的故事，《韩朋行》出自《搜神记》中韩凭妻的故事，《义侠歌》出自洪迈《夷坚志》中的《侠妇人》。

这里以《义侠歌》为例。此诗旁注"效白乐天体"，显然是模仿白居易的长篇叙事诗《长恨歌》来写的。全诗168句，较《长恨歌》增加了48句。诗歌主要叙述北宋宣和六年（1124）进士、德兴人董国度，在山东胶水做小官，因金朝背弃盟约，侵犯宋朝，中原大片地区国土沦陷，董国度身陷敌占区，隐姓埋名，寄寓在旅店主人家里。主人见他贫穷，为他买了一个妾。这个小妾性聪慧，有姿色，见董国度贫穷，便尽力操持，家室日益富饶。但董国度还是整日郁郁寡欢，闷闷不乐。小妾再三询问后得知丈夫是南方人，家有白发双亲，不知生死。小妾于是找来她的哥哥，哥哥冒着危险，突破关卡，护送董国度安然回归故里，与父母和原先南方的妻儿团聚。一年后，小妾在哥哥的护送下，也到了董国度家里。但董国度嫡妻余氏是个悍妇，对董氏这个北方的妾朝打暮骂，董国度也无可奈何。最后，这个妾不堪忍受余氏的虐待，不告而别。诗歌以董国度的滞留和南归为线索，塑造了一个美丽、聪慧且有谋略胆识的侠女形象。比如，在丈夫南归临别之际，妾说：

卿先随兄去，不必怀战兢。

妾有自制袍，赠卿意盈盈。

　　兄或持金赠，示之辞弗承。

　　仓黄别就道，有涕如悬缨。

　　从后文可知，小妾将她亲制的棉袍送给丈夫并告诫他不要接受哥哥的赠金，都是有用意的。因为棉袍里缝藏着金箔，而不接受哥哥的赠金，是让她哥哥北归后，不能以无钱为借口，不带她南下与丈夫团聚。所以，哥哥在赠金遭董国度拒收后，明白妹妹的心思，"吾妹实豪英"，哥哥不得不佩服妹妹谋事的周全。

　　历陈太夫人，年已近耄龄。

　　赤手得返国，何以娱其情。

　　黄金二佰两，卿当置诸籝。

　　卿谢不敢受，客竟委之行。

　　卿追至门外，举袍若悬旌。

　　客骇且大笑，吾妹实豪英。

　　对比洪迈《夷坚志》中的《侠妇人》，故事情节基本上是一致的，有差异的地方主要在结尾。《侠妇人》的结尾是：

　　秦丞相与董有同陷虏之旧，为追叙向来岁月，改京秩干办，诸军审计，才数月卒。秦令其母汪氏哀诉于朝，自宣教郎特赠朝奉郎，而官其子仲堪者，时绍兴十年三月云。[①]

　　也就是说，董国度因为与臣相秦桧的关系，被安排了一个京城干办的职务。不久，因为军中审计，董国度没几个月就死了。死后，赠朝奉郎，儿子荫庇得官。在《侠妇人》中，没有提及董国度的妻子余氏，更无余氏虐待小妾，迫使小妾出走的情节。宋濂诗歌结尾余氏虐待小妾致其出走的情节，有可能有所本，

---

　　① 〔南宋〕洪迈：《夷坚志·乙志》卷一，清影宋抄本。

也有可能是他杜撰。宋黄震《黄氏日抄》卷六十七云："董国度陷虏，得妇人力归而负之，奇祸死。公疑其为剑侠。"黄震认为董国度的死，是他忘恩负义而得到的报应。黄震认为洪迈视这个女子为剑侠。宋濂《义侠歌》，虽然没有写董国度的死，但诗歌末尾写道："吾闻古义侠，史册每足徵。受恩能尽死，义重身则轻。未必识书传，文华耀晶荧。卿为名进士，岂不读圣经。奈何负恩义，犬豕羞为朋。追述义侠歌，读者当服膺。"可见，宋濂在讴歌侠女美好品德的同时，无疑对董国度和余氏这种忘恩负义的行为给予了强烈的谴责。

四、描写男女情思和婚恋

这类诗歌有《春愁曲》《春夜辞》《秋千辞》《越歌约杨推官同赋八首》《古意》《艳阳词二十首效唐人体》《子夜歌十二首》《祷江神辞》《遗所思三首》《凉夜曲》《鸳鸯离》等。宋濂更多的是以一个理学家的身份呈现在人们面前的，但阅读宋濂这一类诗，我们看到了宋濂内心柔情似水的一面，这类诗应该是宋濂年轻或壮年时的作品。这些诗歌主要以古乐府或竹枝词的形式来呈现。比如，《春愁曲》写道：

> 妾貌如花娇蕊蕊，妾若比花妾能语。
> 不识春风肠断情，黄金英铸相思泪。
> 前年误身白袷郎，兰舟三月下衡湘。
> 洞庭波寒木叶下，羞上九疑寻帝子。
> 双泪如何向东注，贞白不将死何暮。
> 莫言死后啼眼干，髑髅犹盛秋露寒。

这首诗是对《九歌·湘夫人》的改写。通过描写湘水女神湘夫人与男神湘君的爱恋，来呈现人间纯粹真挚的爱情。

又如，宋濂的两组《寄远曲》都是闺怨之词。其中一组见下：

> 泪尽愁难尽，燕飐人未归。遥知君念妾，似妾忆君时。其一。
> 忧心不可写，天际望飐舟。江长望不极，更上一层楼。其二。

妾有五字诗，寄君君勿忘。十朝成一字，字字九回肠。其三。

关河劳梦魂，欲见杳难凭。照君文绮帐，相近不如灯。其四。

这组《寄远曲》四首诗，主要写闺中女子对远行在外的夫君的思念之情。另一组《寄远曲》写道：

泰山有孤云，上下东西飞。郎心酷似之，朝暮无定期。若谓妾心有改移，请看庭前豆蔻枝。

郎若为河水，妾作红鲤鱼。郎若为园花，妾作黄蜂飞。黄蜂无花不得乳，河水一干红鲤死。

这组《寄远曲》中，前一首诗将男子比成泰山的孤云，朝暮无定期，而女子则如豆蔻枝，即便枯死，也永不改移，从而衬托出女子对爱情的坚贞。后一首诗通过河水与红鲤鱼、园花与黄蜂比喻男女的爱情，生死相依，永不分离，也写出了女子对爱情的坚贞态度。

再如，《秋千辞》云："二八女郎貌婵娟，杏花阴里竞秋千。同心锦带刺石莲，逢人学系剪刀钱，却妒鸳鸯沙上眠。"诗句写出了少女情窦初开时的情状。《祷江神辞》云："妾夜愁，妾夜愁，愁白少年头。无衣不知寒，无食不知饥。夫君戍交河，不返五春秋。江神傥有灵，一一听妾词。夫君不可求，弱羽沉□湫。夫君若可求，铁石为之浮。"诗中写闺中女子因夫君五年未归，愁白少年头。她祈祷江神保佑夫君平安，早日归来。诗末的祷词，令人读之心痛。

《越歌约杨推官同赋八首》是宋濂约杨维祯唱和的竹枝词，杨维祯是宋濂的前辈，又是东南沿海一带文坛的领袖，经杨维祯倡导，一时唱和者甚众。后人将杨维祯等人的竹枝词汇编成集，名曰《西湖竹枝词》。宋濂的《越歌约杨推官同赋八首》主要写男女情思，如：

劝郎莫食鉴湖鱼，劝郎莫弃别时衣。湖中鲤鱼好寄信，别时衣有万条丝。

恋郎思郎非一朝，好似并州花剪刀。一股在南一股北，几时裁得合欢袍。

越王台下是侬家，一尺龙梭学织纱。愿郎莫栽梨子树，遮却房前夜合花。

溪头送郎上兰舟，独宿春风燕子楼。溪水有时干到底，不如侬泪四时流。

宋濂的竹枝词，语言清新自然，明白晓畅，富有生活气息。宋濂从具体的物象入手，通过比喻、对比、衬托等手法，写出女子对美好生活的向往、对坚贞爱情的执着追求。

除以上四种内容外，宋濂的诗歌还有写景、题画、论学等不同的内容，限于篇幅，这里不再一一展开。从诗歌的美学追求来说，宋濂上追汉魏六朝，下学唐宋，将更多的精力致力于古体诗创作，近体诗存者寥寥。古体诗中，尤以古乐府数量最多，"共八十一题一百九十七首，与刘基、高启等人的乐府诗数量相当"①。周明初教授认为宋濂着意于古体诗的创作，近体诗数量少，不符合唐宋以来人们阅读欣赏习惯形成的定势，"这种情况下，元末的宋濂以及吴莱、杨维桢等师友选择古体诗作为创作的主要体裁，实在是有违于诗歌创作的总体趋势"。但不管如何，《萝山集》的出现，大大改变了我们对宋濂固有的看法，消除了明清一些诗评家对宋濂诗歌成就评价过低的偏见。在元末明初的诗坛上，宋濂的诗歌创作，无疑占有重要的地位。当然，由于宋濂对诗歌创作的要求过高，随作随弃，加上入明后繁忙的翰林院工作和文章写作占用了他大量的时间精力，他不能有太多的时间致力于诗歌的创作，现存500余首诗还不能支撑起一个伟大诗人的形象，这是宋濂的局限。

①任永安：《日本藏宋濂〈萝山集〉抄本考述》，《文学遗产》2011年第1期。

第九章　地位影响

一生述评

考察宋濂的一生，我们可得出如下结论：

第一，宋濂出生的家庭环境、婺州浓厚的儒学风气对宋濂思想和人格的形成产生了重要的影响。虽然宋濂没有像同郡朋友王袆、苏伯衡那样有着"爵禄道德，联蝉奕叶"的荣显世系，没有像许元、吴沉那样有着直接的家学传授，但宋濂五世祖以上一连七世的"巨儒"的谱系，一再成为祖父和父亲勉励宋濂日后光宗耀祖的口头教材。四世祖以下，家学有些衰微，但祖上那种宽厚好施、忠信无欺、崇儒尚德的品格依然代代相传。在宋濂四五岁的时候，祖父宋守富就谆谆告诫宋濂要像他的祖辈们一样做一个正直善良的人。父亲"雅志诗书"，颇有"隐德"，母亲"鬻簪珥使从名师儒游"。所有这些，对宋濂幼小的心灵都产生了深刻的影响。

宋元以来，婺州名儒接踵，人文荟萃，赢得了"小邹鲁"和"东南文献之邦"的美誉。宋乾淳年间，金华的吕祖谦、唐仲友，永康的陈亮，各以所创之性理之学、经制之学和事功之学被称为婺学的三巨头。朱熹的嫡传在婺州，由"金华四先生"何基、王柏、金履祥和许谦所传的朱子之学，被朝廷视为理学的正宗。元移宋鼎，故宋遗民浦江方凤与浦城谢翱、永康吴思齐赓和于残山剩水间，高标节义风行，慷慨激烈，一时学者都指授为文辞。三人主教浦江之月泉吟社，以举办的一次诗歌大赛，引得周边地区诗人翕然从之者千数。有元一代，有所谓"儒林四杰"或"文章四大家"，婺州独占其二，即浦江柳贯、义乌黄溍，更有吴莱"在元人中屹然负词宗之目"①。宋濂自幼受乡学濡染，远窥吕、朱、陈、唐等人之学，近得闻人、柳、黄、吴诸人之教，卓然成为一代儒学和文章大家。

第二，除家庭和乡学的影响外，宋濂超乎常人的好学精神和毅力也是他走向成功的必要条件。哪里有大儒，哪里就有宋濂的身影。师事闻人梦吉、黄溍、柳贯、吴莱等大儒自不必说，像金华的许谦、处州的郑原善以及东阳的陈樵、胡助，他都曾前去拜访求教，即便是偶然路过婺州的大儒余阙，他也不放过机会去求见。此外，东明山、青萝山、龙门山、仙华山、勾无山都见证过宋濂的冥思和苦读。"每假借于藏书之家，手自笔录，计日以还"，"或遇其叱咄，色愈恭，礼愈至，不敢出一言以复。俟其欣悦，则又请焉"，"穷冬烈风，大雪深数尺，足肤皲裂而不知"，宋濂在《送东阳马生序》中所叙其贫寒苦读的求学情景，虽寥寥几笔，却令我们对这位有志青年肃然起敬。宋濂的《送东阳马生序》过去教育了一代又一代的有志青年，相信今天乃至将来仍具有极好的教育意义。

第三，宋濂对元朝存过幻想，但出于种种原因，又对元朝失去了信心，以致最终拒绝了翰林院编修的征聘。元代中后期，废止几十年之久的科举得到恢复，儒学渐渐上升为官学，这一切无疑给天下痛苦不堪的汉族知识分子带来一线希望。然而，接连不断的宫廷事变、皇帝的荒淫无度、上层官僚的倾轧争斗、下层官吏的压榨盘剥，以及固有的民族压迫政策，使得元朝经济崩溃、社会动荡、民不聊生。虽然宋濂的师友都曾在元朝做官，但一次次科举考试的失利以及对元朝的失望，使他最终拒绝了来自老师黄溍僚友危素举荐的翰林院编修的征聘。至正十一年（1351）由韩山童领导的红巾军大起义，开始敲响元朝灭亡的丧钟。之后，各地起义此起彼伏，愈演愈烈，相继出现了刘福通、张士诚、陈友谅、方国珍、朱元璋、明玉珍等军事集团和政权。正逢动乱年代的宋濂，该何去何从，他在思想上着实经过了一番艰苦的斗争。

---

① 《四库全书总目》。

第四，由于特殊的机遇，宋濂的命运紧紧地与朱元璋及他的政权联系在了一起。宋濂是一个极有个性、思想丰富、感情细腻而又富于社会责任感和使命感的文人。他辞去元朝翰林院编修的征聘后，入仙华山为道士。然而，"攒眉入山林，已失山林性"，动乱的社会、苦难的百姓，使得宋濂无法平心静气地呼吸吐纳，他不能忘怀斯世，内心无时无刻不想着黎民百姓。《龙门子凝道记》真实地披露了宋濂仕与不仕的矛盾心态，表达了他要由礼而仕的执着态度，同时以寓言的形式对元朝的弊政和社会的不良风气进行了尖锐的批判和辛辣的讽刺。而《调息解》反映了其道家思想最终让位于儒家思想的转变过程。

特殊的机遇和命运让宋濂与朱元璋联系在一起。朱元璋是一个原本一无所有的皖北农民，内心深处有着强烈的自卑，因而有着近似变态的猜忌心理。宋濂与他的友人在辅佐朱元璋攻取天下、建立大明政权的道路上付出了极大的努力。然而，朱元璋当上皇帝后，便大搞特务活动，对文人采取了有意识的打击，宋濂的许多朋友都因此死于非命。在这种高压的生存条件下，如何保全自己，如何使天下的文人和百姓不致遭殃，如何小心翼翼地引导这位暴君，着实令宋濂煞费苦心。

从动乱的年代过来，宋濂特别珍惜和平的环境，因此对朱元璋的功绩尽可能地予以歌颂，宋濂经常有意拿朱元璋与唐太宗相比，不是说朱元璋如何了不得，宋濂实在是想提醒朱元璋向唐太宗学习，让他真正成为一个万世称颂的贤明君主。朱元璋对宋濂的诚实无欺、忠心不二、博学多识、妙笔美文甚是赞赏，故经常写诗撰文称道宋濂，以致对宋濂产生了如同儿子对父亲般的精神依恋，虽然他也极力想摆脱宋濂的思想驾驭，以致时不时要说一些宋濂的不足之处以达到内心的满足。但是，朱元璋最终还是辜负了宋濂的一片苦心和满怀的期待！这位多疑的暴君最后处死了宋濂的儿子、孙子，若不是马皇后和太子求救，他还要处死宋濂。

第五，宋濂温良的性格、菩萨的心肠与友人刘基、张丁、王祎等刚直狷介的性格形成了鲜明的对照。宋濂说："阴阳相摩，昼夜相环，善恶相形，枭凤相峙，粱藜相茂，势也，亦理也。君子欲尽绝小人，得乎哉？"宋濂认为小人有小人存在的理由，要斩尽杀绝小人是不可能的。宋濂好佛，故他常常以一种菩萨的心肠看待人事和社会。从儒家的修养来说，用“温、良、恭、俭、让”几个字评价宋濂的为人也是毫不为过的。因此，宋濂对他人尽可能地宽容，尽可能地看到他人闪光的地方。比如，对于杨维祯，宋濂僚友王彝斥他为“文妖”，而宋濂则为他作墓铭，对他的文名和成就作了实事求是的评价。《明史》宋濂本传称“濂性诚谨，官内庭久，未尝讦人过。所居室，署曰温树。客问禁中语，即指示之”。宋濂自署曰“温树”，一方面表明了明初严酷的生存环境使宋濂不得不采取明哲保身的处世态度，另一方面也是宋濂的性格使然。

与宋濂温和的性格不同，刘基、张孟兼、王祎性格刚直，疾恶如仇，眼里容不得沙子。刘基得罪胡惟庸，被他下毒药而死。张孟兼去山西任按察副使，宋濂为其作《送部使者张君之官山西宪府序》云：“鸷鸟之扬扬，不如威凤之灖灖。狻猊之疆疆，不如祥麟之容容。刑法之堂堂，不如德化之雍雍。人不务德则已，苟有德焉，又何憸壬之不革行哉？憸壬革行，正气之复，正道之行也。”意思是希望张孟兼执法时多一点人性化，少施严刑峻法。但张孟兼最后没有接受宋濂的建议，落得被弃市的命运。不仅如此，朱元璋还撰文将张孟兼大骂一通。王祎性格也很直，他年轻时在元都，为书七八千言上时宰，就因“其言切直”而不予置理。为起居注期间，其直言不讳，就深为胡惟庸所忌。洪武元年（1368），他写《祈天永命》，更以直言敢谏而声震朝野。在修完《元史》后，他就被胡惟庸远遣至西北边陲去招谕吐蕃，以致最后惨死云南。固然，宋濂的结局也不好，但像宋濂那样谦和温良、宽和谨慎的人也不得善终，这个中原因只能归于那个时代君主的残暴和政治环境的恶劣。

地位影响

一、思想文化方面

宋元以来，儒、释、道有合流的趋势，有所谓“以佛治心，以道治身，以儒治世”[①]。但具体到某个人，则有畸轻畸重之别。比如宋代苏轼，集儒、释、

① 《三教平心论》卷上。

道思想于一身，然观其诗文，道家思想更占上风。宋濂则不同，虽然他有"佞佛"之名，但他内心深处还是儒家入世的态度、民本的思想占主导地位。宋濂好佛，是因为他认为佛家可以导人为善，可以明心见性，可以扶翊王纲。因此，宋濂在前人的基础上，用佛学的"心学"观点阐释"六经"，这是他有别于同时代诸多学者的特别之处。对于道家，宋濂右老子，斥庄子，一度有出世思想。在现实生活中，他与道士也往来友好。宋濂的《七儒解》表明他更崇尚"道德之儒"，同时也表明了他把其他六儒看成是同一儒学内部的不同存在。宋濂认为理学的不同派别只有"醇疵得失"的差别，并非截然对立。比如，在《跋东莱止斋与龙川尺牍后》中，他对陈亮、陈傅良和吕祖谦信件往来、友好切磋的学风不胜欣羡，对他们的行事表示不敢"轻议"。但是，对于朱熹的一些轻率的议论，他则不指名地给予了批评。因此，从宋濂"整个思想体系着眼，其实他已在理学内部，沟通了朱、陆的心、理之争；在儒学范围内，沟通了理学（心性）与反理学（事功）的朱、陈之辩；而在整个学术上，又将儒、佛、道三家沟通起来。出于在这三个层面上的沟通，形成了融汇众学的宏大气象"①。郭绍虞评宋濂之学"虽不如宋儒所辨之精，却比宋儒所见为大"②。可谓高明之论。

在政治文化上，宋濂对明初的政治、文化建设作出了重要的贡献。宋元以来，婺州是全国的理学中心，元朝中后期，理学上升为官学，由于朱熹的嫡传在婺州，婺州更成为全国瞩目的地方。朱元璋攻下婺州后，宋濂、王祎、许元、吴沉等婺州精英纷纷被征至朱元璋的幕下，以后又成为朱元璋安邦定国的重臣，理学由于"君臣遇合"的特殊关系，得到了最大限度的传播和实践。宋濂作为"开国文臣之首"，对明初政治、文化建设所作的贡献尤为巨大。编修《大明日历》《皇明宝训》《大明律》《洪武圣政记》《洪武正韵》《孝慈录》等典册书籍，裁定礼乐、撰写功臣碑铭等，这对于稳定社会、维持秩序、收拢民心、实施教化都起到了不可估量的作用。当然，我们也应该看到，理学由于其自身的局限性，在明代相当长的一个时期内，对文学、艺术及人心也产生了负面的影响。

---

① 本书稿审定者之语。

② 郭绍虞：《中国文学批评史》，百花文艺出版社1999年版，第130页。

这种负面影响,不能一概归到宋濂的头上,因为宋濂身后所发生的种种历史现象也不一定就是他所想看到的。

二、史学方面

宋濂早年从吴莱、黄溍等游学时,即研习《春秋》《史记》《汉书》等史书,立志要做一个史官。此后撰写的《浦阳人物记》、总纂的《元史》及众多的人物传记、碑铭,便是他在史学上的具体实践。

《浦阳人物记》虽然为一邑之史,但在当时及后世均有很高的评价,如郑涛称是书"其文奋迅而感慨,微婉而精深,有类欧阳文忠《五代史记》之作,非抱良史材者能之乎"①。欧阳玄作序,称其书"不以一毫喜愠之私而为予夺,何其至公而甚当也"②。四库馆臣称"盖濂本以文章名世,故所作皆具有史法"③。这些都表明宋濂是深具史学功力的。

《元史》涉及100余年的历史,但前后编纂才用了13个月,这在中国史书的编纂史上是绝无仅有的奇迹!这充分显示了宋濂作为史学家的史学功力和作为总裁的领导能力。当然,由于成书仓促,资料不足,文出众手,是书不免存在许多遗漏和舛误之处,这一点颇为后人所诟病。比如,清代史学家赵翼说:"明初修《元史》,两次设局,不过一年,毋怪乎草率荒谬,为史家最劣也。"④《四库全书总目》于《元史》条提要云:"书始颁行,纷纷然已多窃议。迨后来递相考证,纰漏弥彰。顾炎武《日知录》摘其赵孟頫诸传,备书上世赠官,仍志铭之文,不知芟削。《河渠志》言耿参政,《祭祀志》言田司徒,引案牍之语,失于剪裁。朱彝尊《曝书亭集》又谓其急于成书,故前后复出。因举其一人两传者,条其篇目,为仓猝失检之病。"又云:"今观是书,三公宰相,分为两表;《礼乐》合为一志,又分《祭祀》《舆服》为两志。《列传》则先及《释老》,次以《方技》,皆不合前史遗规。而删除《艺文》一志,收入《列传》之中,遂使无传之人,所著皆不可考,尤为乖迕。又《帝纪》则定宗以后、宪宗以前,阙

① 《宋濂全集》,第2474页。
② 《宋濂全集》,第2473页。
③ 《四库全书总目·浦阳人物记提要》。
④ 《廿二史札记》卷一。

载者三年，未必《实录》之中竟无一事，其为漏落显然。至于《姚燧传》中述其论文之语，殆不可晓。证以《元文类》，则引其《送畅纯甫序》，而互易其问答之辞，殊为颠倒。"

对于《元史》的谬误，清人钱大昕作《廿二史考异》、汪祖辉作《元史本证》，两书对上述谬误都作了较系统的证误工作，"其中《元史本证》共有8700余条，即《证误》1800余条，《证遗》1000余条，《证名》900余条"①。《元史》存在那么多的谬误，《四库全书总目》认为"非尽濂等之过矣"，故对《元史》的优点，《四库全书总目》也作了实事求是的肯定："若夫《历志》载许衡、郭守敬之《历经》，李谦之《历议》，而并及《庚午元历》之未尝颁用者，以证其异同。《地理志》附载潘昂霄《河源考》，而取朱思本所译梵字图书，分注于下。《河渠志》则北水兼及于卢沟河、御河，南水兼及于盐官海塘、龙山河道，并详其缮浚之宜，未尝不可为考古之证。读者参以诸书而节取其所长可也。"

著名的元史专家邱树森先生说"明洪武初编纂而成的《元史》，是一部用时很短而史料价值极高的官修正史"②，"明清以来重修《元史》者不乏其人，但从史料价值来说，都不能取代原书"③，这是中肯的评价。

三、文学方面

宋濂的文名在元时就已经赫然在外。老师吴莱、柳贯、黄溍，乡达胡助对宋濂的奖誉自不待说，而欧阳玄、陈旅、杨维祯等文坛大佬都为宋濂的文集作过序，推崇备至，赞赏有加。

入明后，朝廷的祀典、重要的诏诰、元勋臣卿的碑石记刻大多出于宋濂之手，士大夫、方外之士也以得其文为荣，高丽、日本、安南等国的使者出重金购其文集。朱元璋多次称宋濂为"文臣之首"。刘基"负气甚豪，恒不可一世士"，但面对好友宋濂，他则甘居第二。他说道："当今文章第一，舆论所属，

① 邱树森：《元史评介》，载仓修良主编：《中国史学名著评介》第二卷，山东教育出版社1990年版，第237页。

② 邱树森：《元史评介》，载仓修良主编：《中国史学名著评介》第二卷，山东教育出版社1990年版，第223页。

③ 邱树森：《元史评介》，载仓修良主编：《中国史学名著评介》第二卷，山东教育出版社1990年版，第243页。

实在翰林学士臣濂，华夷无间言者。"①

宋濂不仅在世时文名籍甚，卒后依然获得很高的评价。明代戏曲家汤显祖说："我朝文字，宋学士（宋濂）而止。方逊志（孝孺）已弱。李梦阳而下至琅琊（王世贞），气力强弱巨细不同，等赝文尔。"②清代《四库全书》馆臣将宋濂的文与刘基的诗进行比较，其中有云："观二家之集，濂文雍容浑穆，如天闲良骥，鱼鱼雅雅，自中节度。基文神锋四出，如千金骏足，飞腾飘瞥，蓦涧注坡。虽皆极天下之选，而以德以力，则略有间矣。"③

不过，对于宋濂的文章，后人也有批评，或在批评中加以肯定。比如，清人毛先舒谓宋濂之文"理虽大醇，而体稍失于平衍"④。清人邵长蘅云："潜溪文有根柢，故能不规模《史》、《汉》、欧、曾，自成杼轴。虽其牵率于应酬，病冗病俗，往往而有；要不失为大家。余尝谓明代名能文章亡虑数十家，文之工者不乏；正苦根柢浅薄。求其贯穿四库之书而粹然一本于六经，不得不推潜溪。"⑤民国学者钱基博评宋濂的文章云："（宋濂）为文章醇深演迤而乏裁剪之功；体流沿而不返，词枝蔓而不修，此其短也！吴莱恃气纵横，笔情闳肆；论者谓他人患其浅陋，而莱独患其宏博！濂则得法于莱，而以才多为累，亦与同讥。惟莱雄崒矫举而失之矜张，濂则敷腴朗畅而不免冗芜，顾笔力遒足以自振，故不以冗芜为病。"⑥

文品即人品，宋濂的文章之所以能传诸久远，除文章本身的因素外，更重要的原因还在于宋濂学识广博，人格高尚，胸襟洒落。宋濂入明后，处在庙堂之上，尚能关怀社会底层小人物的命运，为李歌、杜环、李疑等小人物作传，赞扬他们身上闪光的美德，一个封建士大夫能做到这一点，委实不易。宋濂的诗歌创作，明清以来评价不高，主要的原因是宋濂的诗集《萝山集》五卷传播不广，历代的宋濂别集刊刻均未将其辑入，刻本和抄本在国内均无藏。直到

① 〔明〕宋濂：《跋张孟兼文稿序后》，载《宋濂全集》，第1161页。
② 〔明〕汤显祖：《答张梦泽》，载《汤显祖全集》，北京古籍出版社1999年版，第1450页。
③ 《四库全书总目提要·宋学士全集提要》。
④ 〔清〕毛先舒：《巽书·答文体策》。
⑤ 《书宋学士集后》，《青门簏稿》卷十一。
⑥ 《明代文学史》，商务印书馆1934年版，第4页。

2011年任永安博士撰文披露日本藏有《萝山集》五卷抄本后，新发现的宋濂诗歌才引起学界的关注。而《萝山集》五卷抄本的发现，大大改变了我们对宋濂诗歌的固有看法，明清对宋濂诗歌过低的评价应予以纠正。从宋濂现存的500余首诗歌的内容和艺术成就来考察，宋濂的诗歌在元末明初的文坛上无疑占有重要的地位。

大事年表

1310年（元武宗至大三年）　1岁

十月三日（公历11月4日）宋濂生。

1313年（元仁宗皇庆二年）　4岁

生未五龄，百疢交攻。见《太乙玄征记》。

1314年（元仁宗延祐元年）　5岁

四五岁时，常坐祖父膝上，祖父爱怜之，并教以为善之言。见《先大父府君神道表》。

1315年（元仁宗延祐二年）　6岁

始入小学。其师包廷藻，字文叔，号南涧子。

〔按：宋濂从包廷藻学，一记为6岁时（其友人郑涛记），一记为12岁时（自记），似应以宋濂自记为准。今一并系于此，以俟博雅君子详考。〕

1316年（元仁宗延祐三年）　7岁

善属文。

1318年（元仁宗延祐五年） 9岁

颇能作诗，义乌贾伯达爱其才，以女许之。今存《兰花篇》一诗为是年所作。

1323年（元英宗至治三年） 14岁

作《读项羽本纪》诗。

1324年（元泰定帝泰定元年） 15岁

里人张继之见宋濂善记诵，劝其父择名师教之。

1326年（元泰定帝泰定三年） 17岁

自言十七八岁时，以古文辞为事。见《赠梁建中序》。

1327年（元泰定帝泰定四年） 18岁

闭户读书，数月不出。

1328年（元泰定帝泰定五年/元文宗天历元年） 19岁

宋濂受经于金华人闻人梦吉（1293—1362）。同门者楼士宝（彦珍）、王柽（德润）、贾思诚、姜焴等。

约是年，至义乌伏龙山见千岩禅师，相与诘难数千言，不契而退。

约是年，胡翰来宋濂家。

1329年（元文宗天历二年） 20岁

弱龄时，从黄溍学为文。

20岁时，以文名四方。

1330年（元文宗天历三年/元文宗至顺元年） 21岁

或于是年至东阳南溪从游三衢方先生，方为许谦弟子。识东阳蒋允升

（季高）。

春，作《阳翟新声同朱定甫赋》诗。

再往伏龙山见千岩禅师。作《鲜支花同千岩禅师赋》。

1332年（元文宗至顺三年）　23岁

娶贾专为妻，专时年22岁。

吴莱阐教诸暨之白门，濂裹粮相从。同门者义乌楼士宝（彦珍）、浦江宣嵒（彦昭）、郑深（浚常）、郑涛（仲舒）、陈璋（子章）、胡翰（仲申）、陈士贞（彦正）。从吴莱处闻李耆之学术渊源。

宋濂乡试落榜，见《浦江戴府君墓志铭》。

1333年（元文宗至顺四年/元顺帝元统元年）　24岁

或于是年至东阳太霞洞谒陈樵（君采），受其说以归。识陈樵弟子吴中（子善）。见《元隐君子东阳陈公先生鹿皮子墓志铭》《吴子善墓铭》。今存陈樵《答宋景濂书》一封。

十月二十七日，著《悲海东辞》，为玉山郑原善作。原善字复初，为宋濂取名者。

或是年，吴莱作《送宋景濂楼彦珍二生归里》。

长子瓒生。瓒字仲珪。是年有礼部试。

1334年（元顺帝元统二年）　25岁

谒柳贯于浦江私第。

1335年（元顺帝重纪至元元年）　26岁

正月十五日，宋濂往浦江郑义门授经。

六月十九日，作《太平策后题》。

或是年秋，曾至钱塘参加乡试，不第。

［按：次年元廷诏罢科举。］

1336年（元顺帝至元二年）　27岁

又谒陈樵（君采）。见吴中（子善）。

继续执教郑氏义门。陈璋（子章）有书来。

是年前后，为郑氏义门参定《家范》。

1337年（元顺帝至元三年）　28岁

是年前后作《思媺人辞》，悯吕学之不传。

十二月十三日，祖父宋守富卒。黄溍表其墓曰"吉士"。

吴莱作《早秋偶作寄宋景濂十首》。

1338年（元顺帝至元四年）　29岁

正月十六日，作《会膳钟铭》。据文末年款系。

是年，同门友张丁（孟兼）（1338—1377）生。

1339年（元顺帝至元五年）　30岁

觉往昔为文用心殊微，悔之。

年三十即以家业授子侄，朝夕唯从事书册。见郑涛《宋潜溪先生小传》。

1340年（元顺帝至元六年）　31岁

四月，师吴莱卒，年仅44岁。

代柳贯作《叶仲贞墓铭》。

1341年（元顺帝至正元年）　32岁

与郑涛等读书东明山中。

春，作《东湖先生方君招魂辞》《辛巳春望小龙门山》。

朝廷赐濂父文昭为"蓉峰处士"。

十月二十八日，祖父葬县东七十里东乌之山。见《先大父府君神道表》。

是年，黄溍至杭州任江浙儒学提举。濂从黄溍游，疑黄溍之隘。见《赠梵颛上人序》。

是年，诏复科举，各省有乡试。

1342年（元顺帝至正二年）　33岁

十一月，师柳贯卒于京师，终年73岁。

是年，礼部试。

1343年（元顺帝至正三年）　34岁

往浦江东明山读书。作《故郑夫人夏氏新阡墓碣铭》。陈璋（子章）死，作《陈子章哀辞》。

是年，朝廷诏修宋、金、辽三史。

1344年（元顺帝至正四年）　35岁

是年，作《跋长春子手帖》《题义门郑氏续谱图》《哭王架阁（柽）辞有序》。

次子璲生。

秋，寄诗郑涛，题为《寄郑检讨》。

是年，吴师道卒，终年62岁。

是年，有乡试。

1345年（元顺帝至正五年）　36岁

十一月，作《故翰林待制承务郎兼国史院编修官柳先生（贯）行状》《蜀墅塘记》。

宋濂母膝下有孙，自言"死亦瞑目"。时宋濂子瓒13岁。

同门友王祎出示《陈忠肃公疏文跋语》，濂题识其后。

作《故处州庆元县学教谕张公（恕）墓志铭》。

是年，有礼部试。

1346年（元顺帝至正六年）　37岁

正月十七日，母陈贤时卒，终年63岁。三月窆于白石山，距潜溪40里。

秋，作《行路难》。

十月二十日，宋濂筑室于浦江青萝山下。见《萝山迁居志》。

或于是年，从弟景清自金华来问学，处之青萝山书室中。

作《送陈彦正教授之官富州》。

1347年（元顺帝至正七年）　38岁

十一月，祖母金妙圆卒，终年85岁。十二月，与祖父合葬。见《先大父府君神道表》。

十一月，在浦阳东明山中，为朱震亨《格致余论》作序。

代黄潜作《跋清凉国师所书栖霞碑》《邹府君墓志铭》。

作诗《病疡新起》。

1348年（元顺帝至正八年）　39岁

应试乡闱落第。遇操琰、陈性初（表字）。见《予奉诏总裁元史而故人操公琬实与纂修寻以病归作诗序旧》。

七月，杨维桢汇编同题集咏之《西湖竹枝词》为《西湖竹枝集》。

作《故绍兴路总管府治中金府君（德润）墓碣》。

1349年（元顺帝至正九年）　40岁

作《皇太子入学颂》。

闰七月，跋耶律楚材《送刘满诗卷》。

因危素等荐，擢将仕郎、翰林国史院编修官。以亲老固辞。

与戴良往见余阙（廷心），书斋匾为赠。余阙命宋濂、戴良编辑柳贯文集。见《题余廷心篆书后》。

与贵溪叶赞玉、叶爱同父子交。是年，叶氏父子别去。见《题叶赞玉墓铭后》。

十一月二十四日，吴莱葬，濂作有《渊颖先生碑》及《渊颖先生私谥议》。

1350 年（元顺帝至正十年）　41 岁

二月十五日，宋濂携家自金华迁浦江孝门桥。

夏四月，黄溍谢官归田。宋濂《黄溍行状》云："十年，夏四月，始得谢南还，行中书为言于朝，给以半俸终身，公牒已具，未及上。"

夏，读元好问所著书，作《哀志士辞》五篇。

八月，宋濂撰《浦阳人物记》成，郑涛、戴良、欧阳玄等为其作序。

八月，与戴良编辑《柳待制文集》将成，请余阙、危素作序。

入仙华山为道士。戴良作《送宋景濂入仙华山为道士序》，刘基作《送龙门子入仙华山辞并序》。

或于是年作《萝山杂言》20 首。

作《跋于氏敕诰后》。

1351 年（元顺帝至正十一年）　42 岁

正月，与戴良编辑先师柳贯《柳待制文集》20 卷付梓。又与戴良辑《柳待制别集》20 卷授柳贯子柳卣藏之。作《柳待制文集后记》。见《柳待制文集后记》。

或于是年至义乌拜谒黄溍，并与王祎相见。为王祎作《华川书舍记》。

1352 年（元顺帝至正十二年）　43 岁

是年前后，宋濂拜访胡助（古愚），且有书信往来。今存胡助致宋濂信二通、宋濂致胡助信三通。

义乌方天瑞（景云）将女丑姬许与宋濂次子璲，结为姻家。见《义乌方府君墓志铭》。是年宋璲 9 岁。

作《赠虎髯生诗》《佛心了悟本觉妙明真净大禅师宁公碑铭》。

1353年（元顺帝至正十三年）　44岁

八月，郑涛作《宋景濂先生小传》。

十月，作《龙渊义塾记》。

十一月，《萝山集》成，郑涛作《宋太史诗序》。

十二月，作《惠香寺新铸铜钟铭》《浦江县新建尉司记》。

濂母陈氏既殁之九年，妻贾专欲刻木像以事之，作《先夫人木像记》。

自跋《浦阳人物记》。

1354年（元顺帝至正十四年）　45岁

长孙慎生，时瓒年21岁。

正月十六日，作《笔记序》（一作《黄文献公笔记序》）。

春，于浦江洪师俭处观瑞芝，作《瑞芝图诗卷序》。

秋，作《吴子善墓铭》。

十二月八日，于浦江孝门桥新居再构前轩，如寝室之数，扁曰青萝山房。见《萝山迁居志》。

作《郑府君墓志铭》《蒋处士墓碣》《松隐庵记》。

濂友东阳李贯道中进士。

1355年（元顺帝至正十五年）　46岁

正月十六日，作《御赐资治通鉴后题》。

郑氏义门刊行郑涛所编《潜溪集》十卷，陈旅、欧阳玄、王祎作序。

作《白牛生传》《官岩院碑》《皇太子受玉册颂》《寄王德润》《乌伤破贼歌》。

1356年（元顺帝至正十六年）　47岁

春，作《思春辞》。蒋允升（季高）书来邀游东阳二岘山。见《蒋季高哀辞》。

作《桃花涧修禊诗序》。

八月，代吴志道作《故集贤院大学士荣禄大夫致仕吴公（直方）坟记》。

十月四日，入小龙门山著书。见《龙门子凝道记》卷后。

十月，郑涣增刻《潜溪集》。是书卷末有郑涣题识。

十一月，作《删古岳渎经》。集古鼎文写之寄吴沉。

从上年至是年，作古体诗百余首。

约是年，许元（存礼）俾侍史至龙门山求宋濂为其《樗散杂言》作序。

李尚拜宋濂为师。

作《元故楼主簿行状》。

是年前后，吴沉为宋濂《潜溪集》题诗。

1357年（元顺帝至正十七年）　48岁

正月一日，《龙门子凝道记》成书。四月五日，俾仲子璲重录成编，厘为上、中、下三卷。见《龙门子凝道记》卷后。

二月十五日，杨维祯应郑涣之求作《潜溪后集序》。

四月，作《赠行军镇抚迈里古思平寇诗序》。

五月，作《燕书》40篇。

七月，友蒋允升卒。濂作有《蒋季高哀辞》。

八月，同门友唐怀德卒。濂作有《唐思诚墓铭》。

闰九月五日，师黄溍卒，宋濂与同门金涓、屠性、朱廉、傅藻祭奠先师黄溍。见《金华黄先生行状》及嘉庆刻本《王忠文公集》卷二十三《祭黄侍讲先生文》。

是年，刘基作《潜溪集后集序》。

1358年（元顺帝至正十八年）　49岁

或于是年与杨维祯同作《越歌约杨推官同赋八首》。

三月一日，作《药房樵唱序》。

三月二十五日，作《跋何道夫所著宣抚郑公墓铭》。

三月，朱元璋军队取睦州，宋濂遣家人入诸暨勾无山，己则独留未行。著

《诸子辩》，六月十五日脱稿。十八日，朱元璋攻取浦江。宋濂遂避兵诸暨勾无山吴宗元（长卿）、陈堂（宅之）家。

四月一日，作《跋金刚经后》。

五月二十一日，作《宣慰曾侯嘉政记》。

十一月，妹宋婺为明兵所执，跳崖死，宋濂作《宋烈妇传》。又友人吴履妻谢氏抗节死，作《谢烈妇传》。

十一月，郡守王宗显以五经师聘，作《答郡守聘五经师书》辞之。

1359年（元顺帝至正十九年） 50岁

正月二十七日，朱元璋聘宋濂为婺州郡学五经师，戴良为学正，吴沉、徐原为训导。见《明太祖实录》卷七、《明史》宋濂本传。

三月十五日，宋濂以浦江当戎马之冲，不可居，还金华潜溪故居。

作《始衰》诗。诗云："四时相推斥，行年五十过。"

陶安作《寄刘伯温宋景濂二公》。

或于是年与胡深交。

约于是年作《章三益匡山戊戌后作》诗。

1360年（元顺帝至正二十年） 51岁

以李善长荐，朱元璋遣樊观奉书币来征。

三月一日，宋濂、刘基、章溢、叶琛至应天。弟子郑渊叔侄送至严陵。途遇诗人徐航（方舟）。戴良作《别宋景濂》《寄宋景濂三首》。吴沉作《送宋景濂之金陵》。路经泾县，刘基作《泾县束宋二编修长歌》赠宋濂，宋濂作《次刘经历韵》。游泾县水西寺，作诗赠叶琛、刘基、章溢。过歙，见赵汸，以画兰赠之。陶安作《喜伯温景濂辈至新京》。

三月，作《苦雨》《韶光将暮芳事未经托物念时濡毫成句》等诗。

四月前后，作《得亲友书》《望钟山作简周先辈》《晚步青溪上》《浩怀》《始衰》《忆山中》《踏月》《简吴山长》《忆在乡日泛舟蹑屐以纵游览杂赋十首》《有所思》《答胡将军》《任运》《清夜》《忆昔》《寄远曲》《遣兴》等诗。

四月，作《赠孔君序》。

五月，有家书来，作《家书至》。

六月，作《诘皓华文》。

七月，为江南等处儒学提举。见《宋濂行状》及《明太祖实录》卷八。

抵应天后三月，宋濂作《俚咏寄义门郑十山长叔侄追述严陵别意》。

十月，为皇太子朱标授经。

十一月，作诗美吴良。见《明太祖实录》卷八。

冬，著书自娱。胡恒（守中）来谒，自是，日与之游。见《赠别胡守中序》。

是年，戴良作《寄宋景濂三首》。

1361年（元顺帝至正二十一年） 52岁

二月二十一日至二十三日，与刘基（伯温）、夏煜（允中）、章溢（三益）游钟山。作《游钟山记》。

冬十月，见日本僧，作《赋日东曲十首问海上僧僧多不能答时辛丑冬十月也》《赠日本僧》。

冬，王祎进《平江西颂》，朱元璋赞王祎而及宋濂。

是年，同门友郑深卒，作《哭郑金事》诗。

作《病起酬郑贤良渊》诗，郑渊次韵。

是年前后，夏煜作《读宋太史潜溪集》。

1362年（元顺帝至正二十二年） 53岁

三月一日，师闻人梦吉卒，终年70岁。

七月，作《玉壶轩记》。

八月，与孔克仁进讲《春秋左传》。同月，告归省亲。见《宋濂行状》。

秋，刘基作《旅兴》50首，宋濂作《和刘伯温秋怀韵》22首。

作《歙县孔子庙学记》《赠龙泉簿蔡君序》《金华先生黄文献公文集序》。

是年前后，赵汸致书宋濂，求为其《春秋属辞》作序，濂作《寄赵徽君》诗。

1363年（元顺帝至正二十三年）　54岁

五月，朱元璋建礼贤馆，宋濂、刘基、章溢、苏伯衡等皆在馆中。见《明太祖实录》"癸卯春五月癸酉"条。

夏，朱元璋与陈友谅大战鄱阳湖。八月，濂作《平江汉颂》。

八月，朱元璋作诗一首赐宋濂。诗末署"癸卯八月十一日"。

是年前后，戴良作《寄宋景濂十首》（仅存六首）。宋濂作《寄答戴九灵古诗十首》。

作《恭题御制〈论语解〉二章后》。

是年后之某年，作《黄文献公祠堂碑》。

1364年（元顺帝至正二十四年）　55岁

四月二日，朱元璋念父母不能同享富贵，于宋濂、孔克仁面前悲怆流涕。见《明太祖实录》"甲辰夏四月乙未"条。

四月五日，朱元璋作诗一首赐宋濂。

五月十三日，朱元璋与宋濂、孔克仁论帝王之道。见《明太祖实录》"五月丙子"条。

五月，张中（景华）预言二待罪之博士将于七月五日复官，宋濂书而识之，后果应验。见《张中传》。

九月，作《忆与刘伯温章三益叶景渊三君子同上江表五六年间人事离合不齐而景渊已作土中人矣慨然有赋》诗。

十月，为起居注。见《宋濂行状》。

是年前后，孔克仁作《潜溪后集序》。

约是年秋某夜，与王祎论文，宋濂作《秋夜与子充论文退而赋诗一首因简子充并寄胡教授仲申》。

冬，作《胡越公（大海）新庙碑》。

作《元封从仕郎江浙等处行中书省左司都事郑彦贞（铉）甫墓志铭》。

1365年（元顺帝至正二十五年） 56岁

正月，朱元璋御端门，与宋濂论帝王之学。文正得罪，朱元璋亲往南昌执之归，欲杀之，宋濂谏以亲亲之谊。见《宋濂行状》。

二月前后，作《七歌并序》。

某月，朱元璋与宋濂论赏赉，且以诏李善长赐牛与民事问宋濂当否。见《宋濂行状》。

三月十五日卧病，三十日奉命归养金华山中。苏伯衡作《送宋起居还金华》，王袆作《赠别宋先生东归》。四月，上笺谢恩，劝朱标进德修业，朱元璋得书喜甚，赐书及文绮。

三月，过同门楼士宝家，楼士宝邀留住三四日，未能从之。四月，楼士宝来潜溪，索酒喝。因酒禁，未予。楼士宝不悦，明晨即驰去。见《玉龙千户所管民司长官楼君墓志铭》。

八月，父文昭卒，终年81岁。

作《浙东行省右丞李公（文忠）武功记》。

1366年（元顺帝至正二十六年） 57岁

宋濂于潜溪服丧养病。

作《马先生岁迁集序》《故江东金宪郑君（深）墓志铭》《神仙宅碑》《明觉寺碑》《兰溪灵洞题名后记》。

1367年（元顺帝至正二十七年/吴元年） 58岁

四月一日，宋濂复自金华迁居浦江青萝山房，作《萝山迁居志》。

作《大明故王府参军封缙云郡伯胡公神道碑铭》《赠云中温祥卿诗序》。

1368年（元顺帝至正二十八年/明太祖洪武元年） 59岁

或于是年刘基作《青萝山房歌寄宋景濂》。

二月十五日，作《酥溪胡氏宗谱序》。

闰七月二十九日，朱元璋与宋濂等论为君之道。见《明太祖实录》"洪武元年七月丁卯"条。

九月，作《玄武石记》。

十一月十五日，作《赠梁建中序》。

十二月，下诏纂修《元史》，以宋濂、王祎为总裁。启程，郑渊送行，与其有约。

作《论中原檄》《恭题御笔后》《赵氏族葬兆域碑铭有序》《章判官像赞》《讷斋集序》《丹井铭》。

1369年（明太祖洪武二年）　60岁

在严陵，遇赵汸。

在姑苏，见周伯琦（伯温），使守臣遂其归家之愿。见《元故资政大夫江南诸道行御史台侍御史周府君（伯琦）墓铭》。

春，与张以宁会于建业，相与剧谈至夜分。见《张侍讲翠屏集序》。

二月一日，开局修《元史》，以宋濂、王祎为总裁，八月十一日书成。凡纪37卷、志53卷、表6卷、传63卷。纂修官有汪克宽、胡翰、宋僖、陶凯、陈基、曾鲁、高启、赵汸、张文海、徐尊生、黄篪、傅恕、王锜、傅著、谢徽、赵埙等。

四月十三日，作《予奉诏总裁元史而故人操公琬实与纂修寻以病归作诗序旧》。

六月，除宋濂翰林学士、中大夫、知制诰、兼修国史。

夏，御史中丞章溢卒。作《大明故资善大夫御史中丞兼太子赞善大夫章公神道碑铭》。林成之来谒。

八月，诏修《礼书》。

九月十五日，跋《题李伯时三教图卷》。

九月，作《大明敕赐荣禄大夫……追封蕲国公、谥武义康公（茂才）神道碑铭》。

九月，为汪克宽《诗集传音义会通》作序。

秋，作《李太白家赞》。

秋，张以宁奉使安南，道次长江之西，作《潜溪后集序》以寄。

十月十五日，作《天降甘露颂》。

十月，作《大明敕赐银青荣禄大夫……中书右丞相追封开平王谥忠武神道碑铭有序》。

十一月二十一日，朱元璋赐酒，并宋濂等大臣进诗。次日，作《应制冬日诗序》。

十一月，作《故江南等处行中书省左右司郎中……追封当涂县子王公（恺）墓志铭》。

十二月，作《遥授李思齐江西行省左丞诰》。

是年，贝琼作《青萝山房歌》。

1370年（明太祖洪武三年）　　61岁

正月，朱元璋赐宋濂翰林学士诰文。

正月，宋濂作《送杨廉夫还吴浙》。杨维祯有《寄宋景濂诗》。

二月二日，宋濂、王祎进讲《大学》。见《明太祖实录》"洪武三年二月辛酉"条。

二月六日，开局续修《元史》，仍以宋濂、王祎为总裁。纂修官有赵埙、朱右、贝琼、朱濂、王彝、张孟兼、高逊志、李懋、李汶、张宣、张简、杜寅、殷弼、俞寅等。七月一日，全书告成。

二月，杨维祯、揭汯作《潜溪新集序》。

三月十六日，立盱眙扬王神道碑，宋濂撰文。

三月，作《哀王御史诗并序》。

四月一日，作《汪右丞诗集序》。

四月，朝廷授刘基、危素弘文馆学士。

四月，朱元璋封皇子九人及从孙守谦为王。宋濂作《送晋王府王傅李君思迪（吉）之官诗序》。

五月，杨维祯卒。卒后三月，宋濂作《元故奉训大夫江西等处儒学提举杨君（维桢）墓志铭》。

五月，朱元璋剖符封功，召宋濂议五等封爵。

六月十三日，朱元璋谕江右富民，宋濂、王祎、詹同、陈敬侍左右。见《王忠文公集》卷七《送郑仲宗序》、《明太祖实录》"洪武三年六月庚午"条。

七月一日，为张以宁《翠屏集》作序。

七月，贝琼作诗《京师雨夜呈宋景濂学士王子充待制张孟兼主事》。诗见《清江诗集》卷八。

七月，宋濂失朝降编修。见《明太祖实录》"洪武三年秋七月壬辰"条。

某月，与王彝夜宿国子学，王彝作《陪宋学士国子学夜坐次韵》。

宋濂求周孟容（表字）为其画像，孟容以思归为辞。

八月，作《佛日普照慧辨禅师（梵琦）塔铭》。

八月，充京畿乡试考官。作《庚戌京畿乡闱纪录序》《京畿乡试策问》。应同考官魏潜之求作《故宋迪功郎庆元府学教授魏府君（新之）墓志铭》。

九月，作《吕氏采史目录序》。

九月，《大明集礼》修成。

十月十三日，上《元史目录后记》。

十二月九日，擢国子司业。见《明太祖实录》卷五十九"洪武三年十二月甲子"条。

十二月十五日，撰《雅颂正音序》。

冬，作《送钱允一（尚得）还天台诗序》。

约是年高启作《会客成均及玉兔泉煮茗诸君联句不就因戏呈宋学士》《雪夜宿翰林院呈危宋二院长》《送宋学士子仲珩自京还金华省亲》等诗。

约是年，高启与张孟兼、宋璲于莲房联句。

朱右作《潜溪大全集序》。某月，序朱右《白云稿》。

1371年（明太祖洪武四年）　62岁

正月，王祎在甘肃道上，作诗寄宋濂。诗《和王内翰见怀韵并序》。

正月，作《月堀记》。

二月，会试，宋濂为考试官。吴伯宗中状元。吴伯宗求宋濂为其父文集作序，濂未暇为之。后应吴伯宗父铭之请作《故东吴先生吴公（仪）墓碣铭》。作《南征录序》。

闰三月二十三日至二十五日，朱元璋召见刘于，时濂侍上左右。及退食青溪寓舍，刘于又来谒。作《送刘永泰（于）还江西序》。

四月，作《题叶赞玉墓铭后》。

六月，作《大明敕赐开国辅运推诚宣力武臣……华公（高）神道碑铭》。

八月，充京畿乡试主考官。十三日，作《龙马赞》。十五日，作《剡源集序》。十九日，作《辛亥京畿乡闱纪录序》。

八月某日，谪安远知县。《楚客对》作于去安远途中。

八月某日，在海陵盐船中，见葛溪权衡。

十一月，召还为礼部主事。

十二月，作《王祎传》。

是年，方孝孺始读宋濂文章。

1372年（明太祖洪武五年）　63岁

正月，蒋山广荐佛会，朱元璋与群臣及僧千余人与会。宋濂作《蒋山广荐佛会记》。

二月，宋濂召为礼部主事。见《宋濂行状》。为刘崧作《刘兵部诗集序》。

六月二十八日，与汪广洋、胡惟庸、沐英、张以宁侍朱元璋于武楼。时尚书臣陶凯奉嘉瓜以献，作《嘉瓜颂》。

八月，跋《唐人临右军东方朔像赞》。

九月十五日，宋濂、宋璲父子与张孟兼、熊鼎、周子谅、刘崧、吕仲善品茗联诗。次日，作《玉兔泉联句引》。

十月一日，作《刘参军黄牒跋尾》。某日，郊祀大典。既竣事，与陶凯、黄肃、牛谅、熊鼎、吴云、刘崧、周子谅、陶谊、张孟兼、吴从善等分韵赋诗。见《郊禋庆成诗序》。

刘崧作《青萝山房诗为金华宋先生赋》。

十二月一日，作《郊禋庆成诗序》。

十二月，擢太子赞善大夫。见《明太祖赐太子赞善大夫诰文》及《明太祖实录》"洪武五年十二月丁酉"条。

是年，宋禧作诗寄宋濂。

黄潏孙、新贡士黄昶来叙世契，寻从宋濂入史局。见《故黄府君（枟）墓碣铭》。

郑渊不远千里来谒。

同门友宣岊（彦昭）卒。作《故温州路总管府官宣君墓志铭》。

1373年（明太祖洪武六年）　64岁

正月四日，侍朱元璋于武楼之便阁，赐甘露浆。见《御赐甘露浆诗序》。

正月十六日，作《王君子与文集序》。

正月，弟子郑渊卒。宋濂作有《郑仲涵墓志铭》。

二月，朱元璋令宋濂讲析《大学衍义》中司马迁论黄老事。三月一日，复言黄老神仙之学。见《宋濂行状》及《明太祖实录》"洪武六年三月癸卯"条。

二月，停科举，朱元璋令有司择年少俊异者入文华堂肄业，命宋濂为之师。

三月九日，郑真等谒见。

五月三日，作《昭鉴录序》。

六月二十四日，作《赠萧子所养亲还西昌序》。

六月二十五日，作《恭题御制方竹记后》。

七月三十日，擢翰林侍讲学士、知制诰，仍兼太子赞善，九月下诰文。见《明太祖实录》"洪武六年七月己巳"条及《宋濂行状》。

八月十六日，诏修《大明日历》，以宋濂和詹同为总裁。宋濂荐徐一夔、朱右、朱廉、赵壎等同修《日历》。九月四日开馆。次年五月一日纂成。又辑其中五卷为《皇明宝训》。

八月，陶宗仪偕友游钟山。是年，朝廷征聘，却之。宋濂作《送陶九成辞官归华亭序》。

八月，牛谅荐孙作入京师修《日历》，濂读孙作文，赞叹不已。及入，得与之朝夕相欢。

八月，朱元璋称赞桂彦良，云宋濂文人尔，刘基峻隘。

九月，作《送王明府之官序》。

九月，命参中书大政，婉辞。

十月二十六日，宋濂引黄昶见朱元璋及皇太子。见《恭题御和诗后》。

十一月十五日，与刘基、詹同赴上燕于乾清宫之便阁。詹同爱黄昶有俊才，被酒而还，犹赋诗赠之。旋有召赴右顺门，宋濂、詹同带醉前往，适朱元璋步辇而至，见二臣酒态，有意取乐。见《恭题御和诗后》。

十一月二十九日，作《题金书法华经后》。

十一月，作《赠浩然子叙引》。

十二月八日，作《恭题御和诗后》。

冬，侍朱元璋于武楼，推荐良僧愿证（大欣）、证传。

1374 年（明太祖洪武七年） 65 岁

是年，宋濂夫人贾专病寓京城，宋濂所居旧城离公馆 15 里。

正月一日，作《送徐大年还淳安序》。

二月，《大明律》修成，上《进大明律表》。

二月，作《恭题赐和托钵歌后》。

三月，作《节妇唐氏旌门铭》。

五月一日，《大明日历》凡 100 卷纂成。见《明太祖实录》"洪武七年五月丙寅"条。

六月二十四日，奉旨议终献与分献礼。见《明太祖实录》"洪武七年六月戊午"条。

六月二十九日，淮安侯定远华云龙卒，宋濂奉命作神道碑。

八月二十日，作《恭跋御制敕文下方》。

十月，作《故成穆贵妃圹志》。

秋某月日，侍朱元璋于升武楼，荐郭传之才。未几，朱元璋命宋濂进郭传之文。见《郭考功文集序》。

十一月一日，命宋濂等考定丧礼服制。十九日，早朝，太常卿唐铎上奏祀山川百神。甲申，赞礼郎黄渊静奉命祀闽，作《送黄赞礼莅祀闽省诗序》。二十三日，侍朱元璋于东皇阁。时诏傅同虚等纂修灵宝斋科并赐宴赋诗。是月作《送陈生子晟还连江序》《送黄伴读（昶）东还故里》。

十二月，与乐韶凤等编《明太祖文集》成，作《恭题御制文集后》。

1375年（明太祖洪武八年）　66岁

春，宋濂子宋瓒遣二孙来省亲，夫人贾专病愈。宋濂命宋璲还故里，在朝群公大夫士咸赋诗饯璲。刘基作《送宋仲珩还金华序（并诗）》。张孟兼作《题宋仲珩归省卷后》。

正月四日，《洪武圣政记》成，作《洪武圣政记序》。

正月六日，朱元璋与宋濂论用人之道。见《明太祖实录》"洪武八年春正月丙寅"条。

宋濂弟子刘刚请刘基编选《宋学士文粹》十卷刊行。刘基又为此书作序。

二月，作《故泰和州学正刘府君墓志铭》《凤山金氏宗谱序》。

三月十八日，《洪武正韵》书成，诏刊行之。宋濂作《洪武正韵序》。

三月某日，朱元璋召宋濂问刘基何日还乡、病势如何。宋濂据实以对。旋赐御制文集一部，为继李善长、胡惟庸后第三人得此御制文集。翌日，刘基离京还乡，宋濂作《恭题御赐文集后》。

四月十五日，作《郑氏联璧集序》。

五月十六日，作《韵府群玉后题》。

五月十八日，朱元璋召宋濂等词臣观巨桃核。作《奉制撰蟠桃核赋有序》。

七月，作《日本梦窗正宗济国师碑铭》。

八月七日，朱元璋令群臣赋《秋水歌》，尔后赐觞。强使宋濂饮醉，赋《醉学士歌》，以示君臣同乐。又令群臣同赋。华克勤、方征、宋善、林温、桂彦良、王琏、张唯等同侍。九月一日，宋濂作《恭跋御赐诗后》。

十月朔，为乌斯道《春草斋集》作序。

十月六日，作《寄和右丞温迪罕诗卷》。

十一月十五日，在凤阳观新铸大钟。作《凤阳府新铸大钟颂》。

十一月，游涂山、荆山、泰山，作《游涂荆二山记》《琅琊山游记》。作诗《扈从至滁阳登琅琊山》《扈从至清流关》《登岱》。

十一月，贝琼作《潜溪前后续别四集序》。

十二月，宋濂父宋文昭赠中顺大夫、礼部侍郎，母陈氏赠德人。

是年，刑部主事上书万余言，言多忤触，朱元璋大怒，召茹太素面诘，杖于朝。宋濂以言开导，朱元璋颇有悔意。见《明史》宋濂本传。

1376年（明太祖洪武九年）　67岁

正月十日，命宋濂、朱右等定王国所用礼。十五日，作《叶夷仲文集序》。十八日，作《送许存礼赴北平教授任序》《跋樗散生传后》。

二月，充会试同考官。作《会试纪录题辞》。

三月，作《跋日本僧汝霖文稿后》。

五月五日，朱元璋与宋濂论用才之道。十日，晋王妃谢氏薨，宋濂等奉旨议丧服之制。十二日，朱元璋命宋濂考丧期是否当废郊社之礼。

六月，除学士承旨，兼官如故。学士承旨为正三品。见《明太祖赐翰林承旨诰文》、《明太祖实录》"洪武九年六月丁亥"条及《宋濂行状》。

某月日，宋濂孙宋慎除殿廷仪礼司序班。六月六日，宋濂子宋璲擢中书舍人。见《殿廷仪礼司序班敕》《中书舍人敕》。

六月某日，与华克勤、邹（孙）杰、阎钝等侍朱元璋于东皇阁。退后作《邹氏复姓孙氏序》。

七月一日巳时，朱元璋赐《白马歌》。

七月二十二日，作《恭题御书赐蕲春侯卷后》。

九月一日，作《新题广韵后题》。

十月二日，监察御史劾宋濂等奏事由左门入，以为非人臣所宜，朱元璋宥之。见《明太祖实录》"洪武九年六月壬子"条。

某月，朱元璋赐宋濂黄马，华克勤、虞泰、王佐、孙杰等作《应制赋赐宋承旨黄马歌》。

方孝孺来谒，与其谈经，历三时乃去。见《送方生还宁海并序》。

十一月二日，作《恭喜题豳风图后》。是月，有致政之诏。朱元璋令宋濂徐徐行。赠宋濂父为嘉议大夫、礼部尚书，祖父为亚中大夫、太常少卿，祖母金氏、母陈氏、妻为淑人。见《宋濂行状》《明太祖封赠诰》《赠妻贾氏淑人诰》。

是年，作《故宣武将军佥留守卫亲军指挥使司杨公（信）圹志》《送方生孝孺还天台诗》《故奉训大夫佥提刑按察司王府君（谦）墓志铭》《赠承事郎工部主事刘府君（演）墓版文》。

同门友吴履（德基）致仕归，宋濂戒以保身之道。见《吴德基传》。

是年，书《圣教序》一册。见《石渠宝笈》卷三。

1377年（明太祖洪武十年）　　68岁

正月致政。荐苏伯衡自代。孙蕡、桂彦良、答禄与权、黄忠、汪广洋、朱芾、史靖可、林静、释来复、释金泐等赋诗送别。正月初六日陛辞，初十日发舟，二十七日至家，二月三日至金华诣墓所，祭告昭宣制命。会其族人于金华故宅。二月十二日，宋濂作《致政谢恩表》《致政谢恩笺》，遣孙宋慎至京进献。朱元璋赐诗一章并序。其伯兄宋渊（景渊）筑为善堂，胡翰、方孝孺作《宋氏为善堂记》。六月，归浦江。筑一室静轩，终日闭户纂述，人不见其面。见《宋濂行状》等。

正月，作《大般若经通关法序》《郭考功文集序》。

三月一日，作《元故翰林待制柳先生（贯）私谥文肃议》。

三月，同门友张孟兼擢山东提刑按察副使，回家省亲来访。为其作《故叶夫人墓碣铭》《跋张孟兼文稿序后》《重题玉兔泉卷后》。

四月十五日，作《方氏族谱序》。

四月，作《先大夫碑阴记》。

五月五日，作《般若松赞》。

夏，作《送布政叶公之官序》。

六月十六日，同郡酥溪胡伯器造访，为其水竹洞天亭求记文。作《水竹洞天亭记》。

六月十八日，题《兰亭稧帖》。

六月，方孝孺执经来侍。

七月十五日，作《三老图颂》。

七月，文集《宋学士文粹》刊刻，郑济作《文粹后识》。

八月十三日，作《题默成居士矫斋记后》。

八月，作《义乌楼氏家乘序》。

九月一日，宋濂朝京，方孝孺随侍。过杭州，至上天竺谒东溟大师（慧日）。十月，朱元璋召宋濂游观心亭，命宋濂作《观心亭记》。十一月二十四日，陛辞，朱元璋与宋濂论《楞伽经》。二十五日，宋濂离京。二十八日，朱元璋问宋璲其父亲之行程。过杭州，与方孝孺宿南屏山。十二月二日，朱元璋又问宋璲其父亲途中是否平安。三日，朱元璋谓宋璲前一夜梦及宋濂，想其已达钱塘。张伯诚、史靖可见朱元璋思念宋濂之切，作《寄宋承旨诗并序》。

十一月，作《恭题御训谈士奇命字义后》《故诗人徐方舟墓铭》。

过杭州，得徐一夔文集若干卷。见《徐教授文集序》。

龙门海禅师于圣寿寺作学士亭，释来复、方孝孺各作《学士亭记》一篇。

释来复为宋璲作《金华山图为宋仲珩舍人题》诗。

1378年（明太祖洪武十一年）　69岁

三月十五日，作《四明阿育王山广利禅寺碑铭》《育王禅师裕公三会语录序》。

三月，作《新刻楞伽经序》。

五月初吉，作《杜氏宗谱序》。

六月一日，作《金刚般若经新解序》。

九月上旬，作《浦阳甄氏宗谱序》。

九月十五日，作《爱日轩记》。

十月一日，作《福三府君明诰都督赞》。

十一月，朝京。十一月二十一日，道经杭州，游虎跑、净慈寺等处。作《大慈山虎跑泉铭》《净慈寺新铸铜钟铭》。十二月十六日，至南京朝觐。二十九日，朱元璋赐诗宋濂。见《明太祖实录》"洪武十一年十二月甲寅"条等。

宋濂作《徐教授文集序》，徐一夔致书答谢。

冬，作《滩哥石砚歌并序》。

1379年（明太祖洪武十二年）　70岁

正月二十五日，作《恭题御制赐给事中林廷纲等敕符后》。

正月，作《鹿皮子传》。

二月三日，作《灵隐大师复公文集序》。

春，至浦阳嵩溪寻访徐氏里居，作《浦阳嵩溪徐氏宗谱序》。

四月，作《苏州府志序》。

五月五日，作《春秋本末序》。

七月，作《恭题赐和文学傅藻纪行诗后》。

八月某日，作《东阳蒋氏嘉瓜记》。

八月二十九日，与胡翰（仲申）、朱廉（伯清）、苏伯衡（平仲）、郑涛（仲舒）、金元鼎（表字）会于郑氏义门。九月一日，作《郑氏喜友堂诉燕集诗序》。

九月一日，作《莲塘张氏宗谱序》。二十二日，作《题蒋伯康小传后》。二十四日，作《理学纂言序》。

十月十六日，作《题九灵山房集》。

十二月四日，作《新注楞伽经后序》。

十二月十六日，宋濂至南京朝觐，方孝孺随侍。朱元璋敕谕慰劳宋濂。赐宴时，桂彦良让座。道至杭州，憩永明寺，游天龙寺，作《杭州天龙寺石佛记》。

冬，还金华省先墓。作《傅守刚（致柔）墓碣》《梅溪楼氏宗谱序》。

1380年（明太祖洪武十三年）　71岁

朱元璋作《设宋濂谕山鬼文》《设宋濂谕钱塘龙说》。

正月三日，作《柳氏家乘序》。

四月八日，作《重建龙德大雄殿碑》。

五月二日，作《济阳江氏宗谱序》。

五月十五日，在青萝山房，作《新刻法华经叙赞》。

七月十一日，作《和王内翰见怀韵并序》。

八月一日，作《题王鲁公授少保致仕诰》。

八月上旬，作《陈氏家乘序》。

八月十五日，为同门友胡翰文集作序。

九月，方孝孺归宁海省亲，宋濂作《送方生还宁海并序》。方孝孺作《谢太史公书》。

冬十一月，孙宋慎事涉胡惟庸党案，宋濂一家连坐被刑。宋慎与宋瓒坐法死，宋濂因太子与马皇后力救，徙四川茂州安置。濒行，以遗稿画像付门人郑柏，并书四语话别。又致书方孝孺，以古贤哲之事勉之。

是年，妻贾专卒。

是年，作《兰溪法海精舍记》《吴先生碑》《金刚经灵异赞》。

1381年（明太祖洪武十四年）　72岁

作《桑仁卿传》。

五月二十日（公历6月12日），宋濂卒于夔。见《宋濂行状》及郑楷《翰林学士承旨宋公墓志》等。

六月一日，方孝孺作《吁天文》，乞减己享以延师寿。

永乐十一年（1413），迁葬成都华阳县东15里。成化年间，迁葬成都华阳县迎晖门外净居寺旁。

正德中，追谥文宪。墓在华阳县东15里。见郑楷《翰林学士承旨宋公墓志》及郑柏《宋潜溪先生遗像记》等。

参考文献

〔明〕宋濂等撰：《元史》，中华书局1976年版。

〔民国〕柯绍忞：《新元史》，中国书店1988年影印本。

〔明〕胡广等纂修：《大明太祖高皇帝实录》，明抄本。

〔清〕钱谦益撰：《国初群雄事略》，清抄本。

〔明〕谈迁撰：《国榷》，张宗祥点校，北京古籍出版社1958年版。

〔明〕王懋德修、〔明〕陆凤仪纂：《万历金华府志》，《四库全书存目丛书》本。

〔明〕应廷育撰：《金华先民传》，《续金华丛书》本。

〔明〕金江撰：《义乌人物记》，《续金华丛书》本。

〔明〕郑柏撰：《金华贤达传》，《续金华丛书》本。

〔明〕吴之器撰：《婺书》，清光绪二十六年刊本。

〔清〕张祖年撰：《婺学志》，清康熙五十五年刻本。

〔清〕王崇炳撰：《金华征献略》，清刻本。

〔清〕黄宗羲原著：《宋元学案》，中华书局1986年版。

〔清〕永瑢等撰：《四库全书总目提要》，中华书局1965年版。

〔明〕解缙等编：《永乐大典》，中华书局1960年影印本。

〔明〕王鏊撰：《震泽纪闻》，《说郛续》本。

〔明〕徐祯卿撰：《剪胜野闻》，《说郛续》本。

〔明〕李绍文撰：《皇明世说新语》，金氏近花楼抄本。

〔清〕顾嗣立编：《元诗选》，中华书局1987年版。

〔明〕阮元声、戴应鳌辑：《金华诗粹》，《四库全书存目丛书》本。

〔明〕赵鹤辑：《金华文统》，《四库全书存目丛书》本。

〔明〕赵鹤辑、〔明〕张朝瑞重辑：《金华正学编》，明万历十八年金华章氏刻本。

〔明〕戚雄辑：《婺贤文轨》，明嘉靖十七年刻本。

〔清〕黄彬、朱琰辑：《金华诗录》，清乾隆三十八年金华府学刻本。

〔清〕戴殿江辑：《金华理学粹》，光绪五年刻本。

〔元〕柳贯撰：《柳待制文集》，《四部丛刊》本。

〔元〕许谦撰：《白云集》，《丛书集成初编》本。

〔元〕黄溍撰：《金华黄先生文集》，《四部丛刊初编》本。

〔元〕欧阳玄撰：《圭斋集》，影印文澜阁《四库全书》本。

〔元〕许有壬撰：《至正集》，影印文渊阁《四库全书》本。

〔元〕马祖常撰：《石田文集》，影印文渊阁《四库全书》本。

〔元〕胡助撰：《纯白斋类稿》，《丛书集成初编》本。

〔元〕陈樵撰：《鹿皮子集》，《丛书集成初编》本。

〔元〕贡师泰撰：《玩斋集》，影印文渊阁《四库全书》本。

〔元〕吴莱撰：《渊颖集》（诗），《丛书集成初编》本。

〔元〕吴莱撰：《渊颖集》（文），影印文渊阁《四库全书》本。

〔元〕吴莱撰：《吴莱集》，《全元文》底本复印。

〔元〕杨维祯撰：《东维子集》，影印文渊阁《四库全书》本。

〔元〕杨维祯撰：《复古诗集》，影印文渊阁《四库全书》本。

〔元〕杨维祯撰：《杨维祯诗集》，浙江古籍出版社1994年版。

〔元〕陈基撰：《夷白斋稿》，影印文渊阁《四库全书》本。

〔元〕赵汸撰：《东山存稿》，影印文渊阁《四库全书》本。

〔元〕金涓撰：《青村遗稿》，《丛书集成初编》本。

〔明〕朱元璋撰：《明太祖集》，影印文渊阁《四库全书》本。

〔明〕陶安撰：《陶学士先生文集》，明弘治十三年刻本。

〔明〕宋濂：《宋濂全集》，罗月霞主编，浙江古籍出版社1999年版。

〔明〕宋濂：《宋濂全集》，黄灵庚编辑校点，人民文学出版社2014年版。

〔明〕宋濂撰：《萝山集》，抄本。

〔明〕宋濂撰：《宋学士全集》，《丛书集成初编》本。

〔明〕宋濂撰：《宋景濂未刻集》，影印文渊阁《四库全书》本。

〔明〕刘基撰：《诚意伯文集》，影印文渊阁《四库全书》本。

〔明〕刘崧撰：《槎翁诗集》，影印文渊阁《四库全书》本。

〔明〕汪广洋撰：《凤池吟稿》，影印文渊阁《四库全书》本。

〔明〕危素撰：《说学斋稿》，影印文渊阁《四库全书》本。

〔明〕危素撰：《云林集》，影印文渊阁《四库全书》本。

〔明〕危素撰：《危学士全集》，《四库全书存目丛书》本。

〔明〕王祎撰：《王忠文公集》，影印文渊阁《四库全书》本。

〔明〕胡翰撰：《胡仲子集》，影印文渊阁《四库全书》本。

〔明〕苏伯衡撰：《苏平仲集》，影印文渊阁《四库全书》本。

〔明〕张孟兼撰：《白石山房逸稿》，影印文渊阁《四库全书》本。

〔明〕朱右撰：《白云稿》，影印文渊阁《四库全书》本。

〔明〕张以宁撰：《翠屏集》，影印文渊阁《四库全书》本。

〔元〕戴良撰：《九灵山房集》，《丛书集成初编》本。

〔元〕戴良撰：《九灵山房遗稿》，《丛书集成初编》本。

〔明〕释来复撰：《蒲庵诗》，清抄本。

〔明〕徐一夔撰：《始丰稿》，影印文渊阁《四库全书》本。

〔明〕林弼撰：《登州集》，影印文渊阁《四库全书》本。

〔明〕王彝撰：《王常宗集》，影印文渊阁《四库全书》本。

〔明〕吴宽撰：《匏翁家藏集》，《四部丛刊初编》本。

〔明〕高启：《高青丘集》，〔清〕金檀辑注，上海古籍出版社1985年版。

〔明〕吴伯宗撰：《荣进录》，影印文渊阁《四库全书》本。

〔明〕贝琼撰：《清江诗集》，影印文渊阁《四库全书》本。

〔明〕童冀撰：《尚絅斋集》，影印文渊阁《四库全书》本。

〔明〕方孝孺撰：《逊志斋集》，影印文渊阁《四库全书》本。

〔元〕吴师道撰：《吴礼部诗话》，《续金华丛书》本。

〔明〕胡应麟撰：《诗薮》，上海古籍出版社1979年版。

〔清〕朱彝尊：《静志居诗话》，人民文学出版社1998年版。

〔民国〕钱基博：《中国文学史》，中华书局1993年版。

吴晗：《朱元璋传》，百花文艺出版社2000年版。

孙钦善：《中国古文献学史》，中华书局1994年版。

郭预衡：《中国散文史》，上海古籍出版社2000年版。

廖可斌：《明代文学复古运动研究》，上海古籍出版社1994年版。

廖可斌：《诗稗鳞爪》，浙江大学出版社1999年版。

潘杰：《宋濂传》，重庆出版社1987年版。

王春南、赵映林：《宋濂、方孝孺评传》，南京大学出版社1998年版。

张文德：《江南第一家》，浙江古籍出版社1996年版。

黄仁生：《杨维桢与元末明初文学思潮》，东方出版中心2005年版。

仓修良主编：《中国史学名著评介》，山东教育出版社1990年版。

徐永明：《元代至明初婺州作家群研究》，中国社会科学出版社2005年版。

吕立汉：《千古人豪——刘基传》，浙江人民出版社2005年版。

周松芳：《自负一代文宗——刘基研究》，广东人民出版社2006年版。

栾贵明编：《永乐大典索引》，作家出版社1997年版。

王德毅、李荣村、潘柏澄编：《元人传记资料索引》，中华书局1987年版。

陈葛满：《宋濂简谱》，《浙江师大学报》1994年第2期。

后　记

　　浙江省社会科学院于2000年启动了"浙江文化名人传记丛书"项目，我于2002年才得知这一消息。那天，丽水学院吕立汉教授打电话告诉我，他申请的《刘基传》获得通过，准备搜集材料撰写此书。我随口问他："《宋濂传》谁去申报了？"吕教授回答说他不甚清楚，如果我有兴趣，可向省社科院询问。

　　要说对《宋濂传》有兴趣，自是不假。因为我的博士论文《元代至明初婺州作家群研究》刚于2001年答辩通过，宋濂是其中的一个重要作家，我对他作过较为深入的研究，对宋濂的生平、交游及时代背景较为熟悉，如果趁热打铁来撰写《宋濂传》，应该说易于为功。然而，我没有即时向省社科院致电询问并申报，主要原因是马上就要进复旦大学博士后流动站工作了，那边肯定有新的任务等着我去做。《宋濂传》一旦申请下来，则什么事也做不好。

　　时光进入了2004年，两年的博士后工作期满，我联系到了浙江大学工作。7月的一天，我偶然在网上看到了省社科院就"浙江文化名人传记丛书"部分古代传主向全国公开招标的启事，其中宋濂的名字赫然在列。我心想，时过两年，《宋濂传》依然没有人申报，这该是我去申报的时候了。在省社科院的学友吴蓓的推荐下，申报工作很顺利。是年底，我与省社科院签订了《宋濂传》的撰写协议。按照协议，《宋濂传》书稿要求于2005年底完成。

　　然而，自进入浙江大学工作以后，繁重的教学和科研任务压得我喘不过气来，根本无暇顾及《宋濂传》的撰写，一年过后，《宋濂传》依然白纸一张，未着一字。自然，这样的状况让编委们和学友吴蓓很是焦急，我自己也深感愧疚，暗暗叫苦。好在丛书的常务副主编卢敦基先生网开一面，给我宽限时日，但限定了最后的交稿时间：2006年12月25日。

2006年春节刚过，我即赴浦江麟溪和金华潜溪宋濂故里作实地考察。浙江师范大学黄灵庚教授是浦江黄宅人，也是宋濂老师黄溍的后裔，其老家黄宅与宋濂曾执教过的浦江麟溪相距不过一舍之地。黄老师知道我正月里要到浦江考察，特地在老家等候。正月的一天，我从杭州出发前往浦江黄宅，黄老师盛情招待午餐。午饭后，黄老师叫来一辆小车，专程送我到麟溪，直到当地的乡政府安排接洽事宜后，黄老师才驱车离开。

乡政府的领导把我带到了"江南第一家"——郑氏义门，并为我联系上了"江南第一家"文史研究会秘书长、郑氏后裔郑定财为我介绍郑氏义门的情况。郑老伯70岁开外，是一位宽厚谦恭的长者，他一边导引我游览"江南第一家"，一边如数家珍地为我讲解郑义门的历史，我十分庆幸自己遇上了这样一位年长的郑氏后裔作为自己的向导。游览完毕，郑老伯还带我去他家，让我拍摄他收藏的有关郑义门及宋濂的资料，并热情地留我在他家吃特色土产面条。

本来约好第二天与郑老伯及郑氏的另一位后裔郑定模去东明山和玄麓山，不巧第二天上午下起雨来，进不了山。于是，在两位老者的带领下，乘三轮卡去了宋濂的青萝山房。原先的青萝山房现已是杂树丛生，荒草一片，唯有旁边的一座青萝山寺庙和一座大王庙，似乎在守候着这位生前对佛有深切感情的青萝山房主人的故址。在寺庙后面的山坡上，立着一块宋濂夫人贾专的墓碑，只可惜风化得厉害，上面的字迹已不易辨认，若再不加以保护，恐怕以后连碑主的身份都难以确认了。

当天下午去了金华傅村宋濂的老家，在从镇上过去六七里路的一个地方，村庄的名称叫上柳村，据一位叫柳文洪的老人讲，他们是柳贯的后裔。宋濂的老家现也是一块荒地，边上立着一块碑，上面写着"金华县重点文物保护单位　宋濂故居遗址"。据柳老伯讲，金华市政府将在此造三间房子，名为"宋濂纪念馆"。在宋濂遗址的不远处，有一座气势不凡的寺庙，叫禅定寺，可惜无和尚居住。

在宋濂故居遗址的不远处，有一条溪，据柳文洪老人讲，当地人叫此溪为"zhǎn（音同'斩'）溪"，即宋濂文集中所说的"潜溪"。上游建了水库，且有一个养猪场，故浅浅的溪水满是垃圾，看上去很脏。柳文洪老人还提到在"文化大革命"时，宋濂的故居有一棵几人合抱的樟树和两棵很大的松树都被砍掉了。柳老伯还带我去了宋濂父母的坟地，也是一片荒冢，一块墓碑也没有了，据说后来找到一块，被金华文物局的人给运走了。

宋濂在中国历史上是一个相当有影响的人物，但从我这次访查的情况来看，无论是金华还是浦江的地方政府，都对宋濂重视不够，令人颇感遗憾，但愿今后这样的状态会得到改变。

考察回来后，即着手进行写作。原来以为自己有博士论文的基础，写作应该会很快，但实际并不像想象的那么简单。原因之一，是宋濂的传记此前已有王春南、赵映林先生的《宋濂、方孝孺评传》和潘杰先生的《宋濂传》，如果要重写宋濂传记，必须在史料、观点、结构等方面有新的突破，而且行文处处要避免雷同。我作过宋濂年谱，对整个元末明初的婺州作家群作过深入的研究，要做到有突破，应该是不难的。但宋濂一生的主要事迹也就那么一些，人家叙述到的，你不能不再次叙述，故难就难在避免雷同这一点。再者，人家有书在那儿，你的思维可能不知不觉地受其影响。所以，从写作的心态来说，我更愿意做一件人家没有做过的事情。原因之二，是年暑假，浙江大学承办国际明代文学研讨会，作为联系人之一，我自然要投入相当多的精力。原因之三，写作的条件相当艰苦，冬无暖气、夏无空调，房间小得仅容得下一张床、一张桌子和一把折叠式椅子。书堆满了床边和脚边，一本用过的书可能过了半个小时后又被别的书压住，让你找个半天。还好我有博士论文的基础，不少资料存在电脑中，要是白手起家，那可真是与自己的书成冤家对头了。书稿最终在规定的期限内完成，不至于再次拖后腿。

此书的完成，除了感谢上述诸位先生外，还要感谢：

广州的长者耿如霆先生。耿先生与我素不相识，拙著《元代至明初婺州作家群研究》出版后不久，耿先生从广州寄来一封信，信中称他是浙江大学化工系1952年毕业生，丽水人，长我近40岁，与我可称同乡兼校友。耿先生见拙著辑有宋濂9首佚诗，想起他1994年在主编《重修处州耿氏宗谱》时，发现了宋濂为其先祖明泗国公耿再成撰写的祠堂碑记《枢密判官耿公祠堂碑》也为浙江古籍出版社 1999 年出版的《宋濂全集》所失收，便热心地将此文连同宗谱中所载另一篇苏伯衡的文章复印后一起寄来，期望对我的研究有所帮助。此后，耿先生知我在撰写《宋濂传》，又寄来三篇明初佚文的复印件，这三篇文章为《明太祖加封耿再成泗国公制书》《明太祖敕令礼部尚书御祭泗国公祭文》及刘基撰的《丽水县儒学归田记》。

台湾中正大学毛文芳教授及其学生陈雅琳小姐。我在写宋濂的道家思想这一章节时，检索到台湾学者龚显宗先生曾撰写过论宋濂和刘基道家思想的文章，我致邮毛文芳教授，请求复制龚先生的文章，毛教授在其学生陈雅琳的协助下，很快将龚先生的文章制成 PDF 文件传来给我。

美国纽约奥尔巴尼州立大学（Albany-State University）东亚研究所的何赡（James M. Hargett）教授。何教授为我复制了美国 F. W. Mote 教授在《明代名人传》（*Dictionary of Ming Biography*）一书中写的介绍宋濂的长篇传记文章。

学长廖可斌教授、周明初教授，学弟晏选军博士。没有廖可斌学长的宽容理解，要从在做的集体项目中游离出这么长时间，是根本不可能的。周明初学长审阅了本书的第一章，为我纠正了不少错误。晏选军兄寄来了他收集的一些关于宋濂的材料。

本书的匿名审稿者。书稿上交后不久，即收到匿名专家的评阅意见。评阅意见指正了本书中的一些错误及不足之处，提出了不少修改意见，这为笔者进一步修改和完善书稿提供了极大的帮助。

责任编辑洪希平先生。洪先生与笔者此前有过两度合作，对于洪先生的编辑水平和敬业精神，笔者素所敬佩。此次书稿再由洪先生任责任编辑，足见有缘。洪先生一如既往，小到一个标点符号的运用、一条材料的出处，大到一部书的结构、逻辑、观点，都倾注了大量的心血。

由于笔者学识有限、成书仓促，书中未经发现的错误及不足之处肯定存在，本人真诚欢迎广大读者不吝指教。

徐永明识于文三斗室

2007 年 3 月 18 日

修订后记

　　拙书《文臣之首：宋濂传》出版后，陆陆续续收到了一些读者的反馈意见。主要有关鹏飞、王向阳、陈舒平等先生。他们或纠谬，或商榷，为本书的修订和完善出力不少。此次浙江文化研究工程重启"浙江文化名人传记"的修订工作，精选其中重要的名人传记修订再版，拙书有幸入选。借再版之机，笔者对拙书作了几方面的修订。一是改正了正文或引文中的错别字。二是根据读者的考证（如陈舒平）改正了一些不确切的说法，如"二千指"之说。三是依据新发现的宋濂的《萝山集》，增补了"诗歌创作"一节。四是根据新的材料补充了正文及年表中的一些内容。

　　值此再版之机，对上述诸位先生的指正和建议表示诚挚的谢意！

徐永明
2024 年 7 月 1 日